天瑞文库

THE GROWTH OF
EXCELLENT LEADERSHIP

卓越领导力的长成

保险营销与团队管理之道

INSURANCE MARKETING AND TEAM MANAGEMENT

李 玉 ◆ 著

社会科学文献出版社
SOCIAL SCIENCES ACADEMIC PRESS (CHINA)

作者简介

李 玉

本科和研究生毕业于北京舞蹈学院（艺术管理专业），本科留校后先后从事教务管理、学院综合管理、党支部书记、校长助理等岗位工作。

2016 年加入保险经纪行业，从网络与陌生客户营销做起，现为明亚保险经纪功勋总监、资深合伙人。体系内保险经纪人超过 600 位，2021 年新单保费逾 1.52 亿元。

曾担任或荣获：明亚保险经纪讲师、最佳伯乐称号、连续 MDRT 百万圆桌会员、国际 IQA 会员、CWMA 国际认证财富管理师、明亚名人堂会员、明亚高峰会会员。

部分学术及科研成果：在《大众理财》《北京商报》发表多篇保险行业研究与评论文章；《为纪录转瞬即逝的艺术而努力》获 2008 年全国文华艺术院校奖桃李杯（国家级）论文一等奖；《关于舞蹈保存系统问题的研究》被评为 2011 届硕士毕业生优秀论文；出版教材《西方领导科学流派研究》（中国协和医科大学出版社，2012）、科研项目"舞蹈高等教育学年学分制改革"获第七届北京市高等教育教学成果奖一等奖。

主要专业领域：管理学基础理论、中国传统文化与艺术管理、保险经纪组织管理与变革问题研究。

敬献词

献给我的家人：父亲李树芳、母亲王沁萍和弟弟李源源。他们一路陪伴着我的成长，在前进路上给予了我很多精神力量。父母更是用实际行动向我诠释了正直本分、终身学习、勤俭节约、拼搏奋斗等这些美好品德。

也献给所有经纪人内勤和外勤伙伴。每一位伙伴的不懈努力，都使其在这个行业里留下了身影，借用泰戈尔的诗：天空没有翅膀的痕迹，但鸟儿已飞过。每个人都在这个世界里产生过奇妙的链接，感恩能够携手前行，共同奋斗，让我看到了那么多的精彩和与众不同。

献给大家。

CONTENTS 目录

第一章
新手村的练习

第二章
带团队

第三章
做管理

结语
成为一名成功的管理者

序一
为中国寿险顾问行销注入新的生命力

欣闻明亚保险经纪北京分公司的李玉总监新作《卓越领导力的长成：保险营销与团队管理之道》一书出版，由衷感到欣慰。

我与李先生的相识缘起于两年前，我应明亚保险经纪总公司之邀，为全国总分公司中高层团队领导者及内勤主管开设"高级营销管理 MBA 系列管理课程"。彼时，正是新冠肺炎疫情发生的第一年，明亚经纪总公司秉承提升外勤团队经营管理及领导力的原则，于疫情放缓期间在全国四大区域调训 500 余名绩优总监及经理参与此次课程，并为其公司发展进行人才储备，公司为培养骨干力量竭力虔心。

纵观中国寿险行业恢复经营的近三十年，从"跑马圈地"到"加速前进"，从"规模扩张"到"增长失速"，而今站在了从"扩量"向"提质"变革转型的转角，追本溯源，是从"产品销售导向"向"客户需求导向（顾问行销）"的转变期，更是寿险经营之商业模式的过渡转型期。未来的保险从业者不仅是销售员，更应以保险顾问的身份陪伴在客户身边，做每一位客户的"家庭保险规划师"。以客户需求为中心及出发点，在与客户对其人生规划、财务状况、长远目标深度探讨的基础上，针对其风险点与需求在保险产品层给予对应的规划建议。

本人至今已在国际金融保险行业服务近 40 年，于美国入行并在日本、中国台湾、中国香港及中国大陆（内地）服务多年，于 2004 年在北京创立一家合资公司（中美大都会人寿）并担任董事总经理，正式将国外寿险先进、专业的"顾问行销"体系引进中国大陆（内地），有幸成为中国保险顾问行销第一人。在整个行业经历多次锐意变革后，我很欣慰看到这个行业专业化、职业化的趋势正浓，顾问行销正逐步成为行业的主流。

寿险顾问行销的核心理念，简单说就是以客户需求为核心，以提供客户个性化的专业服务为核心竞争力，而非依靠产品或价格策略提高市场份额。此销售模式需优先了解客户的财务目标与需求、客户的资源和支付能力，进而从专业角度进行规划，并提供有针对性的解决方案。

目前，诸多险企（包括保险主体公司和中介公司）正在变革的道路上着力转型。企业转型是一个主动求新求变的过程，应涉及运营机制、运作模型、企业战略、执行策略等诸多层面，非一蹴而就。谈及转型至顾问行销，也并非使用几张表格、套用几个问卷即可实现的。它应是一种全方位的改革，基本涵盖战略、运营、业务及营销管理四大层面。其中，我个人认为最难也是最核心的环节为团队长的培养与转型，在此层面涵盖诸多领域，如：自主经营团队的市场战略，客户细分与目标市场厘定，人才培养，"优增优育"（招募选才、训练发展）的标准化运作流程与各项配套技能掌握等。

李先生所服务的公司——明亚保险经纪，以"推动保险事业的健康发展，让每个家庭都拥有专属的保险经纪人"为愿景，以"通过客观中立的专业化服务，帮助客户清清楚楚了解风险，明明白白购买保险，踏踏实实享受生活"为使命，历经 20 年的努力经营，现已成为保险中介行业在专业、创新、客户服务及人才培养等方面的头部公司。在公司提供"企业内创业"的平台上，李先生及其"天瑞"团队从"白板"入行到今天，在短短的六七年实现了快速成长与发展，这与其自身的管理素养及基础不无关系，其在发展业务的同时侧重管理能力的提升，在较短时间内，发展成为育成 5 个营业部、培养 600 余名专业人士的保险标杆团队。从明亚和李先生的案例看到了当代保险经纪业务在中国的蓬勃向上之生命力，他们实至名归成为中国寿险顾问行销的新生力量。

　　保险代理人渠道回归本质与保障的初心与原点，是各险企转型变革之方向，是整个行业的彻底反思，更是从业人员的初心与使命。这条专业化、职业化、以客户需求为导向的路，道阻且长，但正在践行此道路上的营销伙伴们定会取势行远，同时也让国内的老百姓真正理解并享受到保险带给他们家庭"没有恐惧，永远安心"的祥和心态。

香港众智亚洲董事长

序二
商业模式迭代创新，保险科技优化赋能

应邀为明亚功勋总监李玉的新书《卓越领导力的长成：保险营销与团队管理之道》作序，全书阅毕，感受颇深。身处一线，每天繁忙处理客户业务和管理团队之余，能够撰写团队发展与管理类的专著，非常不易。欣喜之余，我更感到保险科技赋能一线经纪人团队的影响之深远，李玉总监和他的团队伙伴能够在短短几年时间，实现全国各地业务快速裂变，其背后离不开保险科技这个要素在这个时代所赋予的最大想象力。

保险作为实践金融领域，属于国家强监管的行业，无处不重视合规、稳健经营，努力服务于社会和民生。在这个过程中，保险科技随着时代发展应运而生。从最初的纸质业务流程、纯后端咨询业务系统，到网页版适应前后端的保险签单系统，再到手机 App 端的研发上新，当下互联网科技生态的不断成熟，既方便了业务人员展业签单、在线处理全业务流程，也方便了客户投保和享受到不断升级和完善的保险服务。

从保险公司到第三方科技公司再到保险中介机构，十几年保险行业从业经历，让我很深地感受到，保险行业是一个业务链条相当长的行业，这

个行业不仅需要致力于开拓创新的创业精神，还需要长跑马拉松似的韧性。所以看着保险行业外勤业务体系中不断成长起来的经纪人和团队，能够明显感到在成功的背后，需要付出大量时间与辛劳，解决营销过程中遇到的各种问题。

解决问题一方面靠拼搏的意志和能力，另一方面需要有效的工具和方法。这也是我这么多年注重保险科技研发与创新、通过科技改变保险生态的初衷与动力来源。疫情以来，我们看到全国保险市场发生了很大的变化，传统人力和团队数量下滑，但整个行业进一步精简和优中选优，新兴主体机构和互联网保险市场得到了进一步发展。与前几年着眼于前端技术不同，近两年各家机构明显增强对底层数字化运营和管理能力的重视，其中蕴含了时代转型的新的机遇。

罗马不是一天建成的，转型也不是快速发生的。在数字化运营时代背景下，我们看到在线营销方式如雨后春笋般出现，几乎人人都是自媒体、人人都要营销和品宣。科技增加了每位业务员更多的可能性，背后的逻辑和未来发展的关键仍然在于通过媒介与优质的客户产生链接，最后落实在每位业务员和每个团队内，仍然是人与管理的问题。

所以在这本《卓越领导力的长成：保险营销与团队管理之道》中，我们看到了一个"小白"转型的范本。从纯陌生化展业做起，借助互联网营销，实现华丽转身，这本身就是一个很吸引人的创业故事。例如，大家会看到一个细节，在李玉总监管理的实践经历中，他第一年只是兼职入行，第一个月收入 38.66 元。但值得关注的是，他在最初的半年内即销售了意外险、旅行险和一年期医疗险 252 件，这意味着会拥有 252 位保险客户资源。源源不断的陌生化客户资源，对于一位新人成长有着重大的积极作用。他在这几年能够实现业务的快速发展，背后必然离不开互联网和保险科技。虽然全书明线侧重团队管理者的长成，但内在暗线必然是对包括互联网在内的管理工具、管理方法的熟谙运用。

从宏观角度，我们会看到在过去的几年里，李玉总监团队体系以互联网和保险科技为媒介的部分业务数据，从新单保费和件数来说：

2016 年：59283.1 元；252 件；

2017 年：175759.68 元；512 件；

2018 年：1326253.6 元；2625 件；

2019 年：11056462 元；9588 件；

2020 年：29923615 元；19442 件；

2021 年：68002394.9 元；31429 件；

……

这样的一种成长和成功模式，凸显了我们在保险科技方面持续建设和对一线倾斜的切实效果，我们也希望能够源源不断地赋能到每一位业务员、每一个团队，共同推动整个行业的发展。

在书中，李玉总监强调了对自身成长和管理理念的充分、平等、利他、无保留分享，并提出了一种可复制的发展模式和思路，这在竞争激烈的营销行业是不多见的。营销行业始终强调竞争，一位客户身边会有很多业务员，自然也会逐渐优胜劣汰，但李玉总监从管理角度出发，强调培养人才和加强团队组织建设，从长期来看必然有利于行业健康发展，这也是我们一直提倡的"共生同成"理念的最好体现。

该书作为"天瑞文库"丛书系列首卷，也开辟了保险管理类问题分析的一个新思路：保险管理有别于其他行业，应当充分考虑到自身特殊性，并立足当下，结合时代和科技因素，形成科学系统方法论。通过对保险宏观、中观、微观层面的不同实践，发现其中行之有效的管理策略，并最终在一线得以检验，既是当下促进保险业发展最迫切的期许，也是保障民生、服务社会、实现大众美好生活的有效手段。

　　未来，保险必然会持续存在，科技也会加强赋能，业务员的综合业务能力会得到持续提升，致力于为每一个家庭提供专业、周全、细致的保险服务。

明亚保险经纪副总裁

序三
提炼带来升华，分享成就文化

李玉总监的职业转型无疑是个巨大成功。不到 7 年时间，从北京舞蹈学院的学者，历经普通业务员、销售经理、销售总监，到优秀管理人，从 1 个人到 600 多人的专业保险经纪人团队，年保费超过 1.5 亿元，以超快的速度成长为经纪人团队的最高管理职级——功勋总监，真的是行业罕见，难以复制。

更加让人惊艳的是，李玉总监不仅是一位行动力极强的实践者，还在繁忙的专业服务和创新管理工作的同时，不断总结、提炼，完成了 20 多万字的管理著作——《卓越领导力的长成：保险营销与团队管理之道》。与传统的管理类书籍相比，该书有很多创新之处。

传统的寿险营销团队管理书籍很多，但几乎都是针对保险公司专属代理人团队管理的，强调的是寿险的意义与功用、销售技巧、营销推动、活动量管理和严格的执行等，面向的是在学历、职业背景、收入状态甚至学习能力和意愿方面都不是很有自信的一群人，团队经营的重点是扩规模、挖人脉，培养"简单、听话、照做"的执行力。而该书针对的是专业中介公司的个险经纪人团队管理。虽然明亚保险经纪已经默默耕耘了十几年，在中国个险经纪人职业这几年才刚刚兴起和被关注，与传统寿险代理人相比，这群人有几个明显的特点：年轻、网络化、专业、个性。经纪人的主体是"80后""90后"，基本算是互联网的原住民，强调自我意识和个性化发展，且因为服务内容和作业模式不同于单一保险公司的营销员，对学习能力和专业要求更高，传统团队的管理模式和经验已经不再适用。据我了解，国内在这方面的研究还几乎是个空白。

国外对于专业机构和专业人士的管理研究已经很多，但基本也是面向咨询公司、投资公司、财富管理公司、律师事务所、会计师事务所这样的专业服务机构，即使涉及保险经纪公司，也几乎都是面向以法人客户和团险、财险、责任险业务为主的公司经营管理，极少涉及个人业务，国外也很少有大型的以个人客户为主的保险经纪人公司。

李玉总监的这次尝试具有很多创新意义，相信会对国内保险经纪行业的发展起到很大的促进作用。更为难得的是，该书不仅是理论研究，更是亲身实践的总结和提炼，充满真诚、毫无保留的实战分享，甚至更像是一本专业辅导的工具书，内容涵盖了经纪人入门、专业能力提升、团队招募、新人辅导、文化打造等方方面面，引用了很多涵盖细节的实际案例，可以直接作为从零开始组建和发展一支专业化、职业化的经纪人团队的操作指引手册。

对于一个从业仅7年的团队主管来说，不仅自身摸索实践出了一套如何从新人到专家、从新主管到资深主管、从一线主管到总监的成长之道，而且在每一个阶段都通过具体事例和操作的详细描述，总结提炼出新人战略转型、业务辅导与成长、全面组织建设、管理专题提升四个维度的管理升华。案例涵盖了从业务员可能涉及的基础知识、线上线下获客、需求沟通、方案设计、产品选择、投保、核保、续期、理赔等所有业务动作，及主管可能涉及的招募、新人辅导、老人进阶、流失处理、团队凝聚、文化建设等各类团队管理问题。这些真诚的、有血有肉的分享，是李玉总监的团队文化核心和成功之道，能给读者带来直接的实务指导。

该书还对目前的市场环境、客户变化、经纪人职业特点和优势、从业新人的需求和问题、新型团队管理的演化和要求做了深入的分析，并分享了自身团队发展的长期规划，包括持续的文化建设和领导力的打造，为读者，尤其是新的团队管理者提供了非常实用的操作指南和中肯的建议。

正值行业转型、众多从业者面临困惑的当下，李玉总监的这本书应时应景，一定能对很多人起到醍醐灌顶的作用。相信李玉总监本人也可以通过持续的提炼和分享，成就更好的管理和更强大的团队。

明亚保险经纪董事长

把自己作为手段

这本书的管理实践经验，源于我在国内某大型保险经纪公司的团队建设经历。

何谓经纪人？按照《保险法》第一百一十八条规定，保险经纪人是基于投保人的利益，为投保人与保险人订立保险合同提供中介服务，并依法收取佣金的机构。经纪人属于中介，是和以往保险行业代理人完全不同的概念，虽然在业务架构上，代理人和经纪人都可以不同程度地涉及财险、寿险领域，但由于经纪人可以站在客户立场上提供更多服务、对接多家保险公司、给出不同产品方案和报价，更符合多元化的客户需求，在持续快速发展的当下，具有更强的市场竞争力。

截至目前，我们在这一行业持续实践，培养出了一批独立团队。在京津、成渝、上杭、广深等经济发达区域，都有总监和下属经理团队。目前独立建制的营业部，除了北京的天瑞本部，还有陆续成长起来的四川星芒营业部、杭州金辉营业部、北京保莱坞营业部和北京众诚营业部，各团队人数平均都在百人以上。

除上述一线城市外，在北区（河北、吉林、辽宁、内蒙古、山西、大连、黑龙江）、东区（安徽、河南、江苏、宁波、青岛、山东）、南区（福建、广西、湖南、厦门、海南、江西）、西区（湖北、宁夏、陕西、新疆、云南、贵州）四大区域，也都有保险经纪人常驻，各自独立开展业务、发展团队。

从具体数字来说，截至 2022 年 7 月，我们培育出 5 个营业部，下辖 28 位销售经理，经纪人超过 600 人，涵盖全国 26 个省级分支机构。整个体系在 2020 年新单保费逾 8000 万元，2021 年新单保费逾 1.52 亿元。

从 2016 年只有 1 个人，到如今能够建立起这样一支队伍，有时候也引起我的深思：究竟是什么样的工作模式和管理模式，支持我们在这个行业里一路发展和成长？这个过程中又有哪些经验和过河时遇到的"石头"？这些如果能够分享出来，我相信会对目前身处发展困境中的国内数百万营销员同行，以及有兴趣通过这个行业开启个人创业道路的朋友们有一定的借鉴意义。

所以萌发了写一本以个人思考和业务管理经验为主的小书，我会从新人成长、团队建设与管理能力提升、管理专题实践三个维度来展开。

保险经纪虽同属保险行业大赛道，其内涵却也简牍盈积，浩如烟海，细节难免挂一漏万。书中所涉案例与产品等关键信息，旨在从管理学角度进行解读，已做了艺术化处理。如有不当之处，尚祈业界同人不吝赐教。

天鹅的隐喻

传统工作可以被分为两种模式。一种是作为企业和单位的打工者，辛苦一辈子，领取增长幅度相对不大的薪水，服从于公司人事和部门领导的管理，退休时享有一定的养老保障。另一种是自己做老板，设法带领一群人开创一个事业，在各个不同的领域里持续奋斗，自己为自己的未来负责。

关于这两种模式，必然会在某个阶段，成为一个人职业生涯中需要考虑的问题。无论是持续打工还是独立创业，两者各有利弊，挑战不同。但只要在职场具有一定工作经历后，一个人必然会在某个时间或特定的阶段觉醒，并激发某种意识，开始重新思考自己的人生走向。

我认为其中包含着一个"天鹅的隐喻"。

天鹅的隐喻

"天鹅的隐喻"出自我在研究生阶段、北京大学历史系教授朱孝远先生给我们上课时的聊天内容。

由于大家就读的是圈内排名第一的高等艺术学府，再加上大家都是年轻的研究生，毕业后，一般能慢慢成长为行业内各单位的中坚力量。首次上课见面，教授和我们聊天，在对谈过程中，很有意味地说了一段话：

"你们在这里读书，这里是'艺术家的摇篮'，算是天鹅湖了。那你们将来从这里走出去，都会是美丽的白天鹅。但是我们知道，天鹅在成为白天鹅之前，要经历相当长的一段丑小鸭时期。在她还是丑小鸭的时候，她是不知道自己有可能成为白天鹅的，只能通过不断地磨炼来使自己成为白天鹅。"

先生一边看着我们，一边慢悠悠地说：

"但是有一些人，作为丑小鸭，也许就很喜欢鸭子的生活。因为做鸭子的话，可以被人继续在农庄里养着，有人给食物，有人给水喝，不愁吃穿。但是鸭子被养大了之后，最终的结局就是被杀掉、被宰掉。"

说罢，先生笑着又问我们：

"所以，你们到底是想成为养在农庄里的鸭子呢，还是想成为美丽的白天鹅呢？要知道，成为白天鹅的这个过程可能很痛苦，但是只有经历这段痛苦，丑小鸭才有可能真正成为白天鹅。"

这个"天鹅的隐喻"给我留下了很深的印象，在今后职场生涯里，很多次成为我思考的动机来源之一，也由此慢慢引发了我在工作十来年后，尝试开启属于自己的转型之路。

商业模式可行性分析建议

• 商业模式分析不是做出来给他人看的，而是为自己做的。如果说，好的商业计划模式是投融资的前提基础，那么为自己做的商业模式分析，其投资标的就是自己未来的发展前途。

• 可以借助 PESTEL、SWOT、五力竞争模式等分析工具，对原有行业利弊、新入行业可行性进行分析。可以使用定量或定性的分析方法，多角度调研和观察，进一步收集信息。

• 为了调和单一分析工具的片面性，需要从各个方法论的系统角度，深入理解盈利模式和商业前景，判断是否值得做出一次义无反顾的决策。

• 盈利模式、利润率很重要，但不应当成为决策的重要参考因素。使命、愿景、价值观决定了三观是否契合，决定了即使短期没有盈利，你一个人也能够坚持下去。

• 从一开始就可以与众不同。尽量采用有创造力的、独一无二的商业模式分析思路，而不是统一的模版套路，可能是成功的重要前提。

• 悲观的人往往正确，乐观的人才能开创未来。决策过程中，可以时刻反问自己的内心感受，并勇敢地相信自己的直觉。

• 始终允许开放、共享、包容。成功不是一个人的事，实现成功离不开始终和你在一起的伙伴，成功后的结果属于大家，最终属于整个社会。

你认为还有哪些重要因素值得关注和考虑？

如果转型努力了之后，仍然不可避免地失败了，可以来找我交流。

职业的生命周期

一个人过往的习惯会在未来产生深远的影响，不是完全机械式地重复，而通常体现为某种惯性。我们要做的，就是在惯性当中打破原有节奏，找到一条属于自己的创新之路。

刚开始工作的那些年，我一直保持着"朝九晚五"正常上下班。

或许是蒙荫亲朋好友的照顾，自己以前的成长和发展一直都比较平稳顺利。2002 年从福建省考到行业排名第一的高等艺术院校，2006 年本科毕业后，就留在母校工作。对比如今高校招聘动辄都要"985""211"博士或海归履历，留校的机会对于当时本科的我而言甚是难得，也一度让身边同学朋友们暗羡不已。

但无论是升学读书还是毕业留校，现在回想起来，我走的大都不是常规路线。读书时在中学一直是艺术特长生；学了点皮毛后陪弟弟去面试，结果反被选上拍了部电视连续剧；上大学后读的是新建院系的新建学科；工作后留校任教做的也是全新的实验性岗位。虽然大家都是一样的读书、一样的升学、一样的工作，但貌似我总要折腾出一点什么新花样，而且这些经历往往是被别人推动着去实现的。

摸索求变或许是我人生中的一个标签。

比如上学读书。原本作为高校学子，把学习做好就可以，但我做实习和行政工作的兴趣好像一度超过了对本专业课程的学习。

大学时，原本学的是艺术传播（艺术教育和艺术管理），专业定位一度是培养文化艺术和演出行业的管理人才。记得大一入校报到当天，刚到宿舍放下行李，同屋的顾晶辉一边出门一边招呼我说："哎，李玉，咱们去系里看看吧。"他是陕西安康人，有一种北方人的实在，带着我去办公室，和老师们打招呼、帮忙打下手。后来我们两个人分别成为各自班的班长，慢慢发展成每周甚至每天都去系里转一转，持续了好几个学期。

直到后来每届学生招得多了，有更多年轻的学弟学妹开始陆续参与轮流值班，我们才慢慢退出。

现在回想，那时刚入校，放下行李当天就先去系里给老师帮忙，简直太有收获了。可那个时候的我们，哪知道什么露脸或者主动给自己找机会，完全是兴趣使然。对办公室帮忙感兴趣，对做系里的各项琐事也乐此不疲，所以我的管理实习生涯，似乎从大一第一天就开始了。

入校就开始实习，在传统院校中很难做到，但我们几个人不知不觉摸索出了一条路子，而且一本正经地做了下去，从大一一直做到了大四。这要感谢系部老师们给了我们极为宽松的发展空间，所以读书期间，艺术活动和管理实践频频，连其他同学的宣传片、实习活动、校园演出、毕业论文……都有我们牵头或参与的身影。

大学期间能力的提升，为后来的工作打下了良好的基础。在随后十来年中，不断促使我思考当前工作的价值与意义，并尝试自我突破与创新。

现代企业发展越成熟，就会越具有德国著名社会学家马克斯·韦伯（Max Weber）官僚制的组织特征：所有人依据岗位职责、规章制度确定工作任务与分工，并服从这个组织的"非人格的秩序"而非某个人。现实中，当一个企业或行业的管理模式比较成熟时，组织结构最稳定，人才遴选和培养机制也最体系化，能更好地集中呈现组织的各种成果，被吸引来的人才也最多，但这个时候的晋升模式也是高度固化的。

一个行业如果高度固化，年轻人和新人想要快速成长起来会面临很多困难。在这个过程里，企业还有可能会叠加其他因素，慢慢进入企业的"生命周期"进而很快进入衰败或消亡阶段。

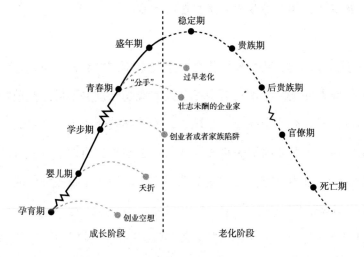

企业生命周期：企业像人一样，遵从如图所示的特定成长阶段，只有在盛年阶段，人和企业才处于健康和财富的巅峰。

伊查克·爱迪思（Ichak Adizes）企业生命周期理论

如何找到个人职业生涯的新支点？如何为自己创造更多的发展机遇？

当我写到这个问题的时候，不禁想起 2008 年夏天参加北京市教学管理研讨班时听到的一个故事。当时主讲专家是国外留学回来的一位教育学博士，也是某高校的教育院系负责人，探讨的主题是现代复合型人才培养。当时刚好好莱坞电影《国家宝藏》上映不久，专家列举《国家宝藏》里尼古拉斯·凯奇（Nicolas Cage）扮演的主人公盖茨的寻宝经历，很有感慨——

你们看，《国家宝藏》这个电影里，盖茨为了寻找当年爷爷留下的宝藏，他做了哪些努力？首先，他进入乔治城大学，拿到了一个历史学学位，从而全面地掌握了查找宝藏所需的历史知识；接着，在麻省理工学院拿到了机械工程学学位，学会了挖掘宝藏的机械和工程技术；最后，在海军潜水训练学校，全面掌握搏击和枪械使用技能，拿到了海军后备役军官资格。当他全面掌握了历史、机械、军事知识后，才真正掌握了寻找宝藏所需要的技能。

复合型人才培养，可能确实需要一条与众不同的路径。不过，电影艺术需要强化戏剧冲突，而现实当中一个人的成长和发展不可能提前预判所有的落脚点，只有充分走完第一个环节，才可能判断出下一个机会、下一步将要走向何方。职业前进的轨迹往往存在客观的有机性，一个人的成长也是动态变化的过程，需要在发展中把握，很难用一个精妙绝伦的方案或者完美的计划来决定一切。陈赓大将曾讲过一句名言：**"枪声一响，所有的作战计划作废一半"**，一切更好的未来，只有在做的过程中不断努力，才会出现更大的希望。

出路：6 个因素决定你适合做什么

如果决定了转型，去哪里呢？做什么能够更适合自己呢？

我对这个问题持续思考了一段时间，借助了管理学的研究方法，并用了几年的时间来验证和完善这个模型。

这个方法前身源自英国战略规划学者约翰逊（G. Johnson）与斯科尔斯（K. Scholes）提出的 PESTEL 战略分析方法：政治（Political）、经济（Economic）、技术（Technological）、社会（Social）、法律（Legal）、环保（Environmental）是企业在进行战略规划时，进行外部环境分析的六种主要要素，在其他管理学经典著作中同样有所提及。如美国学者丹尼尔·A. 雷恩（Daniel A.Wren）在《管理思想史》中，采用过关于管理学研究的跨学科综合分析视角，指出在文化框架和基本要素中，经济、社会、政治、科技往往是影响人类管理思想发展的重要原因。

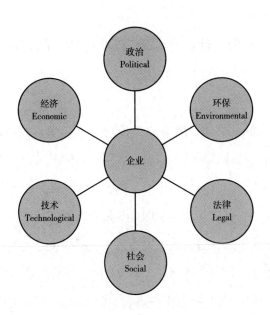

PESTEL 战略分析法

我在以往教学时，将这个象限理论结合管理实践做过一些引申，但没有脱离前人学者所提出的理论范畴。在进行自身职业生涯规划时，再次进行了援引和优化，重点围绕行政、文化、技术、经济四个领域，思考自己新的落脚点。

（1）行政和政治

职业规划评估往往都会首先考虑自己熟悉的领域。如果行政经验多一点，走仕途然后慢慢踏上从政之路，有没有可能呢？

在体制内工作十余年，绝大多数工作岗位是行政方面的内容，再次参考马克斯·韦伯的理论，自己必然是庞大管理组织体系中的典型一员。该理论认为，行政组织凭借规章制度和岗位分工建立了一套等级制度，因而是组织最好的选拔人才的方式，也是组织可以长期发展的保证。

但后来又持续遇到一些其他事情，让我感觉到自己并不适合在行政这条路上继续发展下去。

（2）文化和教育

在国内文化和教育行业里发展，最重要的就是价值观和方向性要符合社会主流。除了要有很好的业务水平，还必须能够持续得到评价体系的认可。

如果一个人能从文化、教育这个方向发展起来，应该也是很不错的，最终走向一般就是教师、学者、专家。我刚工作的时候，非常羡慕那些能够在教室里上课的人，在我心目当中，这样的人才是真正的老师。但好像和身边同事们工作久了，就自动忽略了职业身份的特殊性和崇高性，虽然大家都是日复一日地低头干活，但当我强调行政人员同样也是大学教师，也要有教师的职业神圣感时，大家会笑起来，好像我的想法反而是一件有趣的事。

在这个领域里，真的能做出一番有价值的成绩进而改变行业的一些生态和风貌吗？

（3）艺术和技术

艺术是一个非常高雅的领域。人类内心的启迪、心灵的提升、对美好的追求，都会在艺术作品里展现得淋漓尽致。艺术家们不仅生产美，也负责传播美，通过艺术作品表达自己的想法和追求，从而间接地影响和改变观众与社会。

德国古典美学家席勒（Friedrich Schiller）在《美育书简》中提出了通过美与艺术教育大众的重要观点。席勒认为人可以感受美、爱好美，进而创造美。通过美育可以培养人的全面发展，美育不仅仅是道德教育的一个范畴。通过美育，人与自然、人的感性本质和理性本质可以在美和艺术的教育中实现和谐统一。虽然近年来社会和网络媒体极大地影响和改变了艺术家与观众的互动关系，造成了快餐化和碎片化的审美，但时过境迁，人们一定会在某个时间节点上，更加渴望回归经典。

艺术确实可以给人带来美好的体验，无论是观众感受，还是演员自身的体验。我曾经听到一位师兄对演员的描述，他认为，演员真正的成就，就是当演出结束、演员登台谢幕、台上漫天鲜花飘落、台下掌声雷动时……他觉得人生在那一刻才算是真正的圆满。

他说得很陶醉，我也很受感染。但后来在这一行里工作久了，意识到一个关键的问题：虽然艺术家可以不断地创造好的艺术作品，观众可以有机会不断地消费和欣赏艺术，但艺术能够解决的问题，其实也就是在舞台、剧场、作品里。虽然艺术作品确实能够不断做到对真、善、美的挖掘与弘扬，对现实问题的批判，对人性的深入思考，但当演出结束大幕落下、演员离场、观众回家……之后会发现，每个人在生活当中遇到的本质问题，生活当中面临的柴米油盐、生老病死等问题，艺术都无法解决。从观众角度来说，看再多演出、体验再多情感的跌宕起伏，自己现实当中需要解决的问题一个都不会减少。

（4）金融和经济

金融领域一直被我排在职业列表里最后一项。虽然在职业规划的初期，曾经考虑过金融方向，但是接触了一些朋友和岗位后，发现似乎都是某些不大靠谱的理财产品销售，也曾思考转型去做其他如房产销售等，但在了解的过程中，也都不了了之。一方面可能是自己的方向还不是很清晰，另一方面也缺乏落地实践的机会。

后来自己在筛选一圈、诸路不通的情况下，最终又看回金融领域。金融行业里各类岗位，无论是基金、债券、股票，还是其他，往往都需要学历加上各种资质证书。当时的顾虑是，即便花费好几年读书考证，出来之后仍然是坐在面试桌前，由另外一些人来说你行或者不行，感觉到了那个时候，未来还是存在很大的不确定性。

之前考虑的行政、教育、科研、专业等领域，全都存在这个问题，最终需要由别人来进行评定，命运大都被掌握在个别人手上，以及很多时候，优质资源往往是稀缺的。

不过当时的保险和保险经纪行业，没有这方面的顾虑。门槛不高，没有太多其他要求，英雄不问出处。来了这个行业后，可以先做做看，做起来之后，用结果和成绩说话，这是原因之一。另外一个原因就是当时的保险经纪行业，已经开始讲究陌生化销售，可以完全不用碰身边的亲朋好友关系，而是通过互联网和自媒体的方式去开展营销。

这种模式，需要首先向别人展现自己的专业度，在获取客户一定的专业信任后，再沟通具体方案和产品，由客户最终决定是否签单投保。

由于当时还在高校工作，从各方面来说，都不具备马上辞职转型的条件，但保险经纪行业的灵活性、低门槛、人性化的管理机制，看起来是最适合我的方向了。

震动：觉得很幸福

除了从理论角度分析，我也会通过找机会实践具体的工作，来修正自己的方向。那几年把行政、教育、科研、艺术的路全都思考和尝试了一遍，在没有其他太多发展机会的情况下，最终选择了保险。

直到从单位离职后好几年，偶尔别人问起来，我都会一再表示，每个人其实都不太愿意离开母校。所以在职业转型过程中，我仍然优先考虑和尝试更接近于自己专业或更熟悉的领域。日常工作之外兼职尝试了很多不同的工作，周六日从早到晚排满课，一早出门，回家已是深夜。那段时间兼职太多，身体也开始出现了过劳状况，但无论是技术课还是理论课，转型效果都不明显，自己就开始感觉有些方向可能不太对。

2013~2015 年，大家的思维方式仍然比较传统，可尝试的机会仍然不多，不像当下，互联网和电商模式赋予了很多成功的可能性。自媒体和互联网平台不断增多，年轻人有更多可以尝试兼职和职业转型的机会，能够"弯道超车"，从默默无闻的幕后走到台前一试身手。颜值高，就有网红出道的机会；文笔好，可以网上发表文章或尝试开专栏，做连载；喜欢授课，总能找到线上或线下教学的机会。每个时代都有每个时代的机遇，最重要的是敢于去想去闯。

中间也产生过对保险的真实需求。原先我从未考虑过保险，保险也只是慢慢被动地进入我的视野。当时我住在学校，晚上一般待在办公室，有一天正在加班干活，忽然想起一个问题：自己每天这样，如果突然"没了"的话怎么办？好像什么都留不下来，有什么可以弥补或者解决的办法吗？

那时候还不知道这个叫作风险意识，更不知道有保险可以起到风险对冲作用，只是突然没来由地发现，如果遭遇重大风险，自己和家人完全束手无策——保险需求由此萌发。

不过那时一点都不了解保险，身边也没有可以信赖的专业人士，自己只好到处查资料。从网上看了一圈，然后买了一个意外险。为什么买意外险？因为其中带有一个猝死的责任，我感觉猝死问题应该就是当时最重要的问题，而且一年只需要几十元钱，就能有几十万元的保额，简直太便宜了。买了之后，自己把条款全部打印出来，特别认真地装在文件柜里。

后来入了这一行，才发现带猝死责任的意外险完全不是那么简单，没那么容易赔付，但当时自己没深入研究，买了几个保险产品后，就放在一旁了。

后来在思考职业转型的过程中，又发生了一件事。

有一天，我上班正常打开电脑。当时浏览器默认腾讯首页，因为网站广告少、信息和政事资讯比较丰富，浏览新闻方便。在首页中部有一个以图片为主的栏目"中国人的一天"，这个栏目采用图文搭配，动态轮播不同职业人群的生活状态。那天打开网页后，刚好看到一个关于河北人小张的故事，照片显示，在地下室的天花板上，挑高三四米的空间里挂着都是他的各种衣服（也有不少西服），接着连续几张不同的图片，展现他的生活场景。

有一张图片是小张坐在床边，咧嘴笑着在聊天，配的文字是："河北人小张，住在北京的地下室，房租一个月800元，目前是一名保险销售人员，一个月收入3万元，他感觉很幸福。"

接着又是一句："他最大的梦想，就是回老家能够盖一套房子。"

当我看到这个新闻的时候，简直震惊了。让我震惊的并不是他的月收入远高于当时月收入只有1万多元的我。我最震惊的是，这个小张在收入这么高的情况下，关键还觉得"很幸福"。

我当时心里就在想，这是一个什么样的行业和工作，能够让这个人有特别幸福的感觉？

后来带着疑惑，我问了一位熟悉的师妹。这位师妹大学毕业之后，直接去了一家传统保险公司做销售，老公也是业务员。师妹刚入行的时候，也给我们这些朋友推荐过保险，不过我当时没买，因为不感兴趣，还有一个原因是那阵子没什么钱，要付房租还要凑首付，账上没存下多少钱。

虽然没买保险，但我与他们一家都保持了很好的关系。所以当看到小张那个新闻报道后，我琢磨了一下，抽空给她发了一条信息："Hello，在吗？"

她回复："在。"

"我想问一下，做保险，有可能一个月收入 3 万元吗？"

她很快回复："有可能呀。"

我当时想了想，又大胆问了一句："那，有可能一个月超过 10 万元吗？"

她依旧很快回复："有可能呀。"

这个语气，就好像一个人在你面前，用稀松平常的语气说一件非常自然的事情。这也让我对这个行业第一次有了一个肃然起敬的认知。对我来说，好奇的是有人在这个行业里不仅收入不低，关键还能够"觉得很幸福"。

这到底是一个什么样的行业？我产生了巨大的疑问。

从大学老师到卖保险

随着时间的推移，自己对保险行业的认识在不断深入。从最初的反对，到逐渐感兴趣，到最终成为行业的传播者、发言人，有些"一入侯门深似海"的味道。但我在入行前，持续多年其实都是保险"抵抗分子"，也就是业内所谓的"抗保派"，非常排斥买保险。我在入行不久后写的一篇小文《爱在你我的世界里》曾经描述过个中原因。

爱在你我的世界里

在 2000 年前后，我还在读高中时，有一位好兄弟的父亲去世了。一次聊天中，好兄弟斩钉截铁地对我说："我这辈子一定不会去买保险！"我愣住了，问为什么。

他说："我老爸去世后，我去保险公司办手续，感觉很难沟通。要和那些公司的人一遍一遍地说：我爸爸去世了，我爸爸去世了，那种感觉真的很难受。"

这个兄弟是我高中朋友中为数不多的好友，我当时听了后，感同身受且深以为然。听兄弟的话，从那个时候起，也暗暗决定自己再也不碰保险。

后来 2007 年准备考研，当时住在北京西三环花园桥，我为了省时间，三餐一般都在楼下麦当劳解决。有一天去店里，我买了之后没有像往常一样带走，找了一个靠窗的位置坐下来吃。正好发现旁边坐着一个大叔，面前放着一些餐食，正在充满激情地打电话。

我侧耳听了一下，他正在约别人见面说保险。打电话时，热烈之情溢于言表。

这时大叔刚好放下电话，注意到我正扭头端详他。大叔很开朗地和我问好，露出了一个标志性的笑容，我笑了一下说：

"我看您打电话很有激情啊。"

他自我介绍，姓高，60多岁，已经退休了。目前是一名保险代理人，在某寿险公司工作。

不过他打起电话来非常有激情，完全不像退休后60多岁的人。

他问我是什么职业，我说我是大学老师，然后他夸赞了一番。现在想起来，那个时候对方肯定觉得，教师这个身份不错，收入稳定，文化修养也比较高，教师和教师身边的人，都会是比较不错的保险准客户。最后他自然也要了我的电话。

当时我曾经问了一个问题，我说："像您都这么大年龄了，为什么还要这么辛苦来做保险，感觉不累吗？"

我现在都记得他回答我的样子。他摊开双手一脸阳光地和我说："我觉得这样的生活，才是快乐、有价值、有意义的呀！"

这位大叔在后来的两三年时间里，连续给我打过七八个电话，要约我出来聊保险。但是我都一直推脱。因为始终记得当年好兄弟的事，所以坚持不见面，他后来就再也没有和我联系了。

不晓得当高先生知道多年以后我踏入了这一行，做起了保险经纪，还带起了一支不小的队伍时，会不会也是一番感慨。

我也很感慨，觉得当年不应该轻易否定别人或过早下结论，因为不知道什么时候时来运转，同样的事情、同样的选择可能就发生在自己面前。也许某一天我们还在指责别人、反驳别人，再过一段时间就会同样发生在自己身上。

就这样，2016年7月，我背着一个小黑书包，悄悄来到了现在这家公司，开始了保险创业之路。当天正好是新人班，最重要的第一节课是副总亲自讲事业说明会，由于假期作息没调整好，我出门比较晚，打车来不及，只好匆忙骑着新买的二手电动车去公司。头一天忘记充电，跨越大半个北京城后，半路没电，折腾得颇为狼狈，也迟到了。所以后来和别人趣称，没有听过事业说明会具体介绍就入职了。

从事业单位到民营企业，转换行业，转换平台，也面临着很多需要适应的问题。业务成长是一方面，管理体系也是很重要的一个因素。现有的保险营销行业，最重要的入职模式仍然是引荐人模式，即，一位新人要入职某家公司，需要有人作为他的师傅，即便这位新人直接去找公司，公司也会安排一位引荐人来协助入职。这种类似于"师徒制"的模式是保险行业的特色。引荐人负责对新人成长过程中的各个问题进行指导，引荐人一旦确定，后续如非必要，一般不会改动。所以引荐模式在业内称为"血缘"关系，"血缘"关系一直以来也被称为保险行业的重要"基石"和"铁律"。

引荐模式是否会改变，尚不得而知，但目前还在持续发挥着巨大作用。该模式将来是否改变，主要取决于行业政策和管理模式的调整，管理的核心就在于需要不断适应当时的生产力和生产关系。过于先进，可能会成为镜中花、水中月；过于落后，则可能不利于人才和企业的成长。

不过当时我对保险行业的管理逻辑还没有太多概念。在思考职业转型中也有一段百思不得其解的过程，其间还在网络论坛里发帖提问：像我这样的"小白"、艺术管理硕士研究生背景，如果想来做保险经纪人，是否可行？当时有几位朋友给我留言，在随后的沟通中，我确定了入行引荐人，然后开启了保险经纪从业之路。

这是一个慢热的过程，想着做一做试试看。刚开始心里也没什么底，但没想到后来业务还真一点点做起来了，半年内卖了 252 份意外险和旅行险，与 16 位客户成交了长期险，其中 15 位都是来自网上的陌生客户。

原先在兼职情况下，走开拓纯陌生客户的营销路线，自然要屏蔽身边所有的关系做业务，但没想到发展得有点快，超出了我的预期。有一次上班，需要去安排领导班子会议的准备工作。我先进电梯，随后大步跟进的是其他院系的主任和书记。

我们打了招呼之后，就各自静静地等待，系主任斜挎着背包侧靠在电梯上，突然冷不丁地问我："哎？李玉我听说你现在在外面卖保险，好像做得挺好啊？"

我当时吓了一大跳，赶紧打哈哈："没有没有，那个都是帮朋友在外面做点事情而已。"然后电梯到了楼层，赶紧溜出去。

看来走漏了风声，捂不住了，后来决定找机会，从学校辞职。从前期兼职到后来全职，直到现在，我都没有主动去开发过身边的任何一位亲戚、朋友、同学，家族亲戚的保单开拓更是持续为零。走完全陌生化展业的道路，这很戏剧性，也是传统保险业不可想象的。但确实是保险经纪人的特色和魅力之一。我们用行动证明了：不走亲朋道路、完全走陌生化的展业方式是可行的，并且是可以持续长期发展下去的。

在转型入职的这个过程里，我身边也慢慢聚集了一群优秀的组员和同事。他们都是在原先行业非常勤奋和努力的年轻人，曾经从事金融、医学、管理、法律、设计等工作，积累了丰富的经验，转型成为经纪人后，即便工作中遇到了问题，也能够很快地灵活应对和解决。他们有着"985""211"或海归、创业背景，普遍年轻化，对未来有着美好且真诚的向往，并愿意为之奋斗一生。

大家不约而同聚集到这个赛道，实现了快速成长。他们虽然都是单独的个案，不过也反映出当下这个行业里一些独特的发展规律，值得持续关注和研究。

如何选择适合自己奋斗的职业

央视二套财经栏目《对话》曾经做过一系列商界名家访谈。有一次主持人陈伟鸿问到场嘉宾一个问题："我特别想知道，如果将来您只有一个注册资本 10 万元的营业执照和 18 年打拼积累的一些经验，那么当这一天来临的时候，您会害怕吗？"

当时这位嘉宾沉吟了一下，回答道："如果真的有那一天，要再去办个公司的话，从我个人来讲，首先我不喜欢做买卖，以前是没办法。如果要说做什么事的话，首先要去分析一下，你自己是不是有这个'感觉'，喜欢不喜欢并不是太重要，懂不懂这个专业也并不是太重要，最重要的，可能是你有没有感觉，有了感觉后要有想法，至于赚多少钱也不是最重要的。"

这位嘉宾所说的，既不完全靠兴趣，也不完全靠专业，实际上说的就是两者都要具备，并同时运用于决策的一种思维方式。这种既有感性也有理性的思维决策能力，正是管理者所必需的核心能力之一。

基本功

新人从业首先从学习如何给自己和他人配置保险开始。因此,团队管理就需要考虑如何协助新人尽快顺利度过新人期。新人起步原本属于各个保险经纪公司入职必备的一个环节和流程,包括对公司与行业发展现状介绍、常规业务介绍、业务实践技能培训、其他辅助培训等。

但保险业多年来居高不下的离职率、淘汰率背后所反映的问题,说明在各个环节都有可以提升的空间。例如,传统组织机构里(包括保险公司和中介公司),过度强调营销导向而非专业导向,新人发展不长久;或者在有些新建机构中,过度强调专业导向但和当地情况脱节,造成新人难生存、易流失;或者组织机构过于扁平化,缺乏系统有效的辅导与带动,新人很难完全依靠自驱力度过新人期;或者有些机构在发展上急于求成,存在低标准甚至"拉人头"的招募导向,导致业务品质差、管理成本高;或者招募口径与入职后的实际内容不一,只重招募不重辅导,培训内容和资源内容缺失,新人成长乏力等,都反映了行业在新人入职前后和成长体系方面存在的一些问题。

按照科学管理创始人弗雷德里克·温斯洛·泰勒（Frederick Winslow Taylor）的观点："在过时的管理模式下，单纯'积极性加激励'的管理方法[①]，只是把一切问题交给一线人员自行解决。组织能够取得什么成就，几乎完全依赖于对一线人员积极性的充分调动，但在实际中是不可能实现的。在科学管理原则下，强调这些问题不能全部由工人决定，至少一半需要由管理者决定。管理者要不断承担新的职责、不断介入指导一线，从而创造更好的工作成绩。"

从当下保险经纪行业来说，无论是公司层面还是团队层面的管理，都需要考虑如何帮助经纪人不断科学合理提高效能，包括学习效能和业务绩效。行业新人成长，首先需要通过高品质的人才招募，通过好的培训带动个人和团队绩效水平提升，同时构建成熟的经纪业务模式和产品体系支撑；其次，主管与组员、组员与组员、团队与团队之间，也需要共同构建起专业的新人成长氛围，这背后离不开管理者长期的研究和双方的精诚合作，也是作为管理学经典理论的科学管理原则的核心要义。

客户需求：若你刚好想买，我便刚好就在

什么是保险？《保险法》第二条指出："保险，是指投保人根据合同约定，向保险人支付保险费，保险人对于合同约定的可能发生的事故因其发生所造成的财产损失承担赔偿保险金责任，或者当被保险人死亡、伤残、疾病或者达到合同约定的年龄、期限等条件时承担给付保险金责任的商业保险行为。"虽然是法律角度的定义，但其中已经涵

[①] "积极性加激励"的管理方法指工人需要一个人解决所有问题，即通俗所说的"一条龙"服务；员工负责工作，而管理者对员工的这种积极性提供特殊的激励。

盖了风险对冲、损失补偿、金融属性、按需给付、合同强制约定等关键要义。

因此，保险产品既是商品，也是一种风险解决和对冲方案。保险的销售既带有一般销售的特点——把一个产品功能介绍清楚即可完成销售，同时也带有金融产品的特性，金融产品的功能和一般消费品有很多不同，并不能简单停留在想当然的阶段，不能仅用表面信息就判断出客户的解决方案。尤其当下是一个快速消费、快速选择的时代，很多决策带有瞬间的特性，因而可能受到很多因素的影响。

保险营销不是简单的销售，需求导向销售（Needs Based Selling，NBS）的核心环节主要源于对客户的需求分析。

（1）需求分析基本思路

什么是需求分析？如果用一句话来概括，需求分析就是通过多种沟通方式对客户基本信息进行梳理，分析出客户潜在的真实保险需求。

需求分析是新人开展业务的一个规范环节。在为客户进行保险配置时，信息梳理与分析的作用在于明晰客户潜在关注点、排除无效信息、用标准流程实现经纪业务的准确和高效。标准化的需求分析不是刻板地照搬与复制话术，而是提高业务准确率的一些方法的系统集合。

关于需求分析的 6W2H 法

- Who：谁给谁购买，关联方是否知情
- What：需要什么样的要求，想实现的效果或目标，以及是否已经充分达成一致

- **Why**：为什么想购买，做出这些决策的原因是什么，决定买多买少的弹性因素是什么
- **When**：计划什么时候去做，什么时候购买或使用，迫切程度如何
- **Where**：后续将会在什么地点或区域使用、场景
- **Which**：有无品牌偏好、产品类型偏好、公司偏好、包括业务员偏好
- **How much**：希望用多少钱来解决这个问题、消费模式或支付偏好、支出占比
- **How to do**：怎么做、具体的操作方式

保险需求的特殊性在于，很多时候不能直接向客户问出准确答案，需要结合客户的基本信息，规划保险缺口，并最终通过合适的产品方案进行解决。所以在与客户沟通对话过程中，要注意对双方对话内容的仔细斟酌与把握。

需求分析并不是简单地问答或者收集信息。保险经纪人的核心能力之一，不仅在于多元化的产品配置，也在于产品背后深层的设计能力，所以在和客户沟通过程中，要用心倾听客户的真实想法和感受，并做出积极的解释与回应。

也要注意到，客户的深层需求是分层次、分阶段出现的。可能会带有很大的非理性因素，会随着年龄、工作、环境、家庭等因素变化而变化，并且也可能会混合各种不同的想法。不同需求之间甚至可能会有矛盾之处，因为满足各种需求的资源是有限的、稀缺的。

马斯洛（Abraham Maslow）基础需求层次理论（5层）

- 生理需求（Physiological needs）：基本生活保障、衣食住行、仅满足基本生存要求

- 安全需求（Safety needs）：学习、生活、工作、家人的安全感，保护，公平正义，秩序

- 社交需求（Love and belonging needs）：社交，群体认同感、友情、爱情

- 尊重需求（Esteem needs）：个人价值相对的实现、晋升、加薪、面子、虚荣心、名利、荣誉

- 自我实现需求（Self-actualization needs）：独一无二的价值感、人生全部意义的实现

客户的行为方式反映了其内在的心理需求。客户表面的行为和想法（Want）会反映出深层的内在痛点（Need），而存在痛点就意味着客户存在某种真实的需求（Demand）。但需求可能会随着各种情况的变化而变化，尤其是当内在需求叠加了欲求（Desire）之后，我们会意识到，人的需求可能是有限的，但欲望是无限的。欲望和利益相关，也存在更大的不确定性。

在一个市场上，对需求的满足程度决定了是买方市场还是卖方市场，决定了是供大于求还是供不应求，因此可能会产生竞争或出现市场空白点。在管理学上，商业的本质被视作对市场资源的调配、调度和整合，因而需求也应当被看作一种资源，准确洞察需求，就意味着准确地把握住了商机。

在具体的基础业务中，为了能随时把握客户的细节信息，为客户做出最合适的需求分析与产品计划，保险经纪人也需要时刻把心理状态和精神面貌调整到最佳。

经纪人日常的精神风貌

保险从业人员为什么要维持一种很阳光、很开心的生活方式，甚至是发自内心地认为，这本来就是生活的模样？

疫情期间，很多城市组织居民进行核酸检测，我所在的小区也不例外。

有一天下午我去核酸检测，排队过程中偶遇很久未见的前同事，双方都戴着口罩，但是她一眼就发现了我，也不管周围有多少人在排队，开心地大声和我打了一个招呼。

我吓了一跳，但是马上认出了她。居然隔着口罩都能看到我，大家哈哈一乐，问了问彼此近况，然后对我说："我看你现在的状态挺好的呀！"我笑了笑说："还行吧"，又聊了聊别的。

之后我在回家的路上，一边走一边想：为什么我们会持续地给身边的朋友们传达出这样一种状态，并且事实确实也是如此？这种状态，在做其他工作的时候，似乎是不太容易见到的。传统工作可能管理严格、限制性多、规范性强，时刻有看不见的边界。保险经纪人没有这些，大家永远是一种开朗、清爽、乐观、阳光的状态。

为什么会是这样？

我想了想，应该是和职业本质有关：职业决定了我们的精神风貌。换一个角度可以更好地理解：假如我们要找医生去看病，那是希望这位医生每天都是一种开心阳光的状态，还是始终是一种压抑、不开心的状态呢？

答案显而易见。如果医生在情绪很不好的时候做手术，恐怕谁都放心不下。

同样道理，保险经纪人要真正了解客户的各种真实情况、制定合理优化的保险方案和建议书，核心出发点一定是一心向善、积极乐观地帮助别人，愿意奉献自己的时间和精力。

只有发于内心的正念正觉，才会带来生活的好运和好报。

（2）需求分析涉及的常见要素

需求分析需要尽可能了解客户的重要信息，但很多客户尤其是陌生客户会天然对销售有抵触，更不用说是保险了，所以经纪人需要从更体贴客户感受的角度考虑，采用善意的交流和友好的互动，然后在逐层深入过程中，实现对关键信息的挖掘。

包括但不限于基本信息、配置动机、风险标的、保费规划、保险顺序、其他保障、异议前置等。在传统营销方法中，会更关注结合客户的职业、收支、履历、婚姻、子女、学历、影响力等信息并给出评分，例如TOP100名单分析方法。

不同的需求要素和分析思路很多，都可以作为经纪人实践中的参考。

配置动机

需要关注和思考以下几个问题：客户为什么需要了解保险？是出于某些特别的原因，还是仅仅是一般性的了解？是被身边人的经历触发，还是自己长期的想法？

这些问题还可以进一步细分：如果是主动型客户，他为什么想开始了解？为什么是这个时候想要了解？为什么这个时候想通过保险经纪人来了解？如果是需要主动开拓的被动型客户，经纪人和保险能够为客户做些什么？被动型客户的需求出发点、层次、类型、对风险的考量可能和主动型客户完全不同，经纪人该如何去了解和把握？

风险标的

无风险不保险。客户对眼前的风险因素，经过自我判断后，主要是想要为哪一位家庭成员投保？是先生给太太和孩子投保重疾险、医疗险，还是反过来太太想给先生投保？是太太想规划家庭财务风险的避风港，还是先生想给自己规划一笔创业储备金？或者是父母想给孩子留一笔教育金？

如果是企业保障的话，是侧重消费者的第三者责任风险，还是企业自身财产风险，或者是员工的团体意外、团体医疗，或者是雇主自身的责任保障？

保费规划

用于了解个人与家庭生活费用综合支出（含负债情况），以及个人与家庭资产的配置习惯。关于具体的保费，可以放到最后关注，或者不用主动提出。因为过早地提出，可能会给客户带来一些压力。即便经纪人感觉能够快速配置一个高性价比的保障，但也不建议把保费放到很前置的一个环节进行探讨。因为也许还远远没有到谈"钱"的那一步。经纪人切忌"心急"，很多时候要有耐心、沉得住气。

保险顺序

保险里没有绝对完美的产品，但有尽可能趋于满意的保障方案。主要是通过对不同产品类型的有机搭配，以实现对各类风险的有效对冲。

客户即便现在只计划投保 1 份保单，但后续还是有继续增加其他保险产品的可能，所以需要考虑保费支出在家庭资产中的占比、保险产品和其他保障手段的搭配。客户有时候也许考虑不了那么远，但是从规划的角度来说，经纪人应当提前帮助客户统筹考虑到这些因素。

并且在保险产品中，像两全险、增额终身寿或者年金险这类产品，具有保单现金价值属性，属于客户资产配置中不可忽略的一个重要环节，客户资产配置的风格与偏好一定会在未来被逐步纳入客户的整体规划。因此在需求规划过程中，建议经纪人至少给客户进行一次完整的保险产品逻辑梳理。

其他保障

如社保、其他商保、单位或企业集体保障等，体现的是客户过往保险情况和配置经历。

像社保、企业年金等都是居民保障体系中的重要基石，经纪人在给客户配置保险的时候，需要考虑客户过往的保险配置，例如社保是否存在迁移或者中断的问题，以及长期生活下去后，对于医疗、养老等资源的储备情况如何。客户如果持有其他商业保险的保单，那么就要结合之前的保单做出整体的分析与判断。这个在后文保单托管环节会进一步说明。如果客户曾经购买过商业保险，但是目前未继续持有，那就要进一步了解具体的原因。

通过对这些关联因素的探索，可能会进一步对客户身边的其他重要保险关系有所了解。

异议前置

也称作异议处理。避免客户在后续过程中，对方案产生异议或者拒绝方案，需要对可能出现的不利问题进行提前展示和分析。一部分典型的如公司品牌、公司知名度、理赔服务、产品销售导向等问题；另一部分是其他突发状况，例如配偶是否同意、父母的具体想法等，如果能够提前判断，那么就可以降低方案失败的概率。

（3）图形或辅助性工具

在进行需求分析和方案制定的过程中，可以使用到一些图形、故事、案例、礼物、信息表等工具或方法。例如使用信息采集表（后附），集中收集客户全面的信息，把握客户的投保意愿和配合度；使用小礼物，可以拉近初次见面时的距离感（但在初次见面时，如果客户一再表示不收取，可能马上就要意识到客户投保概率和真实意愿）；使用案例或者故事，是用于向不太了解保险的客户群体，介绍保险的重要作用（尤其是跌宕起伏或者峰回路转的案例效果明显）。除此以外，还有一些业内常见的图形化的工具，我们以"草帽图"举例。

草帽图（简）

"草帽图"是一个俗称，相对规范的提法是"生命周期图"，用于向客户展示人在一生中的成长轨迹和可能遇到的风险。给客户进行演示的时候，需要一边手绘，一边标记关键点。

部分经纪人可能会采取这样的一种表述方式："现在，我们可以借助一个图形，来看一下人一生可能遇到的风险（从左往右画出一条横线）；人的一生，始终伴随着持续的现金流支出，从出生到晚年，持续的现金流保证了我们和家人的生活品质（画出对应曲线）；其中可以分为几个关键的阶段，在22岁大学毕业前，都是没有收入的，一般从22岁参加工作后，直到60岁退休前，都是我们的奋斗阶段（在横轴上标记22岁、60岁或其他年龄的坐标）；前期开始工作产生收入，随着工作经验和职务的上升，收入不断增加，然后经过中年阶段后，由于身体素质和职位的变化，收入能力可能开始逐渐下降，直到 60 岁退休（在 22 岁和 60 岁上面，画出弧线，表示收入能力的变化）；在这个过程中，我们需要用 40 年左右的时间，赚到一生需要支出和支配的现金流（向客户展示大小两端曲线的差异，以强调当前阶段的重要性）。"

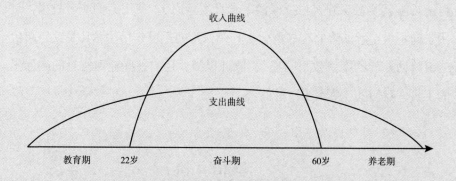

"草帽图"常见框架和基础要素（简）

紧接着向客户指出："但是，在人生这个过程里，伴随着我们年龄持续增长，收入可能逐渐下降，而我们的风险却是在不断提升的（分别画出斜向下和斜向上的箭头，用于表示风险）。"其间也可以主动询问客户："我这样画出来，您看可以理解吗？"客户如果表示可以理解的话，经纪人可以感谢和鼓励客户，并进一步询问客户，是否知道我们会逐渐遇到哪些风险，客户会回答一些，但不全面。经纪人可以补充如人寿/生命、意外、医疗、重疾以及也会始终存在教育、养老、生活等具体责任，都需要我们做好风险规划和资金储备，并分别写在左侧或者右侧的空白处。

此时，客户一般就具有了初步的轮廓框架，对保险有了基本认知。经纪人可以根据教育期、奋斗期、养老期不同阶段可能遭遇的风险再进一步展开，例如分险种的具体作用，并结合客户的家庭责任、个人身价、债务承担情况，来帮助客户确定具体的风险缺口和产品保额，作为下一步形成具体方案的重要基础。

信息采集表（2017 版）

您好，我是××，是资深保险经纪人，欢迎您选择我为您提供保险规划和服务。

现在，请您用几分钟时间填写下列选项，让我直接为您提供适合的建议，相关个人信息会完全保密。信息提供越详细，方案设计越合理。您在填写过程中，如有任何疑问，请随时联系我，谢谢。

1.昵称、出生日期、工作、所在城市等。

2.收支状况。

3.现有的资产及负债（可进一步引入家庭资产负债表）。

4.对未来的职业规划和自身财务稳定的信心。

5.计划未来五年内的大项支出（如：婚嫁、买房、买车、或其他大项支出计划）。

6.预期的子女教育费用和赡养父母的费用。

7.社保/农保/合作医疗/以及商业保险（包括公司团险）情况，如有其他商业保险保单可以上传。

8.身体健康状况（体检异常、既往病史、医保卡使用情况等）。

9.想用保险解决哪些问题？

10. 能接受的保费预算（年化保费或月度保费）、对保险公司有无特殊要求以及其他想法。

11. 以下风险，您最担心的是？请按顺序排列（可列举健康、财产……）。

12. 其他问题。

注：这里仅列举部分问卷题目，在实际问卷中，每个问题一般都会附带详细参考格式，并配套 Word 范本，以便收集到更加准确的信息。

其他还有如"T 形图""金字塔图"等各种图形化工具，新人培训阶段一般都会涉及，囿于篇幅，不再一一列举。当经纪人对于某种需求规划方法不太有把握的时候，除了可以在面见客户前和引荐人或团队伙伴进行充分演练，还可以找一些关系较好的朋友练习一下，告知自己最近梳理出了一个保险规划思路，可以帮助大家有效地分析所需保险内容，希望能和对方模拟讲解一下，听取对方真实的反馈，以便帮助自己改进和提升。由于对方没有购买保险的后顾之忧，这样的方法也可以帮助经纪人听到更多真实的客户声音。

不同保险怎么选

虽然每位客户的需求点都不同，方案也有各种差别，但最终落实到产品上，一般会涉及以下常见类型。

（1）普通寿险

普通寿险，属于人寿保险的一种。人寿保险可以被描述为：是以被保险人的寿命为标的，以被保险人生存或者死亡为保险事故的人身保险。普通寿险包括定期寿险、终身寿险、两全寿险、年金保险。我们把年金险单独列出做介绍。

寿险的作用之一，就是体现人身保障。定期寿险和终身寿险都是身故为赔付条件。定期寿险保障期满后，如果未发生理赔，则保单结束，保费不予退还；终身寿险保终身，也就意味着一定会获得对应的保额赔付；而两全寿险，从名字上来说是生死两全，即身故可以获得赔付，而生存到了一定年限也可以获得赔付，所以又叫生死合险。

寿险的作用就是对冲身故和高残风险，身故和高残是人生当中的最大风险。这个风险破坏力巨大且完全无法挽回，如果被保险人身故，那么会给家人、亲友带来极大的精神创伤，也会间接导致在经济方面受到重大损失。所以寿险保单应该成为每个人在走入社会后要考虑配置的保单之一。额度需要参考年度收入 / 支出情况，以及根据预算规划和风险因素，来决定选择的保额和期限。

在产品类型上，除了目前常见的定期寿险、终身寿险、两全寿险，还有一种主流产品是增额终身寿险。因为有一部分人群可能有投保的经济实力，但是身体体况无法通过一般寿险的核保，所以在众多产品当中，就被设计出了投保后现金价值可以随着年龄提升而增加的增额终身寿险。增额终身寿险在健康核保上比较宽松，中后期的现金价值比较大，能够进一步适应更多人群的投保条件，并且很多保险公司会结合产品设计一些权益，如保单信托、养老社区、高客服务等，满足一些中产和高净值家庭多元化的需求。

（2）重疾险

重疾险属于疾病保险，是健康险范畴的一种。重疾险的存在有着更为具体的作用，本质上用于弥补被保险人因罹患重疾而导致的"收入和失能损失"：如果一个人罹患重疾，那么就有可能在未来几年内持续丧失机能、无法工作而导致收入断档，很有可能还需要家庭成员投入额外的时间与精力照顾。

家里如果有人得了大病，对整个家族都会产生影响。以前刚入行时，我听说有人罹患大病，在开始治疗第一年，前去医院探望和照顾的家庭成员衣着还是整洁鲜艳的，但是等到第二年、第三年，前来探望和照顾的家庭成员的精气神就远不如之前第一年时候的状态了。

人到了老年更是如此。老年人虽然没有工作，但是仍然有可能需要子女的照顾。所以补偿的不仅仅是老年阶段的大病风险开支，也是家庭成员必需的刚性人力损耗。很多人在咨询保险时，往往第一想法就是："我应该买一份重疾险"，虽然最后配置并不一定是只有一份重疾险，但足可见这一观念的深入人心。

重疾险保额也要根据年收入和支出额度，按照一定比例来确定。一般来说要至少能够达到年收入的3~5倍为佳，从保障期限来说，一般建议做成终身。如果刚毕业的年轻人，出于收入的原因希望控制预算，那么可以先暂时考虑定期型或者消费型重疾险，或者有的人之前已经有了终身型重疾险，希望再补充一点用于提升短期内的风险保障，那么也可以搭配不同的产品。

（3）医疗险

医疗险和重疾险一样，都属于健康保险，需要按照合同的约定，以实际的医疗行为发生为给付条件，包括住院责任、门诊责任以及眼科、齿科、体检、疫苗责任、近年来逐渐增加的特药责任、重疾一次性津贴、重疾住院津贴责任等。市场细分越多，产品差异越明显，越说明保险公司对于大众健康保障产品的重视。

但从产品细致分类和责任内涵来看，医疗险同时也比较复杂，有百万医疗险、中端医疗险、特定医疗险、高端医疗险等。需要看客户希望解决的是什么样的具体风险，这方面带有比较大的量身定制的意味。

量身定制有时候体现在：比如在防范住院风险同时，是否要附加常规门诊责任？不同成员的需求点是不一样的，是要侧重大人的保障，还是需要做成全家一揽子方案？是否要涵盖生育责任、体检责任，或是否需要满足私立医院的看病需求？是否要涵盖某些昂贵医院或医疗直付服务？

众所周知，虽然我们有普惠全国的城乡居民基本医疗保险制度，并且发挥了重要的基础保障效果，但在社保能够涵盖的医疗支出之外，还需要商业医疗保障来起到补充作用。例如，一个人生病住院，社保报销会扣除起付线以下费用，并且在起付线和封顶线之间，按照药品目录的要求选择性地报销其中一部分支出（例如报销药品目录的甲类和一部分乙类药品，丙类不在报销范围之内）。所以我们就可以通过商业医疗险，让保险公司转移一部分生病住院带来的经济风险。

不同客户希望解决的问题往往是不同的。一般来说可能涉及：高额医疗费用方面的问题，例如进口药、自费药；或者是医疗服务方面的问题，如高端医疗挂号和直付服务；或者需要灵活的医疗资源问题，如私立医院、海外就医等。

虽然一个人可以通过投保重疾险来获得基础保障，但商业医疗险仍有绝对存在的必要性。客观地说，人一生中有可能不会患上重疾、轻症，但不可能不生病、不住院，因此医疗险的量身定制就显得尤为重要。甚至有时候，高端医疗险会超过重疾险，成为某些家庭的保障核心。有客户也会明确提出：我觉得以我的身价，不需要什么重疾险，但是我需要好的医疗险，必须能够在关键的时候给我提供最好的医疗保障和就医服务品质。

（4）意外险

意外险是指以意外伤害带来伤残或身故为给付条件的人身保险。

意外险产品的核心要符合四要素："外来的、非本意的、突发的、非疾病的。"意外事故的发生是造成人身伤害的直接原因，而人身伤害也是意外事故导致的后果。所以意外险的核心不仅是人身保额，也会附加一些交通意外责任、意外医疗费用责任、住院津贴责任、猝死责任，以及近年出现的隔离津贴责任等。

虽然表面上看，通过重疾险、寿险、医疗险等一些产品组合配置，似乎有时候不一定需要再单独投保意外险。例如，中高端医疗的门诊＋住院责任，可以有效解决意外导致的医疗费用开支问题，但意外险的独特性在于：可以用最少的保费提高人身身故或高残保障，以及意外险能够根据国家标准，涵盖细分为 8 个大类 10 级 281 项的人身残疾风险。

目前意外险里附带的国家标准是 2013 年颁布的《人身保险伤残评定标准及代码》文件（JR/T 0083-2013）。其中各个分级对应的标准是：一级：100%，二级：90%，三级：80%，四级：70%，五级：60%，六级：50%，七级：40%，八级：30%，九级：20%，十级：10%。具体来说，如果发生了意外伤残，需要进行评定后，再和保险公司按照对应的比例申请理赔。这类文件都会附在意外险产品投保的资料包里提示给客户。有一位新晋互联网保险平台的负责人 CEO 在直播的时候，网友提出了一个问题：意外险十级伤害能够赔付多少？这位负责人直接回答能够赔付 100%（应为 10%）。这从侧面说明了保险业务类的问题庞杂且细节众多，需要具有一颗超级大脑。

（5）年金险

年金险以被保险人的生存为给付条件，从字面即可看出，是分期（每年或每月）给付保险金的一种产品。

年金险作为人寿保险，具有较强的资产隔离和强制储蓄属性，通过定期派发年金的形式，往往可以用于教育金、养老金或其他安排，具有专款专用、强制保障的作用。通过前期向保险公司确定投保方案、后期获得保险公司的年金给付，可以做到提前计划、未雨绸缪。从家庭保障角度来看，我们不否认很多人有一定的理财投资能力，但是一定时期内，任何理财投资行为都具有较大的风险和波动性。能够按照合同约定强制给付，是保险产品有别于其他产品的特色之一。

年金产品的设计，要根据客户资产和负债情况，按照收支平衡原则，适时适度地确定保额需求和每年的保费预算。可根据客户的需求，有针对性地选择最合适的产品。

在年金产品当中，不同公司产品也有细节上的不同。有的产品可以附带投保人重疾豁免，有的产品包括了被保险人航空意外责任，有的产品可以附带具有较高利率（合同约定）的万能账户，有的产品本身保单现金价值增幅较大等，都存在不同产品的亮点。有的年金保险可以增加保险金信托功能，可使个人和家族资产得到更好和更为妥善的安排。

（6）家财险

随着现代人们所持有房产数量增多，不动产的管理逐渐成为中产家庭需要考虑的问题。家财险，顾名思义是家庭财产保险，投保人一般是家庭财产的持有者或代为保管者。

现代都市生活忙碌，家宅是安居乐业的物质基础，也是精神家园，因为房子可以给人带来很强的安全感，同时房子本身也是家庭当中最重要的不动资产。但如果突发水管爆裂这样的事故，糟心不说，经济上可能也会遭受一笔不小的损失。

所以从标的物价值和属性来说，给房子买一份保险，可以较好地规避一系列潜在问题：漏水、漏电、失火、盗抢、台风、地震等。家财险一般对建筑年限和结构有要求，保单责任也有差异，保费也取决于房屋的具体情况。

在承保范围上，包括可保、特约、不保三种类型。可保的财产，如房屋及其室内附属设备（含租赁）以及内饰、屋内其他家庭财产等；特约可保的财产主要是需要特别约定的财产，如存放在院内或者其他类型的财产；不保的财产一般是贵重首饰金属、有价证券、消耗品、交通工具等。

在保单责任里，包括基础责任和除外责任，基础责任如业内俗称的"天雷火爆"——坠物、雷击、火灾、爆炸等十余项；常见的除外责任如战争、罢工、盗抢、违法行为、间接损失、电气老化、保管不善等。

（7）团财险

除个人商业保险之外，现代社会从维系企业运转角度出发，会给企业的重要资产——企业成员配备对应的保险保障。一般团体保险有团体健康险、团体意外险、团体旅行险等。财险一般是指责任险、财产险、信用险等。

团财险信息变更会较为频繁，往往需要业务人员能够随时响应、跟进服务。

团体保险与责任险、财产险赔付的主体是不同的。团体保险赔付给个人，而责任险、财产险是赔付给企业。责任险包括两项主要责任：被保险人依法对造成他人人身伤亡或财产损失，应当承担的经济赔偿责任，或因赔偿纠纷引起的由被保险人支付的诉讼、律师费用及其他事先经过保险人同意支付的费用，其中核心责任是人身和财产赔偿责任。

团体保险与财产险、责任险等类型不同，在方案责任和费率厘定上也有所差异。例如有客户委托投保某小型赛事团体保障方案，为期一天，在方案费率上采用50+5（万）的保障结构，报价10元/天·人，如果这个方案做成责任险的类型，那么费率会远远高于团体保险。

如果经纪人有兴趣在团体保险、财产险或责任险领域一探究竟，开辟天地，也可以从稍微小一些的保单做起，一单一单地积累，做好业务流程的梳理，慢慢就会越做越大。

常见适用场景有：①餐厅、商场、超市、酒店等人流量多的长期性营业场所；②赛事、演出、展览、户外活动等短期性活动场所或项目；③偏向于重资产、重库存的加工制造类企业，例如化工、钢铁企业等。

流程可概括为：确定需求—匹配方案—修正完善—投保出单—保单续保。

售前沟通中，一般首先侧重对客户需求的梳理。针对客户需求，首先判断业内有没有固定方案。因为固定方案一般是保险公司定期、阶段性设计好的，费率相对较优、责任相对大众，能够涵盖大多数用户的基本需求。这里指的是基本需求而不是个性化需求，如果客户有一些个性化的需求，哪怕是增加一些附加责任条款，那么也需要单独询价。

询价反馈给客户之后，经纪人和客户双方会有一个详细的沟通，包括对责任框架、条款细节、保费构成、后续服务等方面的介绍，也有可能会对询价后的方案有所调整。

如果客户认可方案，也认可经纪人的专业服务，那么就可以着手准备投保资料。全套资料一次性准备好后，让客户打印后签字盖章，经纪人可以协助客户完成部分前期案头工作，以减少客户在保单投保环节的时间和精力成本。

付款环节一般是提交投保单、转账、保险公司见费后出正式保险合同，可以根据客户需求开具发票。保障期间如果涉及保全和理赔，经纪人第一时间跟进。投保可以提前指定生效日，未生效前一般可以协商变更操作，如撤单。

（8）旅行险

"行车走马三分险"，旅行过程中也很容易发生意外风险，常见的如人身风险、财物风险等。因而旅行险一般会涵盖人身身故或伤残保障、医疗保障、交通工具保障（航班延误）、紧急救援保障等。根据是否涉及境内或境外、高风险运动等因素，市场上旅行险产品很多，责任也有比较大的差异，在选择的时候，要重点关注保障范围全、产品经验丰富、理赔服务好的公司产品，一般会涉及保障时间、保障区域、免责条款、保障内容、附加责任等要素。

在前期，研究和遴选产品的时候，需要留意多比较条款细节。

投保时，信息要填写准确。典型的一项就是身份证号需要匹配正确、不能填写错误。保障时间可以略微延长，如果旅行行程是 5 天，可以考虑投保时间略长 1~2 天。主要为了避免旅行可能会存在不可抗力，时间被迫延长、导致出现保障真空。

需要明确保障区域。如境内游和境外游的区别、境内游和市区游的区别。

客户询问旅行社推荐的保险是否合适

市面上产品复杂，看似雷同，但存在各种差异，这种区别不仅仅是费率上的。

2019 年，我曾经遇到一位厦门客户的咨询。因为参加周末一日游，活动组织方让他们投保某一款旅行险。客户看了看产品，感觉比较复杂，就把链接发给我帮忙审看一下。我发现，委托人的活动是在本市区内进行的，而条款明确排除了本市区域。这种情况下，就要告知产品细节上存在不赔付的风险，并建议更换产品投保。

产品越小，条款越需要详看多看，尤其是免责内容。典型的如饮酒、斗殴、违法导致的人身伤害不赔付；无照驾驶、孕产相关、齿科相关、眼科相关、健康体检、未遵医嘱服药、暴乱状态等导致的保单责任将不予赔付。

爱玩的朋友，需要留意是否会涉及风险运动以及产品保障当中是否会明确涵盖，典型的如攀岩、潜水、蹦极等；或者游玩到某个区域后，自己一时兴起增加游玩项目。这些都是存在潜在风险点的举动。

既往症不赔付。在旅行过程中，与既往疾病相关的风险事故，可能会被保险公司判定为属既往症引起而不予赔付。不过被保险人也可以主张事故和既往病症并无关联，从而争取最大可能赔付，具体要看最终协商的结果。

儿童和老年人的风险保额可能存在限制。例如儿童的身故保额，按照监管要求，存在 20 万~50 万元的限额；一些产品里，也会对老年人的人身保额做出限定，例如 70 岁以上老年人人身保额，有的产品需要按照产品所列保额的一半来承保。

每一份保单都有保障期限，那么从这一点来说，在产生理赔后，会有一个截止点，比如 180 天以内的责任赔付，超过 180 天不予赔付，如果是在 190 天还需要进行治疗，按照条款的约定，就不在保障范围内了。这种情况下，经纪人可以提醒在 180 天保障期内，把后续需要的药品或治疗尽量都处理好。

小 结

互联网时代，信息资讯得到全方位地立体呈现。保险产品不断被开发和设计出来，反复进行着各种细节方面的更新。虽然产品在不断变化，但人们的保障需求是长期客观存在的。

如今人们对保险的认识和理解虽然在不断加深，但保险方案规划毕竟是一个动态平衡的过程，既要整合不同产品在家庭保障中的作用，又要充分考量过去、现在、将来的风险可能发生的变化，在不断地磨合调整中，实现对风险的有效覆盖。

作为保险经纪人，资讯的发达带来了各种便利，也带来了源源不断的问题，持续激发着新人的思考。入行之前，大家虽然都在各自的专业领域具有一定的工作经验和专业背景，但是进入保险经纪人这一行后，却发现这个平台对专业宽度和深度的要求远远超出了我们的想象。

常见险种的两核逻辑：一些案例

保险产品的业务审核知识包括"核保"与"核赔"，即保险核保知识和理赔知识，在业内统称"两核"。"两核"标准在不同险种、不同公司甚至不同内勤的审核标准上，都可能会出现细微的差异，其中既有科学知识成分，也有艺术和经验因素。

经纪人新人起步，初期以熟悉核保思路为主，随着业务延伸，也会很快涉及理赔方法。我们在这个章节，将围绕"两核"整体及具体案例展开。

（1）意外险理赔

意外险的核心责任，涵盖的是"外来的、非本意的、突发的、非疾病的"风险，例如被车剐蹭了一下，而疾病导致的突发事故不属于涵盖范围，例如脑梗导致的摔伤。

在以往案例当中，也出现过纠纷和官司。比如有人摔伤身故，结果医院检查直接死亡原因为脑出血，同时这个人有高血压。那么就会有个问题，究竟是高血压导致脑出血头晕进而导致了摔伤，还是摔伤反过来引发了脑出血。

如果是前者，那么保险公司可以不承担赔偿责任，但如果是后者，保险公司就要承担责任了。那究竟是什么原因，就需要保险公司去主张查明。如果保险公司没有主张权利，造成原因不明的，参考以往某些纠纷的判决结果，保险公司最后是要赔偿的。所以这也就间接造成了保险公司这几年在产品当中，通过增加健康问询以及在条款中完善免责约定或直接增加附加责任，来间接地控制赔付风险。

意外险免责包括斗殴、酒驾、吸毒等常见内容，很多产品也会对于牙齿、眼睛、腰椎间盘等部位进行有针对性的免责，以及保险公司对于地区性个别医院也会有免责，这在业内是有"灰名单"的。背后的原因是，有些医院历史上发生过骗保事件，所以上了保险公司的限制名单，保险公司也会不定期地在产品中更新或调整限制医院名录。

从意外险理赔程序来说，发生意外后，第一时间可以和经纪人联系，这样经纪人可以及时协助判断具体情况。如果涉及严重人身意外，可能需要留存救护车记录、交通事故认定书、派出所证明等。如果涉及他人责任，现场责任的认定也可能需要相应的材料。大部分意外险理赔与意外医疗相关，较少涉及人身伤残，人身伤残需要事后评定，费用由个人承担。

涉及医院就医，经纪人也会协助提醒和把关，比如医院的资质是否符合产品的理赔要求。有时候需要留意医生开药是否属于非医院范围的院外药物，如果医院内明确没有，院外药本身也是不在保险公司赔付范围之内的。还有一种情况是，意外受伤后，可能需要一些自费类的耗材或器具，医生有可能会直接让患者去院外自行购买，因为也许院外自行购买价格更低。所以受伤后就医时，可以主动和医生说，自己有商业意外险保单，可以涵盖自费药且 0 免赔等（这一类产品也是当下部分经纪人配置方案时的首选项之一）。

意外医疗理赔材料一般需要三项：诊断证明书、病历、发票。如果关键材料出现缺失，也有可能会给理赔带来一些麻烦。发生意外后，可以随手拍照留作记录，如果有视频记录会更好。

老人意外险理赔案例

2017~2018 年，我为一位云南的客户配置保险，夫妻配置了重疾险和寿险，随后接受委托，给老人配置了意外险方案，先后选择了两个产品，基本保额 40 万元，保费合计 215 元，两个产品责任各有差异，但都是某大型保险公司的方案。具体如下：

产品 1 的责任结构：（1）一般意外身故残疾 10 万元，可叠加飞机 100 万元 / 火车 10 万元 / 轮船 10 万元 / 商业客运汽车 10 万元 / 私家车 10 万元责任；（2）附加父母赡养意外 2 万元；（3）突发急性病身故 10 万元（30 天等待期）；（4）意外医疗 2 万元保额（社保外）；（5）住院津贴 100 元 / 天，保费 140 元。

产品 2 的责任结构：（1）30 万基础人身意外伤害责任；（2）意外医疗费 1.5 万元（100 元免赔额，社保内）；（3）住院津贴 150 元 / 天（3 天免赔额），保费 75 元。

这两个产品组合后，通过产品 1 涵盖了社保外用药费用，通过产品 2 提升了人身保额，两个产品住院津贴合并达到 250 元 / 天。2018 年 2 月投保完毕，5 月老人在家中滑倒摔伤，疼痛 2 小时无缓解，后去医院就诊，诊断为"腰椎压缩性骨折"，住院 44 天后出院，全部费用开支 1 万元左右，其中自付 3000 元。

就医当天，正常与保险公司报案，出院后，准备材料后申请理赔。

由于两张保单属于同一保险公司的不同分支机构承保（黑龙江分公司、天津分公司），两家合并一家集中处理，从 5 月报案后，黑龙江分公司开始联系客户，对接理赔；客户 7 月打电话追问理赔进度，由于客户人在云南，所以被告知理赔业务转到了云南线下分支机构来对接。

保险公司委托云南分公司线下理赔人员上门，收取理赔资料，做出赔付反馈，这个过程中可能存在多方沟通不畅的问题，而后续的理赔也是一波三折。

8 月中旬，黑龙江分公司和天津分公司委托云南分公司收集理赔资料，寄往黑龙江；而黑龙江收到资料查看后，发现保单是由天津分公司处理，于是又寄往天津分公司。在这个环节上，天津理赔人员告知客户，虽然持有两份保单，但是只能按照 1 份的住院津贴来理赔。我和客户非常诧异，立刻表示了异议，反馈保险公司进行复核。

9 月中旬，保险公司直接联系客户，表示协商赔付 70%，理由是出院记录而非入院记录上有腰椎间盘滑脱，这一责任属于免责范围，因此决定医疗费用和住院津贴都按照 70% 赔付。保险公司给客户的理由是，对这个事情是说不清楚的，因为客户无法证明不是因为腰椎间盘滑脱而导致的意外，虽然保险公司自己也无法证明是腰椎间盘滑脱导致的意外，但他们有免责条款的因素，所以决定按照 70% 赔付。保险公司 9 月 12 日左右告知赔付意见，9月13日就再次致电客户，询问考虑得怎么样。

客户和我商量，还是希望拿到全赔。按照70%的标准，大约9000多元；而按照100%赔付的标准，大约1.4万元。我9月14日凌晨拟好了申诉意见，发给客户过目。

后来再三思忖，我在9月17日上午先和公司内部沟通，询问有无以往类似的理赔参考案例或处理意见。运营部非常重视，工作人员当天就反馈到了上一级主管，随后内勤对接保险公司理赔部，我们一同建了一个专项群，相关人员开始在群里共同沟通这个理赔案件。

在这个过程中，仍然遇到了社保内报销、社保外报销、住院津贴免赔与合并计算总金额以及分公司两笔赔付金额等各项问题。我们感到保险公司理赔部应该是工作量比较大，导致在两个公司的两张单子责任的合并理算上，出现了不一致的问题，加上其中一位分公司理赔老师风格鲜明，另外一位分公司理赔老师明显是另外一种状态，所以多方沟通始终未能达成一致。

但最后在群里，经过反复沟通、计算，理赔金额最终定在了1.3万元。我当时正在火车站候车，现场一直通过电脑在线沟通。当看到这个结论后，代表客户当场拍板，认可了这个结论，因为还存在既往症和住院免赔额因素，做出了适当让步。

在这个理赔案例当中，多方的沟通和跟进产生了很大的促进和推动作用。赔偿金顺利到账，除了药费报销，额外超过1万元的住院津贴，是对老人休养和恢复最好的安慰。

（2）医疗险理赔

医疗险涵盖意外和疾病责任，基础内容我们在上文已有基本阐述。在理赔环节，如果是意外导致的责任，没有等待期；疾病导致的责任一般来说会有等待期，市场上的产品，设置 30 天的居多，有的产品会对个别疾病设置更长的等待期，如 90 天，所以投保前一定要留意条款和投保须知。

在就医范围上，不同产品针对不同类型的医疗机构。最常见的是二级以上社保医院或公立医院，如果去普通部就医，记得使用社保挂号，市面上不少产品投保时会和社保身份进行捆绑，理赔的时候就需要和社保身份进行关联。

中端医疗和高端医疗，比较少会涉及这个问题，尤其像高端医疗，基本上是"一卡走天下"。我们的工作包里，随身带身份证、医保卡，也会带上高端医疗卡。不过很多服务在 App 上就可以预约、查询和进行，所以手机显然更重要。

在就医过程中，最重要的就是要注意既往症以及避免过度医疗消费。在就医环节，医生都会询问"一诉五史"（主诉、现病史、既往史、个人史、婚姻史、家族史），要注意不要夸大以往存在某些慢性疾病，或者投保前的疾病症状。最典型的如，医生问病人哪里疼，病人回答肚子疼，医生问大概多久了，病人自己模模糊糊地说：断断续续的这 2~3 年每年好像都有点。于是医生记录：腹痛三年。

这种记录一旦写上，几乎不可能更改，而且医生会有自己的理由。从我们接触过的案例来看，之后改的难度非常大。

过度医疗消费的问题，一般来说比较少遇到，但偶尔遇到了，就可能会是个麻烦的问题。比如买的是高端医疗，去医院住单人病房，这没有问题。但在病号餐点了鲍鱼、小米海参、刺身拼盘等，这种过度的医疗消费，确实没办法涵盖在任何医疗险的范围里，也是保险理赔审核和理算时关注的内容之一。

如果是高端医疗，一般保险公司直付或者垫付就可以解决了。如果是中端或者百万医疗，需要事后理赔，那么要保证不遗失全部的就医材料，治疗结束后，一并提交保险公司。

有时候，医生也会主动询问是否有商业保险，这样在使用医疗方案的时候，可以考虑选择一些不同的药物和治疗方案。

就医需要患者本人就诊。以往我们遇到过一个小额理赔，宝宝拉肚子，因为孩子太小就没有带去医院，大人带着一系列照片去看医生、拿药，这种属于代就诊、代配药，往往属于医疗险免责范围，需要留意。

医疗险的免赔额分两种，一种是相对免赔额，另一种是绝对免赔额。相对免赔额指社保、公费等可以用于抵扣免赔额，一般理解为社保抵扣。而绝对免赔额是指在社保统筹以后，自己还需要额外支出的部分，超过这个部分才可以按照对应的责任和保险公司进行理赔。例如，百万医疗的免赔额，大部分属于绝对免赔。

▨▨ 如何看待未如实告知的理赔

我们曾经听到过类似这样的故事：在某公司或某平台购买了医疗险，无论是0免赔的中端医疗，还是1万元免赔额的百万医疗，客户之前存在既往症记录，而且比较复杂，但是发生就医后，这些医疗险都顺利赔付了。

用听说到的客户原话就是："对！我也感觉好神奇"。

其中可能既有几千元的小额住院手术，也有大几万元的恶性肿瘤住院手术。任何经纪人新人在入职之际都会被培训，要严谨协助客户做好如实告知。这种未告知既往症理赔的故事，可能会对新人的业务思路产生一定的影响，纵然每一个理赔都是独立的个案，其中细节外人往往不得而知，但至少这类故事已经若隐若现地触及了那个更为深层的问题：到底该如何看待和把握医疗险产品如实告知的分寸呢？

第一，任何医疗险都会清晰约定责任的具体范围。在核心原则上，承保的是新发风险，而既往症除非条款明确承保或告知核保后通过承保，否则不予理赔相关疾病。依据之一就是在条款里清晰写出的对既往症的定义，如某款上市不久的20年保证续保医疗险，在其免责条款里列明了不赔内容有：被保险人在本合同生效前或等待期内所患或出现的疾病（或其并发症）、生理缺陷、残疾。

第二，未如实告知会给保单长期持有带来隐患。保单承保后，从我们的经验来说，保险公司一旦在理赔时发现被保险人有保前疾病未如实告知，那么很可能会给出拒赔结论，严重的可能会对保单不予续保。依据同样可以参考医疗险中关于续保的条款，如某20年保证续保医疗险就援引了《保险法》相关规定，在条款中列明：如果您故意或者因重大过失未履行前款规定的如实告知义务，足以影响我们决定是否同意承保或者提高保险费率的，我们有权解除本合同。

第三，一次的赔付不代表永远会赔付。保险公司也许在当前技术和大数据不完善的情况下，无法筛查出被保险人未如实告知的健康记录，但随着医保数据、健康数据等更多的信息被纳入大数据系统，不排除保险公司能够回溯追查到以往的健康记录。2021年我们就听未经证实的小道消息说，有保险公司购买了超过 60 个渠道的大数据来源进行风控。

第四，带病赔付后的成本终将转移到所有保单持有人身上。一次赔付的成本，不是凭空产生的，而是最终要变相转移到所有的保单用户身上，例如提高费率，或者调整保单责任等内容来实现对成本的进一步控制、对支出项的进一步转移。在各医疗险的费率条款说明或其他备注细节上会或多或少提到这一点。同样以某一款 20 年保证续保医疗险为例，产品责任中有一项近年来大家比较关注的"特药"责任，产品虽然可以涵盖特药，但始终保留调整内容的权利，如条款所述：我们保留对指定药品清单进行适当调整的权利。若指定药品清单调整，请以我们官网公示为准。

那就意味着保险公司完全有权利根据自身运营情况调整、删减其中的清单目录。

第五，要有意识地维护保险公司和医疗险的可持续发展。道理不言而喻，如果把羊毛拔得太猛，羊全都死了，将来又有谁来提供更好的保障呢？有的人也许会说：不考虑那么远，只关注眼前自己的这份保单，无论是否符合条款约定，保险公司都必须要赔付，其他不管。在这样的心态下，这个医疗险产品由于承担了大量非优质用户群体，大概率维持不了多久。其结果必然是陷入医疗险的"死亡螺旋"（Death Spiral）：最终停售，或不续保，或大幅提高保费以至所有人都无法承受。

不过已经有客户开始意识到这个问题，看到了医疗险的相对性而不是绝对性，因此并不要求能够持有某一个完美的医疗险，而是只要能把自己和其他非优质用户群体区别开来，那么就有机会使用到比别人更好的保障与产品，因而会产生完全不同的医疗险选择思路。

（3）寿险理赔

寿险理赔相对比较简单一些，寿险主要保障的内容是因意外或疾病导致的身故或高残，比如猝死或意外导致的身故。关于高残理赔标准，多年前的老保单和当下的主流保单可能存在差异，这主要是由于老保单与当下保单定义不同所致，但现在主流产品的定义基本都是一样的。

虽然各家大体一致，但产品的免责却也有所不同。

当前较少免责内容的寿险条款（某定期寿险）

因下列第 1~3 项情形之一导致被保险人身故或身体全残的，本公司不承担给付保险金的责任：

1. 投保人对被保险人的故意杀害、故意伤害；

2. 被保险人故意犯罪或抗拒依法采取的刑事强制措施；

3. 被保险人自本合同成立或者合同效力恢复之日起二年内自杀，但自杀时为无民事行为能力人的除外。

发生上述第 1 项情形导致被保险人身故的，本合同终止，本公司向被保险人继承人退还本合同的现金价值。发生上述第 1 项情形导致被保险人身体全残的，本合同终止，本公司向被保险人退还本合同的现金价值。因上述第 2~3 项情形导致被保险人身故或身体全残的，本合同终止，本公司向被保险人退还本合同的现金价值。

除单独的定期寿险外，当下的重疾险、意外险、终身寿包括增额终身寿险，都会涉及寿险（身故）责任。

以猝死为例看保险中的寿险（身故）责任分布与理赔

2022 年年初，一则新闻刷爆了朋友圈。北京某互联网头部大厂一位 28 岁员工在健身后突发呕吐昏迷，送医院抢救 41 小时后不幸离世，留下家中怀孕 2 个月的 28 岁妻子和每个月高达 2.1 万元的房贷，房贷按揭为 30 年。

猝死针对个人而言，意味着生命的突然逝去，对于一个家庭而言就是一场灾难。从风险规划的角度，人生最大的风险并不是重疾或者残疾，而是突然身故的风险。因为突然身故这一结果不可逆转、无法挽回。重疾风险——有可能痊愈；残疾风险——有可能只是部分肢体缺失，生命仍可延续；而疾病风险——同样有可能治疗和治愈。

原先我们认为，猝死风险一般要留意 50 岁左右这个年龄段，另外一个是 70 岁左右年龄段，但现在从已知的一些新闻案例来看，30 岁也是一个需要重点关注的年龄段。这与中青年人群工作压力大、高强度加班、自我心理调节能力弱等因素有关联（另外从医学角度来说，新生儿阶段也存在这种风险）。

猝死发生非常突然，家人们往往来不及反应，而事后要从悲伤当中走出来，需要很长很长的时间。寿险责任的存在，就是用于尽可能地弥补家庭成员突然离世造成的精神损失、经济损失，做到"留爱，不留债"，其中有两层意义，"留爱"体现在精神上的弥补，"不留债"体现在对已知经济责任如房贷、车贷的对冲，因而寿险可以理解为一份对身价或个人估值的保障。

以猝死为例，普通的寿险如定期寿险、终身寿险或两全保险等，都涉及这个部分的责任。

重疾险如果包含身故责任，那么也是涵盖猝死风险的。如果不包含身故责任、只有重疾相关责任的话，就要看针对猝死的治疗标准是否达到理赔标准（例如深度昏迷）。从这个角度来说，重疾附带身故责任，可以解决这种后顾之忧。

带身故责任的重疾险要留意重疾和身故责任存在共用保额的情况。

意外险本质上对冲的是"外来的、非本意的、突发的、非疾病"的风险，由于猝死属疾病导致，所以并不属于纯粹意外风险范畴。但近年来，不少保险公司综合各种考虑，在很多一年期意外险产品中主动增加猝死责任，并明确了对应的保额和理赔条件。

需要格外关注的是，意外险当中的猝死责任有着非常精确的赔付标准，而且不同意外险的标准也有所不同。考虑到猝死一旦发生，前期往往会尽最大全力抢救，所以，意外险产品当中附加的猝死责任——责任里虽然有，但能不能赔，在实际中会有很大挑战。例如，稍微一抢救，就会超过这个时间。所以，不建议过于强调或过于夸大意外险中的猝死责任，仅将其看作一个附加责任就好，具体的细节区别，经纪人会进一步深入把关。

医疗险常规框架涉及因意外和疾病导致住院（或门诊），不同产品保障区别会很大，而且同一产品，每个人投保的计划细节都可能不尽相同。但就猝死风险而言，要看是否属于达到了"住院"或"门诊"（如有附加）理赔的条件。

是否达到了住院的标准这一点比较微妙。比较极端情况如急诊抢救，需要留意是否明确属于"住院"。因为住院责任的理赔，需要办理住院、开具住院证——但并不是所有的医院在急诊抢救之后都能开出住院证。以往也曾听说有由于急诊 EICU 不开具住院证，而导致医疗险无法按照对应责任理赔的情况，但EICU 一般在特别紧急的情况下启用，收治患者概率小，使用频率很低。

（4）重疾险理赔

熟悉前文意外险、医疗险的理赔要求和大致流程后，那么重疾险的理赔就更容易理解，门槛更高、理赔条件也会更精准。针对每一个疾病都有一个具体的理赔标准，符合标准就可以申请理赔，不符合标准或在免责条款内，就不属于理赔的范围。

重疾险的理赔一般有四种情况，疾病确诊后可以理赔、手术治疗后理赔、治疗且经过一段时间后理赔、维持在某种状态后理赔。

通过确诊达到理赔标准可赔付的重疾，比如重度恶性肿瘤；需要进行相应治疗后再进行理赔的重疾，比如重大器官移植术、冠脉搭桥术；需要治疗然后间隔一段时间复查后理赔的重疾，比如严重脑中风后遗症、严重脑炎脑膜炎后遗症；需要维持在某种状态理赔的重疾，比如深度昏迷。

从理赔流程上来说，根据客户疾病，准备理赔所需要的全套材料（住院病历、病理报告、复查报告等），然后提交保险公司。时间快的确实会很快赔付，时间慢可能会涉及启动三方调查、人工上门面访等。

面对重疾险，可能新人会有一些疑问。比如，有些疾病可赔可不赔的如何处理？以及随着科技进步，有些手术方式已经发生了变化，比如不需要开胸了，又该如何处理？虽然经纪人不是医生，但从保险角度去看这些问题，都有比较好的理解方式。

比如可赔可不赔，可能只是在理论或文字层面。也许有些疾病会存在似是而非的阶段，但是一个重疾能够持续维持在这种似是而非的中立阶段，是有一定难度的。比如肿瘤，一种情况是良性，另一种情况就有可能是恶性。比如交界性肿瘤，虽然名称是交界性、存在不确定性，但也许当发现这种疾病的时候，已经是恶性阶段了，虽然文字上还写着"交界性"类的描述，但疾病本身的发展不会给它这种持续模糊的机会。

另外，也许有的疾病处于模糊阶段，那说明或许还有良性或恢复的可能。观察一段时间，如果真能向好发展，其实是最好的结果。

我的合伙人有一次讨论保险的作用。佛山的王智世提出了一个比喻，认为保险和军队很像：宁可千日不用，不可一日不备。说得确实很准确，对于重疾或其他风险，最好的情况就是用不上保险，但不可不做好充足的准备。

重疾险理赔不确定时的一种处理思路

2021 年，我曾经帮一位客户理赔过一份小肠间质瘤重疾。从"间质"字面上来说，确实能看出，这可能是一种带有交界性肿瘤的情况。客户在找我提交理赔前，自己已经提前检索了一些资料，做了一些功课，应该是知道交界性肿瘤在重疾实务当中能不能赔付下来，可能不太好说。

为此他咨询了一些朋友（病友），听说有赔下来的，也有没赔下来的，他就比较纠结。我听他说了以后，就准备启动程序，着手跟进这个单子的理赔。在收到病理材料前，也预想了各种状况，万一出现不确定的情况，我们该有什么应对策略，并提前和其他同事、渠道沟通，准备随时进一步协调跟进。

后续进度如下：

10月21日，收到材料后通过内勤转保险公司。其实拿到材料的时候，一看描述，已经被界定为恶性肿瘤了。虽然是小肠间质瘤疾病，但病理描述为恶性。那基本没有什么太大悬念，直接按照重疾理赔申请。

10月26日，理赔人员见面问询。

10月29日，理赔原件合同退还内勤转给客户（归还本人），并告知经纪人，还处于三方调查环节。

11月2日，理赔款直接到账。

共计9个工作日13个自然日，也是相对正常的流程和时间了。不能说特别快，但也在正常沟通时效范围内。客户每年保费6890元，缴费第5年出险，总保费3.45万元，一次性赔付保额50万元后，保单结束。

客户目前正常靶向药物治疗中，状态几乎和平常一样，这也是得益于客户非常重视家族病史，坚持全面体检，提前发现了疾病情况。

所以，有时候个别疾病看似在理赔时存在不确定性，但也许病理本身就已经给出了准确的结论。即便是间质描述，但病理没有给太多中间形态的机会，发现就是恶性了。而且即便是在病理显示性质未定、理赔处于不确定性、不能马上决定赔付时，稍微耐心等一等后续的发展，有时也会有更为准确的结论。

择优理赔

择优理赔（简称"择优赔"）也是近年来出现的一个重要业务问题，未来一段时间的重疾险理赔，可能有一部分老保单会涉及择优赔的处理。

所谓择优赔，是在 2021 年 1 月重疾险定义①新老迭代后，老保单（主要是 2007 年版重疾定义下）中的对应病种，由原先 25 种重疾标准定义，被新保单中的 28 种重疾 +3 种轻症定义所替代。而过往的一部分老保单，在实操中可以同时参照老条款和新条款的内容，选择更有利于客户的角度申请理赔。

择优赔不是业内统一要求，而是一部分保险公司在新规推出之际，自发对客户权益的关注和主动响应。一般通过官网、官微等公开方式发布，也有一些传统公司会通过业务员去提醒老客户，同时完成一次客户邀约与面访服务。

新版重疾定义调整后，大致涉及以下内容。

增加：增加三项重疾标准定义如慢性呼吸功能衰竭、严重克罗恩病、严重溃疡性结肠炎定义（统一）；增加三项轻症标准定义如轻度恶性肿瘤、较轻急性心肌梗死、轻度脑中风后遗症。

降低：轻度恶性肿瘤、较轻急性心肌梗死、轻度脑中风后遗症、TNM 分期为 1 期甲状腺癌、G1 级别神经内分泌瘤，赔付

---

① 2020 年 11 月 5 日，中国保险行业协会与中国医师协会正式发布《重大疾病保险的疾病定义使用规范（2020 年修订版）》文件，要求从 2021 年 2 月 1 日起，所有产品都要符合新版重疾定义要求，此次调整在业内被普遍称为"重疾新规"。

比例降低。

调整：冠状动脉搭桥术、心脏瓣膜手术、主动脉手术、严重阿尔茨海默病、重大器官移植术等理赔定义、术式范围扩大或者疾病标准明确，更易获得理赔。如冠状动脉搭桥术（或称冠状动脉旁路移植术），原"指为治疗严重的冠心病，实际实施了开胸进行的冠状动脉血管旁路移植的手术"（2007）对应调整后为"指为治疗严重的冠心病，已经实施了切开心包进行的冠状动脉血管旁路移植的手术"（2020）。

核心重疾名称也做了优化，如原有老版的"恶性肿瘤"定义对应新版的"恶性肿瘤——重度"定义。

剔除：原位癌、交界性肿瘤。

总的来说，定义的调整更符合当下的疾病趋势；增加了定量的指标，代替原有定性描述方式的不足；剔除了容易产生误差的诊断方式（如细胞病理学调整为组织病理学）；以及客观上也梳理了各家公司众多条款不一的情况（如小肠移植原先一般属于单列条款，调整后，合并到重大器官移植术内）；但保险公司仍然有自行补充的余地（如在轻症中普遍增加原位癌条款）。

更多的就是需要在遇到具体的理赔问题时，具体情况具体处理了。

需要留意，并不是所有公司所有时间的老重疾险都能够参加择优赔，具体各家公司会有准确的产品清单。

择优方案规则举例如下。

疾病	申请病种	旧定义	新定义	赔付方案
微创切开心包的冠状动脉搭桥术	冠脉搭桥	不满足开胸	符合定义	按照 2020 版定义赔付
采用腔镜下的微创主动脉手术	主动脉手术	不满足开胸	符合定义	按照 2020 版定义赔付
胸腔镜进行心脏瓣膜修复手术	心脏瓣膜手术	不满足开胸	符合定义	按照 2020 版定义赔付
部分阿尔茨海默（临床痴呆量表 3 分）	严重阿尔茨海默病	不满足完全丧失	符合定义	按照 2020 版定义赔付
TNM 分期为 1 期的甲状腺癌	恶性肿瘤	符合定义	不符合重疾定义	按照 2007 版定义赔付

重疾险本身是一种定额赔付产品，其发展成熟离不开近年来监管大力推行的一系列规范性建设和行业自身的变革与发展，如《健康险管理办法》（2006 年）、《重大疾病保险的疾病定义使用规范》（2007 年、2020 年）、《中国人身保险业重大疾病经验发生率表》（2013 年、2020 年）、人身险保险费率市场化改革（2013 年）等。

市场上各家保险公司竞争激烈，在自身内部不断强调重疾险多次赔付、提升大比例赔付；在外部叠加日益老龄化的趋势和人口红利缩减的压力；又面临突然介入的择优赔付、新冠责任拓展等附加政策等，仅重疾险产品持续稳健经营这一项，就会是行业需要长期重点关注的问题。因此结合重疾险理赔，业内近年也持续有一些学术声音。如中国人寿前总裁、新华保险前董事长兼总裁万峰认为，考虑到难以预测的发生率、国家政策的推动、医学水平的不断进步，以及在业务管理上的各种风险因素，重疾险在未来会持续面临不小的挑战与压力。

（5）旅行险理赔

旅行险理赔，一般来说"短平快"一些。旅行险不像个人意外险，持有时间一般是 1 年，涵盖保障期长，针对的是日常的意外风险。旅行险一般是在节假日、境内或境外旅游出差前选择性投保，遇到的风险和理赔情况可能比较集中，突发状况多一些，情况有可能比较复杂。

无论什么样的理赔都需要保留文书凭证。例如丢失行李需要报案、留下警察登记凭据。回程后理赔可能需要提供原始购物凭证记录（也可能不需要提供，以往有正常赔付的案例）。发生风险时，同样第一时间联系经纪人，经纪人会协助提醒和跟踪理赔流程。不同销售渠道的产品可能会有保障细节上的差异，经纪人在比较和研究时，可以一并留意其中的除外责任，例如随身物品除外责任。

旅程中，中转产生的风险责任，可能无法赔付，例如中转过程中导致的航班延误。需要留意条款是否要求"被保险人在完成旅行后直接返回境内常住地"，因为中转可能会"转多个机场"，其中各环节可能无法进行精确的风险厘定，不同地区风险因素也不同，发生财物丢失、航班延误、人身伤害的风险都有可能，这或许是不同公司在产品中进行限定的原因。

需要留意行程变更的问题。例如境外航班提前起飞导致被保险人额外的行程费用开支，是否会涉及产品的赔付责任（基本不予赔付，是因为这属于交通承运人自身的责任，而非风雷火爆这些外部不可抗力导致）。还有一个典型情况是境外罢工导致的航班延误是否能够赔付（保险公司都会第一时间对保单的赔付情况进行说明，建议经纪人马上确认已投保保单状态，同时拿到保险公司的官方公告。如需改签，记得写明原因）。

随意自由改变旅行路线的责任风险

2015 年，黄先生通过旅行社参团出行，在凤凰古城景区掉下 4 米深坑摔伤，直接导致全身多处骨折、脏器严重损伤。当地县医院不具备医疗救治条件，连夜紧急转运。事后关于赔偿责任的认定，主要矛盾在于：游客返回酒店过程中没有导游陪同，未能充分警示告知；游客作为成年人，也存在自行选择行程、疏忽路况的问题。

最终法院判决，旅行社承担80%、黄先生承担20%风险责任。①

旅行险的责任主要是保障旅行过程中的意外风险，有的产品涵盖疾病责任，但需要是新发突发疾病。此外还有一个问题是，如果产生了未名原因的身故，如猝死，保险公司往往需要通过医学检查确认具体原因，但家属往往坚决不同意。其中会有一系列沟通和斡旋工作。

理赔时需要留意医院资质、地区资质限制问题。例如，二级以上公立医院或境外的合法医疗机构。在一些情况下，会涉及紧急救援与送返的问题。如果有产品包含了该项责任，那么在必需情况下，也能够提供更好的救助。

---

① 详见中国裁判文书网《黄同生与北京途牛国际旅行社有限公司旅游合同纠纷一审民事判决书》（2017）京 0105 民初 61312 号。

经纪人协助完成境外旅行险协商赔付

2019 年下半年，我有一位客户投保境外旅行险，前往泰国参加团体旅游，时间较长，所以选择了一年期产品。斟酌比较后，选择了其中高配版本方案，以实现更好的综合保障。

客户在 2020 年 2 月因背部疼痛前往泰国清迈当地医院和诊所就诊，首次就诊未明确病因，持续一段时间后，分别与 3 月和 4 月再次复诊，直到 4 月底仍然没有缓解。当地医疗机构在 5 月扩大了检查范围，包括了身体其他部位的检查，检查后，医生在检查病历上手写备注：背部疼痛 3 月、甲状腺结节 3 年（thyroid nodules 3 years），由于客户并未告知经纪人这项描述，加上部分病历属于泰文，导致了提交后第一次拒赔。拒赔理由是核赔老师认为，客户有甲状腺肿瘤（结节）3 年病史。

出现拒赔后，客户情绪强烈，即便之前已经多次为其本人与其宝宝完成过理赔（前 3 次均 100% 赔付），客户仍然直接认为此次拒赔非常不合理。在这种情况下，我先安慰了一下客户，同时仔细查看了客户传过来的全部医疗清单，将泰 / 英文病历翻译后，逐项查找细节，确定了一个尽可能申请最大赔付的思路，即剔除甲状腺既往症相关部分后，争取其他费用最大赔付。

然后征求客户同意后，发送邮件申述如下：

Dear：老师好，客户 4 月 21 日去医院检查前胸后背一直疼痛问题，后期突然淋巴有些肿，于是又到医院复查；医生建议做一些检查，包括验血、心电图、B 超。

4 月 23 日去医院挂号后，和医生沟通，但仍然对前胸后背

疼痛没有解决办法。虽然检查后发现甲状腺结节，但与客户的
［疼痛］没有关系，目前甲状腺也并无其他症状。客户仍然滞留
泰国，会在稍后自行回国内进行检查。

目前客户的想法是，和甲状腺结节的检查部分，例如甲功、
超声类可以不赔付；但是其他的部分如心脏、血液检查及 4 月
23 日复查相关的诊疗，希望能申请赔付。

从单据上来说，甲状腺超声 1651 泰铢、甲功 1800 泰铢，
属于既往记录，合计 3451 泰铢；而其他的 4 月 21 日医疗用
品 69.39 泰铢、CPK 529.2 泰铢、医生诊金 750 泰铢、心电图
450 泰铢和 4 月 23 日的医生复诊金 1420 泰铢，与既往症并无
100% 关系，合计 3218.59 泰铢。

同时，4 月底后，客户保单单次行程也将超过 90 天，同时
滞留泰国，也达到了 183 天截止时间，因此这一次的申请理赔，
也是最后一次申请了[①]；客户的真实反馈也是"这个时期没有人
愿意去医院"[②]。

客户之前的赔付很顺利，也很认可贵司的理赔服务，望能
申请理赔甲状腺检查之外其他部分为盼，谢谢。

5 月 9 日下午 3 点 38 分，邮件发出后，4 点 3 分保险公司
核赔老师邮件回复：你好，本部认为客户的诉求合理，可以按照
客户提供的方案执行。扣除甲状腺超声 1651 泰铢、甲功 1800 泰

---

① 强调最后一次申请理赔，是为了让核赔老师知悉，不会因此次通融赔付后风险敞口变
大，带来后续反复检查、反复申请等不确定性，避免给保险公司带来理赔麻烦或纠纷。
② 2020 年 5 月，新冠肺炎疫情已经开始全球大流行，许多国家封闭出入境关口，客户和其
他所有滞留在泰国的同胞，都面临着很大的压力。

铢，属于既往记录，合计 3451 泰铢。请客户提供书面申请书^①，签字后拍照给我，谢谢。

后续周知相关部门，该理赔在各个环节上正常结案。

该理赔结束后，保单周期正常结束。客户经过一段时间后，也逐渐理解了整件事情。

（6）团财险理赔

团意险在发生风险后，需要医疗和救治，投保人可以先带着受伤的人员去医院就医。需要留意医院资质，离院时准备诊断书、病历、发票，然后经纪人会提醒及时签署理赔申请表，需要受伤人员本人签字。经纪人同时会提醒和保险公司电话报案，获得报案号后，填写在申请表上，然后将全部理赔材料通过相关部门递送保险公司即可，理赔款会支付到受伤人员的银行卡中。

财产险和责任险理赔，在发生事故后，联系保险公司报案，保险公司会启动勘查工作，会有专人进行赔偿责任和赔款项目的核算，确认是否属于保险责任范围，根据综合因素，最终以多方协商，或经法院判决程序后确定的金额，计算赔付金额并打款完毕。财产险和责任险的款项都是赔付给投保人。责任险还需要注意，在保险公司明确可以赔偿前，投保人不要自行承诺赔偿。

团财险作为一个较为专业的业务分支，实践不难，但需要投入大量的时间进行过程跟进与服务，如保全变更部分信息。在协助理赔环节，也需

---

① 申请书仍然是最后一个必需的环节。即便经纪人已经设法争取到了最大比例部分的赔付，但客户最后仍然希望能坚持 100% 全部赔付。由于有既往症因素存在，这种主张并不具有太多可争取的余地。

要较好的业务技能与经验，非常考验经纪人的基本功，因而在未来会是一个具有很大发展空间的业务领域。

新手练习思路：三板斧

在目前这个环节，新人需要不断地拓展客户来源，并反复沟通保险需求与产品方案，是一个锻炼和快速成长的阶段。因此可能会存在客户咨询后但无法成交的情况，新人需要做好心理预期和情绪管理，可以通过低保费、高频次的成交，积少成多、以点带面，培养起专业信心。

在我刚入行的时候，前辈主管们就强调新人不要一味地面面俱到，而是要首先熟悉一个新人"三板斧"思路：了解当下若干款主流热点产品，优先推进顺利签单。意外险、重疾险、医疗险、年金险等，分别掌握1~2款产品，就可以尝试配置入门级的基础保障方案了。

随后会慢慢遇到产品对比的问题，产品对比也是新人成长中很重要的业务基本功。前期通过大量、高频率的产品对比，建立起相对专业的产品视野，并逐步形成个人独特的评价体系，后续接受市场的打磨不断灵活变通。尤其在当下，各家产品不断推陈出新，每年都会有多次产品迭代或调整，对各个险种产品的对比是每位保险经纪新人的必经之路。

需要留意，对比分析主要是为了个人和团队内部工作研究方便，学习和积累工作资料，以便在客户需要的时候快速检索到位。

出于合规要求和传播效果考虑，对比类的素材不建议直接对客户发布。从早期的经验来说，直接发送给客户的效果可能不明显，甚至可能会产生误区，所以新人有选择性地使用其中部分信息就可以。有了扎实的产品对比基本功，在后续成交客户过程中，就能间接带给客户专业的感受，成交率也会随之提高。

经纪人日常内部工作简表，会区分不同险种，包括各公司主流产品并动态更新

除了要对比产品表面的利益，还要结合具体条款进行对比，包括对不同公司的横向初步比较，都是为了在沟通方案过程中，解答客户疑问和满足客户对不同产品的配置需求。

经纪人视域中不同产品条款细节的对比

有时候单独看某一个产品条款，可能感觉细节不明显或者比较模糊。这种情况下可以考虑通过横向比较来盘点业内对于该条款的具体表述差异，找到切入点。

2021年，有一位接力单①的客户找我给孩子加保重疾险时，曾经针对一些产品条款里面的描述提出过疑问，如严重哮喘疾病

---

① 接力单：指因原有服务人员离职、重新指定新业务人员的保单。

定义中有一条："过去两年中曾因哮喘持续状态住院治疗，并提供完整住院记录"，到底该如何理解？其中"持续状态"，必然是指出现疾病连续体征、必须要住院治疗而不是简单治疗就能缓解。

可持续多久算久呢？客户出于自身的需求，对这个条款的理解存疑。

我想了想，带着她快速看了一下业内其他公司关于严重哮喘的条款定义。

第一家某人寿保险公司的定义：一种可逆性、反复发作的支气管阻塞型疾病。需满足下列至少三个条件：

1. 过去两年中有哮喘持续状态（哮喘持续发作 24 小时以上不能缓解）病史；

2. 肺部慢性过度膨胀充气导致的胸廓畸形；

3. 在家中需要医师开处方的氧气治疗法；

4. 持续日常服用口服可的松类固醇激素（至少持续服用 6 个月以上）。

5. 被保险人申请理赔时年龄必须在 25 周岁内。

（从经纪人角度来看，由于强调要在 25 周岁内才能理赔，所以实际上这个条款是 5 选 4 的标准）

而第二家某健康保险公司的定义：指一种反复发作的严重支气管阻塞性疾病，经本公司认可的专科医生确诊，且必须同时符合下列全部标准：

1. 过去两年中曾因哮喘持续状态住院治疗，并提供完整住院记录；

2. 因慢性过度换气导致胸廓畸形；

3.在家中需要医生处方的氧气治疗法；

4.持续日常服用口服类固醇激素治疗持续至少6个月。

（对比起来，我们会发现，这一家公司的定义没有要求25周岁，但是要求4个标准全部达到）

我们再看另外一家某人寿保险公司的定义：是一种可逆性、反复发作的支气管阻塞型疾病，需满足下列至少三个条件：

1.过去两年中有哮喘持续状态（哮喘持续发作24小时以上不能缓解）病史；

2.身体活动耐受能力显著且持续下降；

3.肺部慢性过度膨胀充气导致的胸廓畸形；

4.在家中需要医师开处方的氧气治疗法；

5.持续日常服用口服可的松类固醇激素（至少持续服用6个月以上）。

（这个就是5选3的标准了）

单独某一个条款看不出区别，但综合对比后，我们会感到对这项疾病，有着关于"持续性"及整个疾病理赔的普遍思路。

1. 2年中需要有24小时病史。在就诊的时候，需要至少有24小时的准确描述，不要少于24小时，超过24小时也可以。

2.耐力下降需要注意描述，要强调出现了显著下降，并被记录在就医材料里。

3.胸轮廓畸形需要有影像学材料检查（如果再参考另外一家某人寿保险公司的标准，会发现它们描述得更准确：桶状胸，X线显示肺野透明度增强，心胸比例<0.35）。

4.医师处方。这个按照医生标准进行治疗。

5.口服用药持续6个月。同样也是按照医生标准开药并进行治疗。

6. 持续状态。要描述出来，比如已经很久了，而上面几家公司条款里，"过去两年"就是一个比较有效的参考值。

对比产品和条款后，最终经纪人要形成给客户的参考性建议。在实际的沟通中，我们对比了十多家公司的条款，最终客户选择了其中第一个条款对应的产品。

值得一提的是，关于疾病认定和治疗方案有医学和医生的标准，同时也是唯一正确的标准。经纪人不是医生，分析和研究仅是为了在将来尽可能协助客户顺利完成理赔。

考虑新人成交会存在概率因素，初期成交率可能不高，所以大量获客可以比较好地弥补这一点。有线上获客，也有线下获客；有缘故开发，也有陌生拜访；有渠道开拓，也有社群营销；有科普吸粉，也有从非常规的产品入手另辟蹊径探索发展思路。

不同的团队一般有不同的获客方法和经验，提供给新人进行参考，最终帮助新人找到适合自己的客户来源和业务成长方式。

在成长过程中，新人会通过几个月的时间来完成真正意义上的转型，个人的身份认同也会在成长的过程中不断强化。有一部分新人会采用半兼职的方式完成职业过渡，那么应当尽快确定转型规划。例如，对转型时间、官宣方式以及转型前对于原单位工作、原有人脉资源的安排和铺垫等各方面因素，要考虑得尽可能周全一些，这项工作应当在引荐人和团队内完成。

新人成长的 9 个挑战

掌握了基础保险知识、配置方案思路、投保核保流程和客户理赔服务后，新人就逐渐进入一个快速成长、业务逐渐承压的阶段。

写到这个章节的时候，正好是 2022 年初，整个行业内外都在纷纷议论保险从业人员大流失的现象。根据《北京商报》的数据显示，2021 年一年，保险行业从业人员从 842.8 万人下降至 641.9 万人，减少约 200 万人。[①]

有些网络媒体把保险代理人和保险经纪人混为一谈，笼统地评论保险行业目前减少几百万从业人员的诸多原因，比如有人海战术、产品单一、收入过低等，但这些都不应当被看作保险从业人员流失最主要的原因。任何一个行业，都难免存在人海战术、库存产品冗余、市场空间集中、基层收入降低、工作压力巨大、连续无效加班等现象。

最根本的原因一般不在外部，而在这个体系内业务人员自身。从新人成长角度而言，保险行业有自身的特殊性，正是这些特殊性，使得保险行业新人成长过程中会遇到诸多挑战。一部分人会流失，但也有一部分人会坚持下来，并不断成长。所以即便在 2021 年全年外部环境与业务承压的情况下，我所在公司的伙伴们依然完成了 50 亿元新单保费的业绩。如《黑天鹅》《反脆弱》等书的作者尼古拉斯·塔勒布（Nassim Nicholas Taleb）所指出的："风会熄灭蜡烛，却能使火越烧越旺。"

当一个人迈入新的行业和领域，在比较努力的情况下，是有希望做到"三年一小成、五年一大成"的。而在保险经纪行业，这个时间更短一些。

[①] 《险企 2021 年底销售从业人员执业登记情况出炉：登记人员 641.9 万人，大专及以上学历占比 38.5%》，《北京商报》2022 年 2 月 22 日。

一个人能不能长期生存和发展下去，或者能不能知道自己是否适合这个行业，往往通过第一年的学习和训练就已经能够自我判断了。对于一些基础更好、能力更强的经纪人来说，时间可能会短至半年到 8 个月。

但时间越短，遇到的问题可能越集中，这一节，我们将从管理的一般性原则角度来梳理一下新人在成长过程中可能遇到的 9 个内在问题。一般性不是"一般的管理"，而是古典管理学当中一个阶段的思想方法，其代表人物是法国企业家、管理学者亨利·法约尔（Henri Fayol）。法约尔在自己多年集团业务管理经验当中，提出了一般管理理论。他认为，管理是指有关管理得到普遍承认的理论，是经过普遍经验检验并得到论证的一套有关原则、标准、方法、程序等内容的完整体系。在管理中，需要有一般管理原则用于指导企业具体的经营活动，如：计划、组织、指挥、协调、控制，并为此提出了重要的 14 项一般管理原则。

所以我们可以说，如果具体经营活动是帮助企业实现发展的目标，那么一般管理原则就是实现这个目标过程中的灯塔或参照性要素。

签约不是结束，而是开始

保险产品作为金融产品，跟其他普通商品销售的一个最大不同之处在于，它的风险点是后置的。普通商品在销售前，把产品的基本功能解释清楚就可以了，后续就是商品自然的磨损和消耗。但是保险不同，保险的风险点的后置意味着随着时间的推移，产品的风险因素不断增加。最初销售的时候，可能不会有任何的问题，但是只要签单了之后，后续每一天产品的内在作用都在不断提升。到了最后，位于首尾两端的情况是，要么 100% 赔付，要么不赔（没有达到理赔条件）或是拒赔。如果发生拒赔，那么大概率至少短期内会对保险产品、保险公司、经纪公司、经纪人产生不好的影响；而如果完成了赔付，那么毫无疑问就是经纪人职业能力的一个重要加分项。

网络陌生客户多年后的心里话

我于 2016 年末通过网络结识了一位陌生客户。这位客户首先配置了消费型重疾险，随后于 2018 年配置了一份医疗险，是医疗险中的中端医疗，首年保费 513 元，住院保额 20 万元。

当时客户的身体健康记录有多项亚健康症状，例如：左肾结晶、左肾钙乳症、室性前期收缩、窦性心律不齐、淋巴细胞百分比偏高（后正常）、CA199 指标曾经偏高（后恢复）、肠痉挛、乳腺增生、内痔等记录，但在完全如实告知情况下，仅除外痔疮，其余正常承保。

顺利承保，我们也没有意识到什么，但后来才慢慢感到，当时这种宽松的核保政策很难再遇到了。

2018~2021 年四年间，都是正常续保，中间经历了一次转保升级，保险公司将这一产品的住院保额统一提升到 30 万元，保费也随着年龄增长自然调整为 713 元。

2021 年中，客户突然和我说，住院并进行了一个室性早搏手术。我稍微有些意外，但这张保单从承保角度来说没有问题，并且是 0 免赔，这次理赔应该可以正常进行。

手术费用 3.96 万元，经社保统筹报销 2.2 万元，个人支付 1.76万元。

2021 年 5 月 20 日签署理赔申请书，协助提交理赔申请，过了几天后和其他单证材料一起邮寄到保险公司。保险公司工作量比较大，核赔流程比较长，到 6 月 24 日下发最终结案函，赔付 1.76 万元，做到了 100% 赔付。

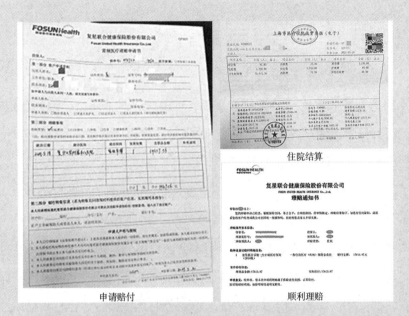

申请赔付　　　　　　　　　　　　住院结算

顺利理赔

几个月后，客户帮我转介绍了几位家庭客户，加上之前帮我转介绍的其他客户，有七八个家庭，都属于正常转介绍，因为也都比较熟了，我就正常进行咨询、设计方案，分别推进投保。

又过了几个月，有一天这位客户看到我自己做的一个 5 分钟短视频《成长之路》后，很有感慨，给我发了一段话："李老师，看了昨天你发的朋友圈，很庆幸自己在 2016 年就遇到你，接受你给我专业的建议。推荐你给我身边的宝妈们，还有我的同事们，大家好评如潮，我也跟着好开心啊！"

随后又补充了一句："谢谢你给我们这么多人带来真正的保

险，我是真正的受益者，信任你是因为你的专业，真的值得。"

2022 年，客户又住了一次院，也是同样的问题。住院费用扣除社保外自付 2358 元，3 月提交资料，4 月赔付完毕，同样100% 赔付。

当时，我收到客户发来的信息后，很温暖，也很感动。因为我觉得，自己通过保险让客户得到了实实在在的保障。保单理赔后，继续正常续保，保费没有变化，保险责任也没有变化①，对于保单来说，就是最好的一种结果了。我们让客户知道了原来保险不是骗人的，保险真的能赔付下来。

所以从风险后置这一点回看保险产品，初期几乎没有明显风险，风险本身也不会自动暴露，只有到后期才会遇到挑战，因而在长期持续过程中，对于不良业务的容忍度很低。经纪人前期不能只看成交或者光看保费便宜，而要始终考虑风险后置对每一单业务的具体影响，要有全程风控的意识或感觉。

这种业务感觉有时候能发挥关键性作用。

一张看似正常保单中的内部隐患与解决

2020 年 3 月，我的两位北京客户、结婚不久的一对小夫妻，提出想给老人加保医疗险。

---

① 在业内，这一续保模式在过往的传统表述方式叫作：不因个人发生理赔或身体健康产生变化而不续保或单独调整费率。近年来，医疗险产品在续保上的表述日益完善和日臻优化，已经有了很大的新老区别，在监管指导下，不断适应时代的发展。具体可参见各产品条款。

当时正常匹配老人的健康状况后，搭配合适的产品，形成了投保建议。大家都是在线沟通，基本解答了关于产品和投保的各个方面的细节之后，客户自助完成了在线投保。

投保后保单正常第二天0时生效，等待期30天，后续每年就是正常续保下去了。

看似这次的投保没有任何问题。但是到了5月的时候，有一天，我躺在床上，回想前一段时间的保单时，忽然想起了这份老人医疗险。不知道为什么，感觉哪里不对，当时还是夜里，一下子忽然翻身起来，打开手机查看保单详情。发现投保人和被保险人姓氏不一致。第二天一问，果然是女婿给老丈人投的保。

在此之前，我并没有意识到他们会交叉关系投保。因为在投保信息填写的链接里，会清晰地列出可选关系是儿子还是女儿。只是没想到，女婿和儿媳妇这样的关系，同样被理解为了大众意义上而非保险关系中的"儿子""女儿"。

这种情况属于不具备投保利益。按照常规想当然的理解，是不是可以直接保全操作变更投保人？业内的真实情况是，保险公司之间普遍不允许变更，理由基本一致：保单投保时不具备可保利益，保单无效，需要操作退保，退回未满期净保险费。

这个金额首先会远远小于保费，其次意味着保单效力的中断。显然尽可能地调整保单投被关系，是最佳也是唯一的解决办法。

这种情况下，我和客户先打好了招呼，然后和保险公司进行了沟通，给出了较为合理的变更理由（略），保险公司将我们的诉求纳入工作流信使，开始抄送和转发内部另外13位同事。12点30分左右进入保险公司内部流程后，15点30分左右保险公司答复同意批改。

我知道具体的原因。

除了我们确实给出了合理的变更理由，以及通过正确的渠道表达了正确的诉求，保险公司工作流信使抄送时备注的一个标签，也起到了帮助作用。

这个标签清晰备注了保单渠道来源于我们公司。

这个事情得益于妥善的沟通，但如果保险公司坚持不予变更，我们也没有再好的办法，可见沟通方式的重要性。

但这个事情侧面也使我意识到一个问题，不同客户家庭内部的决策模式是不同的。有的家庭可能是双方协商一起解决，而有的家庭可能是高效分工分头解决，如果是分开各自操作，在内部的沟通上就可能会出现信息不一致的纰漏。在这种情况下，就可能会关联影响到保单安全。而保险经纪人时刻牢记的风控意识，就可能会成为发现保单隐患的一个关键要素。

所以在业务过程中，我们也一直有一句话：**保险产品的成交不是一切的结束，而是一段真正旅程的开始。**如果有客户咨询但没有成交，那可能有各种主客观因素，包括不可抗力，经纪人还有机会自我纠正、不断优化、努力争取。但如果一张保单真正签约成交了，那就意味着一段契约关系的正式开始，后期的保单安全、跟踪和服务是需要经纪人不断投入时间与精力去持续跟踪与维护的。

风险后置也遍布各个方面，包括合作公司与渠道产品。当下不仅国内有 235 家保险机构、7 家外国保险公司分公司，连保险中介机构数量也达 2610 家[①] 之多，如果没有高品质的风控意识，如何能够避免客户的权益受到损失？虽然保险经纪人也属于中介市场从业人员，但我们也深知，一家保险机构如果没有至少 10 年的发展时间、没有经历过 1~2 次重大风险的考验、没有经历过充足的市场历练，是很难具有良好的抗风险冲击能力的。

单凭这一点，在市场上成立时间更早和发展时间更久的机构或平台，显然具备更好的长期经营稳定性，这也是我们建议新人务必要抱有匠人匠心的精神，夯实根基，稳扎稳打，切忌"贪多求快"的长期考量。

踏入保险经纪行业，意味着比较大的挑战。虽然保险经纪概念已经热乎了好几年，但在国内很多地方，依然还有很多人并不了解何谓保险经纪。所以当一位新人开始关注和了解金融，进而了解保险，然后又了解保险经纪和其他从业身份的区别，以及这个行业现在和将来的各种可能性后，能够义无反顾地投身这样一个领域，本身就需要莫大的勇气。

保险经纪行业产品数量众多，明显需要更高的业务能力。大多数传统保险业务员，只能销售自己公司有限的几款产品，而且往往不能跨寿险、财险两大领域展业。而保险经纪人业务范围更广，在市场上可以根据不同公司签约的产品，从中挑选适合客户的组合方案，这种工作模式对于经纪人学习和业务能力要求会非常高。把握好每一个环节和要素，稳扎稳打，是长期稳健经营的法宝。

---

① 《银保监会：截至 2021 年末我国共有 235 家保险机构》，光明网，https://m.gmw.cn。

M-KASH 能力公式

在这里，我们要借鉴一个营销界常用并不断完善的 M-KASH 能力公式：M（Motivation，动机）、K（Knowledge，知识）、A（Action，行动）、S（Skill，技能）和 H（Habits，习惯）。

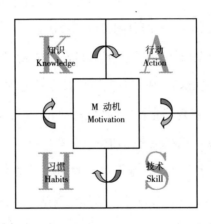

M-KASH 能力公式

动机（M）

一位新人，首先会通过某些外部信息或者主动机缘巧合，接触保险经纪行业，从而产生想要了解的强烈意愿。这种动机初期可能是看中职业自由灵活、能兼顾家庭生活、发展空间较大、薪酬体系先进、能够完成个人最终期望的某种成就和目标。而支撑新人持续去实现这个目标的，在于其内心的核心价值观。

新人内心要对这个行业有正确的价值观认同，也就是执业态度要端正，这是一个挑战。如果不认可这家公司与行业的基本价值观或重要的基础理念，那么随着业务的延伸与发展，后续可能会出现很多问题。在不断实现目标的过程中，会产生很多怀疑。

例如，这个行业高度以客户为中心，并且刻意地不断反复强调以客户利益为导向的价值观，这种观念深入行业体系内部。如果有个别新人，尽管自身专业基础好、人脉资源广，但不能坚持以客户为导向而是以自我销售为导向的话，在后续会难以应对环境随时发生的变化。

如果内外价值观不一致，可能会始终存在某些矛盾。例如，当遇到客户利益和自身利益发生冲突，且完全无法避免的时候，该如何做出抉择？这种问题并不罕见，甚至比比皆是，伴随着每一单业务的方方面面。

深层价值观的矛盾弥散开来，也可能会导致无法处理好体系内与同事的关系、体系外与客户的关系以及与自己内心的关系问题，阻碍个人潜能的发挥。

知识（K）

进入行业后，新人需要逐步解决知识储备的问题，需要在成长中大量学习各种产品责任、条款细节、投保核保、理赔实操、客户服务、自我管理等知识。单独的学习看起来或许不难，但从完全自主展业的营销行业来看，不会有专门的管理去强制新人学习与成长，自我约束力因而非常重要。《中庸》讲究"慎独"，一个人独自面对内心、没有外部监督与监视，非常考验心性。

在所有人都忙碌的节奏里，团队会提供各种不同的思路和方法，但不会有人跟在新人后面督促每一个具体的事项。参考国外金融业发展的趋势，越成熟的行业或组织，其师徒制痕迹越弱、科学管理的痕迹越强，未来支持个人业务成长的学习动力主要在于新人自己。

行动力（A）

好的行动力是解决一切问题的法宝，如同运动是治病的良药。

在早期培养新人发展阶段，我们没有意识到行动力的问题，只是单纯地强调知识和专业度。后来慢慢发现，很多培训没有效果的根源，在于大多数人不是没有理念或知识，而是在学习了新人课程后没有个人执行力。

道理都懂，就是没有去做。

不禁想起了诺贝尔文学奖获得者阿尔贝·加缪（Albert Camus）在《西西弗神话》中的名言："一切伟大的行动和一切伟大的思想都拥有一个微不足道的开始。"

没有执行力，就无法持续地解决一个又一个小问题。事情会越积压越多，连带着引发负面情绪。拖延症就是负面情绪的一种被动显现。

技能（S）

在业务实战中对技能进行打磨，不断积累经验。其中可以包括业务技能，也可以包括人际技能、组织技能。好的技能在业务中可以起到四两拨千斤的作用，找到问题关键点，直接从根源上解决问题。

一切行动都是为了指向结果。新人在成长过程中，如果要想完成从"小白"到销售的身份转化，必须能够有效签单。我们见到过一些新人，有很强的学习能力，写文章水平非常高，大段文字的细节也写得很到位，能做到几乎没有专业瑕疵，应该也是花了很多时间和精力的，但这些新人最大的问题就是无法签单。如果无法推进业务流程、无法 CLOSE 保单，连自己都养活不了，那更不用说好的发展了。

结果是对自己的交代。在工作中，那些故意做出来的动作、刻意营造的忙碌感，可以骗得了别人，但是骗不了结果。

习惯（H）

不仅要能够签单，而且要能够成为一种持续的习惯。

假设有个别新人，自身家庭条件非常好或入行前起点比较高，金钱或者个人成就感对其没有太大自我驱动力，也许是奋斗愿望不强烈或家境好小富即安，在这种情况下，慢慢地可能会考虑，为什么要来这个行业吃苦？

虽然说，每个行业都有挑战，都有各自的不容易。但这样的情况下，新人如果陆续解决了态度、知识、能力、行动力问题，可能会失去继续探索和奋斗的动力，表现为失去兴趣和新鲜感。到了这一步，不太容易通过做思想工作解决问题。

所以是否能够养成一种业务习惯，是新人在成长轨迹中的又一个挑战。

如此一来，光是能迈过前五个阶段的新人就已经不太多了。或者说，随着时间推移，能逐步解决大部分问题的人留存了下来，成了持续的绩优经纪人或团队主管。所谓"剩者为王"，并不是最优秀的人会成为王者，而是新人在成长过程当中，逐渐解决或者很好地面对这些问题，历经磨砺坚持下来，成了最终的赢家。

国内营销界有一个观点，优秀的人才也许能被培养，但也许不是被培养而是被筛选出来的。一切出现的问题，都是优秀的过滤器，解决了问题，就能够前进，解决不了问题，就慢慢被淘汰或边缘化了。

美国营销界在提出 M-KASH 这个公式的时候，还提出要涵盖创业家精神，这一点也很重要，对国内营销人才的培养有启示作用。大多数营销和组织培训的目的在于优化员工，而不是鼓励培养领导者，但在保险经纪人团队里，追求高级的业务品质意味着要有高级的管理水平，也就意味着需要人人都是领导者、人人都要有创业家精神。

创业家精神是一种创造和架构新的组织的能力，背后的逻辑来源于面对问题时领导者自身的应变潜能。一个组织中，大多数人需要靠别人来推动和点燃；只有少部分人能够点燃和推动他人，领导者就是扮演这样角色的人。

在新人入职前判断其未来成长的关键点

2022 年初，营业部体系内有一位经纪人给我发信息。她于 2020 年 11 月入职，业务很优秀，近一年内签约多张保单，总保费都在百万元以上。

她最近正在陆续开始招募，带领的组员有六七人。她感到困惑的问题是，有一位朋友想要通过她入职加入这个行业，但没有考虑好是通过 A 分支营业部入职，还是 B 分支营业部入职。这位朋友本身刚好在几个不同地区都有住址，有一定的人脉关系。入职方式不同，是否会在投保交单时有不同的要求？

我明白她的困惑，背后涉及引荐人辅导组员、组员出单方式等管理上的问题，也是她对于公司体系的熟悉和了解的过程。

我和这位经纪人说，这位朋友按照当前就近居住地入职就可以，入职环节没有太大问题。管理问题不要搞得太复杂。虽然入职地区会涉及如何出单、如何沟通辅导等业务问题，但这些都不是最关键的，正常办理就行。

未来最关键的问题主要有 2 个。

第 1 个问题是，这位新人能不能"成长起来"，这意味着其要具备一定的可持续发展的能力；第 2 个问题是，能不能"独立地成长"，有些新人虽然能够成长，但成长起来之后始终无法独立，无法独自去面对和解决一些问题，这可能会导致未来在成为主管的过程中出现困难。

有些新人很容易倒在这两个问题上，所以相比较而言，初期入职环节的问题就简单得多了。

从原则出发

很多事情，要学会抓大放小，把握主要矛盾以及矛盾的主要方面。

从展业逻辑上来说，经纪人在这个行业里，面对的始终都是新客户、新案例、新产品，也会遇到老客户的一些新问题（如老客户加保、续保、转保、退保），总的来说，新问题居多。

在和客户进行需求分析和配置方案时，虽然用的都是从新人班学的那些知识和技能，但面对一些模棱两可的问题可能仍然会遇到如何处理的疑问。加上行业政策文件不定期出台、产品结构随时变化更新，"老革命"也可能经常遇到新问题。

比如，面对不同客户的投保需求，该如何处理健康告知（健康核保）？有些问题可能一目了然，例如存在甲状腺结节、乳腺结节、增生囊肿慢性病等，肯定要设法考虑操作健康核保。但有些问题可能会不知道该如何处理，例如：某个症状两年前有，而近两年以来一直没有，最近也未进行体检，那是否需要告知？又如：虽然体检报告有很多项异常，但健康问卷上没有问到，压根没有一一对应的疾病，那是否需要告知？

有人说是坚持有限告知，不问不告知；有人说是坚持完全如实告知，100% 告知。

这类问题不仅出现在核保环节，也可能会出现在其他业务和管理环节。那有没有一个普遍的处理方法呢？

我在给新人培训时，多次提到一个方法。如果一位经纪人，面对一些不太确定、不太容易把握或处理的问题时，我的建议是：他 / 她最好能够以自己的原则去考虑这个问题，也就是说，当经纪人不知道应该做还是不做的时候，最好的办法就是"一切从原则出发"，即你所认为经纪人需要去把握的原则是什么，然后按照你的原则去处理就可以。如果你认为自己的原则是坚持中立、坚持诚信或者坚持以客户利益最大化为出发点，那么就按照你的原则去处理。

其他问题亦然。

任何一个行业，有勇敢的飞行员，也有老飞行员，但不会有勇敢的老飞行员。

原则性是解决一切不确定因素的最好方法，尤其是我们的一些主管在辅导组员的时候，要设法从根源上帮助组员去解决各种问题，直接抛出原则性的问题启发思考，把握问题主干，授人以渔，而非授人以鱼。

3万元保费老年高端医疗投保案例

2016年，我遇到了一位陌生网络客户。持续大半年断断续续的沟通，都在微信上联系，由于客户工作过于忙碌，所以一直拖到了2017年上半年，才开始进入具体的投保与咨询环节。

客户全家是高端医疗险持有用户，希望给老人再投保一份高端医疗险。但业内有限的可用于高龄老人的医疗险普遍需要近期体检报告，不需要体检的只有其中为数不多的公司产品。

给老人投保高端医疗，需求很明确，匹配产品也比较顺利，把产品福利表和条款责任向客户介绍清楚就可以。关键在于老人的身体健康记录是否能够通过健康核保。2017年初我还处在入职半年多的阶段，对于高端医疗体系还不是特别有把握，对于其中覆盖的各个层级、各个层级中横向的各家公司的代表性产品，掌握得还有些薄弱，在这种情况下，该怎么办呢？

肯定不可能等后面花大把的时间把整个体系功课都做完了再给客户配置方案——黄花菜都凉了。多少出于谨慎，我还是主要把握了两个基本的原则性问题，先尽可能推进工作，而不是让自己首先研究成为一个专家。

（1）尽可能快速、高效地满足客户需求。当时从产品库遴选产品后，确定了该产品的适用性，并且确定了是唯一适用的产品。其中细节在于，该产品从高到低有多个计划，保费和保障范围差别很大。

（2）敲定健康告知和健康核保。因为无论是老人还是其家属，在面对保险业务人员的时候，有可能不会记得那么详细，甚至语焉不详，但是如果将来就医，当医生问起既往史时，老人或家属有可能会"自行脑补"或"加戏"跟医生讲得过于详细和清晰，如果有些被写成在投保日期生效之前的症状，可能会被保险公司认为是既往症而不予理赔。

和我沟通的这位客户，家里老人生活习惯非常好。他们跟我描述时说，老人吃饭的时候，每次都是要先吃水果才吃正餐，非常注意生活健康。这确实是非常好的习惯。家属给了我很大的信心和鼓励，我也有信心为这位老人继续配置最合适的保险产品。

保单5月投保核保、缴费完毕，保障生效，开始计算等待期。

只是大家没有想到后续会来得这么快。5月投保，过了半年左右，11月某一天老人在家中昏迷，被送到北京某三甲医院，经多科室排查判断仍不好下定结论，暂时先住院观察。我们第一时间报案，保险公司理赔老师位于上海，看到我们发过去的入院报告和一系列检查单后立刻判断应该是肝癌，而且指标不好。理赔老师自己不仅是医生，家人之前也曾经遇到过癌症住院，所以看到报告后，就直接给出了针对性建议。当天下班前我们就拿到了保险公司开出的住院预授权函。

后续就是家属反复在医院进行康复治疗与进一步检查，由于老人很抗拒进行全身或局部体检，所以最后只完成了 CT，显示腹腔阴影，判断可能是胃癌，但无法明确原发灶，可能是一个脏器多发转移。

我们配置的方案是高端医疗中的全球除美计划（不含美国），每年度 1260 万元人民币 /200 万美元住院保额，在必要的时候，可以前往日本、新加坡、中国香港、加拿大进行治疗。12 月，我征求家属意见，是否考虑联系日本医院进行治疗，但家属在北京体制内任职，联系医生多方询问后，建议保守治疗。所以该保单没有再进一步扩大使用范围。

由于是第一年出险，保险公司同步启动了较长时间的理赔调查。如果没有之前对健康记录下意识地原则性把关，这张保单后续的各种潜在性履约可能不会那么顺利。后续又经过了一系列沟通工作，保单在年后进行了保全和终止操作。

改变人生轨迹只要一次机遇

很多时候，机遇往往来得猝不及防，只有有心且提前做了准备的人才能将其把握。

虽然新人在前期一般会按部就班，从重疾险、医疗险、意外险、寿险等产品一个个研究和做起来，但也有可能会突然遇到一些不错的机会，比如突然来了年金险、高端医疗险等产品的需求。

这种咨询可能会以这样的一种方式开场："你好，我看你在做保险经纪人,我想了解一下孩子的高端医疗,你有什么推荐吗?"或者"你好,我想买一个年金险,你能先和我说说吗?"

这种现象可以被描述为"新人手气壮"。越是前期刚入职的新人,越有可能遇到这样的新客户,或者比较大额的、超过自己能力范围的保单业务。原因可能在于新人刚入场,肯定有着比老人更好的客户资源和机遇。但其业务能力有所欠缺,为了不丢单,有的人会通过借助引荐人来解决。不过治标不治本,引荐人顶多可以解决1单或2单,并不能解决所有此类突发问题,而且这种同事间的互助合作关系,虽然业内偶尔也有,但不是当下主流的业务形态。

新人如果要解决这类"机会需求",主要靠的就是短时期快速学习和自我提升的能力。客户一旦提出自己的需求,那么新人赶紧去研究和补充产品信息、不断完善和优化方案,然后努力在最短的时间内给客户一个最好的呈现效果。

这种是没有办法的办法,但有时候很有效。

10天之内改变了人生的轨迹

据新闻报道,周杰伦在大红大紫之前,每天给大牌歌手写歌,但是大都不被认可。后来在吴宗宪的支持下,终于争取到了属于自己的机会,但必须要10天之内写50首歌,才有可能录制属于自己的专辑。

于是他买了一箱泡面,把自己关在小小的房间里,平均每天写5首歌,最终在2000年推出了自己的首张专辑《JAY》,一举夺得了台湾流行音乐金曲奖的最佳流行演唱专辑、最佳制作人、作曲人等大奖。

虽然经验不足，但新人终究会遇到属于自己的机会。当一个人迈入保险经纪行业，无论是采用互联网陌生展业，还是用线下传统展业的方式，都会积累一批早期的客户。其中有一些关系比较好或比较熟的朋友，当其发现你开始做了保险经纪人之后，肯定第一时间就会来找你咨询。这样的群体有着更高的熟悉度和成交率。

无论面对的是熟人还是陌生客户，在遇到问题之后，新人一定要有"签下这一单"的决心，不到最后时刻，不要放弃努力。在前期越是能签下一单，就越有可能提振新人的信心，如果错过这样的保单，就有可能错过一系列潜在的成交机会。

此外，好好驾驭时机，既有前面说的战术上的机遇，也有后面讲的战略上的机遇。

战略上的机遇主要出现在提前谋划布局阶段。例如，2019 年 4.025% 年金险停售、2021 年重疾新规调整前的客户集中咨询与投保、2022 年年初抗疫险在第一阶段的大火或 2022 年 6 月部分增额终身寿险产品的集中调整等。

举例来说，如果一位新人没有在 2020 年第二季度完成入职、第三季度完成新人衔接培训，那么就不太可能赶上当年第四季度开始的重疾险停售促单。因为新人还需要熟悉很多投保签单、照会处理、多系统操作等常规业务流程，也需要调整个人业务状态以及业务节奏感。

再举例，如果新人没有在 2021 年第三季度完成入职，第四季度就不会关注带隔离津贴责任的抗疫险（通过互联网销售），那么在 2022 年第一季度全国各地疫情形势紧张的时候，就没有办法赶上这一波销售行情。更为关键的是，如果后知后觉，看到其他同行在第一季度销售大卖之后，自己才开始研究，等研究明白做好铺垫与准备后，市场早已经是第二波行情了。第二波行情有第二波的新变化，很难说还能不能把握到最好的机会。

在实际情况当中，2022年第二季度开始，抗疫险由于赔付率超高，保险公司拒赔率直线上升，并且产生了一定数量的纠纷与客诉。如果说2021年至2022年年初，第一波行情下销售趋势不错，很多理赔也比较顺利的话，那么到2022年第一季度后第二波行情开始的时候，销售趋势虽然也看似不错，但拒赔率慢慢开始明显上升。各保险公司在高理赔率面前败下阵来，目前已将此类产品纷纷停售或下架。

如果新人在第二波行情时才后知后觉切入这类产品，那么过几个月逐渐开始出现客户理赔后，才发现自己要处理一大堆客户异议的问题，可能会有不好的感觉。不过这种现象有一定的普遍性。

大陆抗疫险理赔纠纷

近日，"隔离险津贴赔偿遭拒"冲上热搜。各大保险公司2021年相继推出各种"隔离险"，一度热火朝天，但很快被频频爆出"已隔离但无法理赔"的问题。短时间内，与"隔离险"有关的投诉数量激增。

2022年相继发生的西安疫情、上海疫情以及北京疫情对"隔离险"市场产生重大影响。由于理赔数量激增，保险公司的赔付成本猛增，从2022年第一季度开始，下架"隔离险"渐成趋势。尤其是上海出现疫情以来，已有多款"隔离险"从市面上消失。①

---

① 《"新冠隔离险"投保人，正遭遇"理赔难"》，《中访网财经》2022年5月31日。

如果说前面的重疾险、抗疫险都属于短期产品或政策变化，那么年金险和高端医疗险的铺垫就更要提前一些。不少新人进入保险行业，都是看中了其人身基础保障作用，而在前期可能忽略了另一层财务保障的作用，所以在业内也有一句话：有的人会卖重疾险，但是不会卖年金险；有的人会卖年金险，但是不会卖高端医疗险。

每一个险种的攻克都需要足够的时间、经验和案例积累。如果没有更早地进行铺垫与规划，像 2019 年的 4.025% 年金险调整或 2022 年中的部分增额终身寿险产品下架调整等，可能对于一些新人来说就会"来得快，去得也快"。这些机会的出现，像高速路上的出口，一不留神就会错过，如果没有提前专门准备，错过后再绕回来需要耗费很多时间和精力。

头部经纪渠道积极推动抗疫险理赔

面对各种不确定情况，头部经纪公司渠道在协助客户完成抗疫险理赔及复议环节上也产生了积极的影响，例如：在某保险公司出现集中拒赔或提高审核门槛情况下，经纪公司出面代表经纪人和客户与保险公司沟通斡旋，促使保险公司调整审核口径，重新接受渠道客户保单的理赔申请。

具体来说，经纪人协助客户将保单、隔离证明、拒赔结果汇总以邮件发送后，经纪公司协助集中处理。保险公司承诺，提交后的一般处理时效为 5 个工作日。

净衣派保险经纪人的与时俱进

虽然保险经纪行业很强调专业度和学习能力，但是新人不能只停留在学习和专业的层面，最终还是要通过销售完成交易。在结果导向上，有的业务人员迈不出这一步，或者心里总有保留或抵触，习惯性佛系展业、被动获客，即营销归营销，但成交与否不重要，或者每天在朋友圈发 1~2 条信息，看似有所忙碌，但没业绩、没结果。

在某个阶段佛系展业，确实是经纪人的标签之一，我曾经听到有的经纪人特立独行，不仅从不开发自己的亲戚朋友、熟人邻居，连自己孩子的幼儿园同班小朋友的家长这一层关系，也毫不开发。

关于保险经纪人的流派之分

2018 年有一次，几位研究生师妹找我吃饭，一起聊参加导师学术论坛的事情。

彼时我已经从学校离职，但离职前和离职后，都没有和她们聊起过我的新工作，其中一位师妹好奇地问我："玉哥，你现在做的这个保险经纪人，和保险代理人有什么区别吗？"

我打了一个比方："我们像是保险行业里的京东，不代表某一家公司，而是在平台上放了很多公司的很多产品，可以帮客户选择和搭配高性价比的保障。"

师妹："那你们这个应该挺好的。"

我："是，因为我们不是那种一般的销售，所以也很少给身边的亲戚朋友发送营销短信，包括也不会给自己孩子的幼儿园同学的父母亲这样类似的关系发信息。"

师妹一下子想起来了："难怪之前有一天晚上好像都 11 点了，忽然收到了孩子幼儿园其他小朋友妈妈发来的一条短信，大意是说：顺顺妈妈，你好，我给你汇报一下哈，我最近已经正式加入了××保险，成为一名寿险代理人，以后，如果你有保险方面的需要，可以随时和我联系……"

我笑着说："嗯，我们经纪人里面，有不少人其实是很少发送这样的营销短信的，而且很多年都是这样。"

后来有一次回想起来，我觉得如果要再继续打个比方的话，这一类经纪人或许应该就是保险经纪行业里的"净衣派"。

不过时过境迁，行业也在发生变化，未来有些营销习惯可能也需要与时俱进了。

长期佛系展业也会遇到一些非常实际的问题：身边优质的客户被别人开发了；或者客户本身也很佛系，双方长期不主动沟通，就可能会错过一次次合作的机会；或者自己虽然不骚扰别人，但别人还是会主动来问，而问过来的有时候往往不是优质业务，例如复杂亚健康非标体人群的保险需求。

优质业务具有稀缺性，是需要主动开发的。

新人要知悉，一切专业都要为结果服务，最终是要让客户投保合适的保险方案，包括尽快选择自己作为经纪人。要有很强的目标感，否则一味地强调学习和专业度，无法持续地提升个人业绩，发展会有很大的问题，会感觉自己"怀才不遇"，慢慢信心也会被消磨殆尽。在每一单业务中，如果没有尽快促成成交，持续拖下去耗费的是自己和客户双方的时间。

销售过程看似展现了很高的专业度，和客户摆开了"龙门阵"，但没有业务效率，就会把客户绕远了。

目标导向对效率和效果的平衡

2021年下半年，我为一个家庭配置基础保障，由于各种原因，在配置计划上，只涉及意外险和医疗险。太太和宝宝存在亚健康记录，都暂时无法投保对应的产品，所以只为先生选择了医疗险计划。

给先生配置的计划是：中端医疗，0免赔，150万元常规住院保障，恶性肿瘤住院另有额外150万元住院保障，附带恶性肿瘤住院津贴责任，附带门诊责任，首年保费2073元。

客户第一个版本的健康记录为（附有材料2页）：以往印象做过肾结石门诊治疗，术后一切正常（时间太久材料已无）；2019年11月齿科就诊记录；2021年2月有急性支气管炎就诊记录（因普通感冒咳嗽）。

提交上去后，保险公司给出了照会反馈：请提供肾结石病历资料和近期泌尿系超声随访报告。

在这种情况下，如果没有报告的话，这一单无法继续操作核保。这个时候我征求了夫妻两人意见，询问他们是否考虑近期去医院进行复查，并且温馨告知：复查可能会有各种可能性，你们要提前预判一下。根据复查结果，保险公司会再给出核保结论，而那个核保结论，也有可能会有各种情况。

这个温馨提醒很关键也很委婉，目的在于提前告知客户这一层意思：假设复查发现健康状况不好，那么保险公司核保结果可能会不太乐观。我们不能贸然假设说检查情况不好，客户可能会觉得晦气不吉利；也不能不提前告知，因为就怕检查结果不乐观。

尽管最终如何操作，需要让客户拍板决定，但慎重考虑复查这个事情，是必要且关键的。

在这个过程中，客户想给宝宝配置重疾险，但由于宝宝之前有永存左上腔静脉、肾盂分离，所以第一轮投保没有通过，客户决定带宝宝复查，尝试争取更好的结果。但客户带着宝宝去检查后，超声显示有三尖瓣轻度返流。在这种情况下，客户自己也感觉，带着宝宝的复查有些草率了。

先生的复查没有办法绕过，当时没有其他支持人工核保的更合适的产品，所以复查结果后，显示有肝囊肿和前列腺钙化灶，健康险核保结果除外。

复盘这一次的业务流程，其中有一个限制因素：保费，保费预算决定了方案可操作的空间。比如，在客户可以承受为数不多的预算范围内，产品可供选择的余地相对很小，所以一方面先生必须要执行这一组复查，家长也决定去给宝宝做复查。复查必然会带来发现新的亚健康记录的风险。另一方面，如果客户能够大幅提高产品预算，倾向选择更好的保障而不是性价比更高的产品，那么在预算提升的情况下，按照保守投保的方式，也不排除能有更好的结果。但即便有更好的投保结果，也不一定能让客户完全满意，这要平衡各个方面的因素。

保障结构尤其是保费，是这一组家庭客户非常关注的重点。在预算不太多的情况下，我们选产品也有很大难度，做不到产品保障结构优先，只能做到保费优先，所以会存在遗憾。

不过等后续，先生和宝宝每年定期复查，在健康记录转好的情况下，还是有可能选择更好的平替产品，这个可以在每年保单续保或保单整理时，定期沟通与探讨。

在目标导向过程中，新人不要太介意外部的一些信息，不能太敏感。要尽快在行业内实现"去敏化"，脸皮要厚一些，或者让自己"钝感"一点。

比如，如果有客户询问了一个不太专业的问题，经纪人可能会下意识地觉得自己遇到了"业余问题"，无意中把情绪放大化。

比如，如果有客户问：某公众号写了一篇文章，把您介绍的这个产品做了一个对比，请问您是怎么看待这个问题的？然后客户直接发来一篇"标题党"的文章：《扒一扒某某产品的几个坑》，或者转发和其他代理人的一些交流截图，让经纪人给出反馈。

也有客户会问：您好，有另外一个价格更低的产品，我可以只要其中的×××责任，这样保费最低，我觉得性价比最高，这样就可以了（言外之意是给客户做的保障型计划，不用那么好）。

在这种情况下，如果缺乏有效的目标导向，经纪人可能会产生焦虑，尤其在经纪人对客户进行了一些保险科普和方案规划铺垫的情况下，会感觉苦口婆心都白搭了，感觉客户不认可或者不尊重自己的专业度，进而可能会下意识地排斥客户。

比如有的经纪人直接回信息："如果你觉得××更好，你直接去他们那里买好了。"或者有的年轻经纪人感觉不胜其烦，回复的是："你猜。"或者更有甚者回复："等到了中午 12 点，我再告诉你。"

但殊不知，其实客户本来就是"小白"，无论如何也不可能比经纪人更专业，往往只是随口问一下而已，其实是希望得到经纪人更专业的解释和回答。经纪人如果没有目标成交意识，不知不觉当中嫌弃客户，可能把原本"好"的客户推向了"不好"的产品或渠道那里。有点像刚开始谈恋爱的一对情侣，彼此之间只是因为一点小事生隙，却用言语把原本喜欢的人推得更远。

经纪人有时候不要过多联想或过多反思。过多的潜意识思想蔓延开来，可能会反过来伤到自己。

在做业务的过程中，要有点胆量，要有马上能解决问题的办法，即便刚开始有失误也没关系。

我们之所以强调目标导向，主要是鼓励新人要有自信，相信自己一定能够签下来这一单。新人在面对客户时，在很多方面会比较稚嫩，很多事情做不到完美。但对于新人来讲，最重要的是有信心和决心。没有谁天生就是全才，新人面对客户时，最重要的就是无论自己是否知道答案，都首先要有信心能够帮客户把这个问题解决。

更准确地说，这一点关乎"胆识"。不仅要有胆子，胆子还要大，所谓"猛志常在"。很多优秀的创业者、企业家，能够坚持下来或者脱颖而出，肯定是受多种因素的影响，但其性格里面的那种胆量是不可或缺的。我自己在新人期，在遇到一些比较大的挑战时，潜意识里也有这种感觉：不管是什么产品、什么险种或者遇到什么情况，我相信我一定能够把这个问题解决。

如果新人能有这种决心和恒心，从理论上来说，就一定能够成功。即便这一单没有签下来，但其努力会给客户带来深刻的影响，将来客户的后续保单，仍然有可能重新找经纪人完成合作。

有时候客户问的问题，我们自己一下子想不起来，那也没关系，马上查资料、查电脑，然后给客户一个完整的答复。毕竟每个人的大脑都不是电脑，不可能100%记住所有的细节，如果有不确定的事情，跟客户说一句："这样，这个问题，我查一下准确的细节，然后我再告诉您。"客户并不会因为经纪人当时一下子答不上来而有所轻视，反而会觉得经纪人查一下再详细反馈的这一举动更稳妥。

如果有时涉及某些产品的搭配规则、产品的配置逻辑，即便自己当时弄错了，也没关系，马上跟客户道歉或解释一下。在业务流程中，坦诚相告、实话实说，可能比专业上的完美表现更重要。

灵活自主与合规

高度灵活自主是保险经纪人的职业特征，也是一把"双刃剑"。

保险经纪人这个行业虽然很灵活、有很大的发展空间，但是也存在挑战。在日常的工作当中，许多作业标准和流程是非常灵活的，工作方式往往也不会固定和模式化。这就会出现两种情况，如果有的业务人员自我约束力好、行动效率高、能力强，就能不断地给客户提供满意的服务；而如果有的业务人员比较年轻，工作经验又比较薄弱，可能就会出现业务不稳定的情况，进而导致业务无法完成或完成度不好。

在这种情况下，业务品质不能全部依靠个人能力。纯经验性的业务流程会存在很大的不确定性，所以要依靠制度因素，体现在个人身上就是标准化的执业方法。

每个人应当有其日常行为标准：准时上下班、基本的出勤、良好的业务风貌、良好的工作业务习惯、良好的同事合作关系。日常工作中，也要有不断自我规范、自我提升的工作意识。比如，规范和安全地整理客户资料、整理产品资料库、学习早会课程、良好的听课笔记习惯、积极互动与反馈、微信群发现知识点后的随时整理、个人日常工作计划与记录复盘，等等。

经纪人的执业不仅是在理念上坚持经纪人标准、给客户制订计划和投保，而且贯穿在投保前、投保中、投保后以及从业的每一天，终身准备、终身学习、终身服务。这样的工作标准，就不是简单的嘴巴说说能做到的，而是要能够在每一天的日常工作里付出努力。

标准化执业带来的潜在优势

公司每年年底时，一般都会汇总重疾险理赔案例。大约在2019年，我侧面听说似乎有一单重疾险发生了当年唯一的一份拒赔。承保方是某寿险公司，原因是客户投保时有乳腺结节未如实告知，保单投保后在短期内出险。出险内容不难推断是乳腺癌，保险公司核查后做出拒赔结论。

发生拒赔后，客户坚持把原因归结于经纪人未事先提醒，导致自己没有进行全面健康告知。到了最后，经纪人实在不得已，把当初两个人的聊天内容截屏后直接发给了客户。

因为在聊天记录里，清晰地表示经纪人在投保前，明确要求和建议客户进行如实告知。

客户看了后没有再多说什么，接受了拒赔结论。

所以，幸好经纪人保留了微信聊天记录，没有因为时隔已久就删除或清空。不仅聊天记录，邮件、短信包括电话都有可能是在关键时刻帮助经纪人化解潜在风险的有效工具。

我在 2016 年、2017 年刚从业时，就开始给客户陆续配置一些保险产品。有一些产品即便当时没有马上投保、没有派上用场，但我始终保留着全部的产品资料和投保前的工作资料，每一位客户都有一份存档，按照年份编码，时至今日已有数百份。有客户时隔若干年后，会重新找我提出保险配置需求，这时我会迅速调出以往资料，恢复之前暂时中止的业务流程。

在执业生涯中，合规性永远是要把握的第一原则。合规性涉及公司管理和运营层面的基础标准。每一项合规的背后，都有具体的制定原因或背景。合规是底线，执业标准是框架，在此基础上的出彩服务和卓越表现取决于每个人自身。

同时，有一些新人业绩不好或业务感觉不对，比较苦恼。那么我们建议不妨反问自己一个问题：我有没有按照正常的业务和工作标准要求自己？

如果每天都能按照正常的业务和工作标准执业，那么大致上肯定是行业的中位数。如果没有做到，那么可能在业务量好的时候没问题，但在业务量下降的时候，就会感到挑战和压力，也可能会下意识地从外部找原因。好的时候大家都好，不好的时候就变成了：团队没有培训、引荐人没有辅导、营业部没有品宣、公司没有管理，或只是因为自己最近运气不好而没有客户……

情绪的力量

驾驭情绪包括情绪的稳定、情绪的不稳定、对情绪背后的洞察三个问题。

稳定的情绪对于任何行业而言都是必需的，不过对于营销这类带有对外沟通与服务性质的行业来说，更为重要一些。这些行业要面对不同的客户，随时要解决不同的问题，需要业务人员永远具备开朗、阳光、平和的性格。在遇到一些困难和难题的时候，能够下意识地稳定自己的情绪，使其不随个人喜好出现起伏和波动，不把负面的情绪传递给客户，更不能"顶撞"客户。

什么样的情况下比较容易产生情绪波动

以管理为例。2018年秋天的一天，我晚上下班，从地铁站出来后，快步走路回家。虽然从公司下班回家路上需要一个小时，但还有5分钟进家门，走路的速度也不由得快了起来。

这时有组员在微信上给我发来多条语音，比较急切地向我询问如何投保某几家公司的产品，因为还有几天就要进入季度考核截止日，她希望能再继续尝试出单和申请保号。

之所以说继续尝试，是因为该组员长期不在业务状态，已经连续好几个月没有参加业务学习、输出或交流。在下班后7点多给我发来语音，我当时就有些不悦：之前那么多的时间，为什么没有提前安排和规划业务？非要赶到最后这几天才开始考虑业务？并且目前还是非常不娴熟阶段，需要一一了解各个投保环节操作层面的问题：从哪里出单、出什么产品、如何投保、目前还有哪些在售产品等。

当时我走在路上，听了她的语音后，瞬间感觉又热又累。我感觉一切都太迟了。直接用语音表达了我的意见和想法，也透露了一些不快的情绪。

但事后我一想，这个行业本身就是高度自由化，没有底薪，所有收入都来自保单业务，完全依靠自主经营，确实不能也没有必要在最后的时候计较太多，即便这位组员离职，那也至少应该买卖不成仁义在。

所以尽管那位组员最终离职，但她也启发了我。我后续再处理类似管理问题的时候，改进了很多，情绪和心态不会有大的起伏。大家有缘共事一场，彼此祝福就好。

保险行业是非常强调服务的行业，因为要持续地和其他人打交道，所有和业务有关或无关的人，都有可能是保险准"客户"。从更广的范围来说，好的服务态度和好的沟通方式，不仅会促进与客户的关系，也会促进与同事的关系、上下级关系，会为自己的职业生涯带来更大的助益。

而不稳定的情绪和不成熟的沟通方式，容易在无意中得罪人，给自己的职业生涯"埋雷"。

不过有的时候在某些特殊情况下，适当地表现一下自己的真实情绪，也是营销的一个小技巧。

一个在微信中长期潜水的客户案例

我入行初期，开始主要采用网络展业的方式，积累了一批陌生粉丝资源。

有一位网友加我微信之后，一直没有主动地沟通与交流。但我在朋友圈发的产品信息她会看，也偶尔会留言；我在微信群里的讲课，她也会听；也会偶尔问一些产品，但发了之后，往往后续就没有了下文。

2016 年 10 月某一天她加我微信，中间断断续续联系，直到 2017 年 2~3 月的时候，我实在忍不住，在微信上发了几条信息，询问对方是不是保险行业的同行来侧面了解信息，或者是不是单纯只是问一些信息而不打算购买保险。如果是这样的话，可以直接告诉我，也是没有问题的。

我当时因为持续在那个状态里思考，加上刚入行没有经验，所以没想太多其他，只是索性把困扰自己的问题脱口问出。那个时候，还是稍微带了一点情绪，但也没有顶撞，只是沟通了这么久有些着急。因为我也不知道对方到底真的是想咨询，还是别人好心提醒我要留意的那种"假客户""假粉丝"。

没想到我信息发过去后，对方一下子也很不好意思，对我说，确实是因为平常太忙了，没有时间了解保险，但是很想配置一个医疗险。

我也觉得有些冒失了。但所谓不打不成交，有了几次彼此真实感受的反馈和交流之后，后来还真的顺利完成了若干款保险产品的投保和理赔，如旅行险、医疗险的投保和理赔等。

保险销售和其他行业销售在有些方面相似，比如，都注重结果。但也有其他方面的不同，主要表现在保险销售周期长、需要持续地沟通和后续服务。所以对情绪的把握，不仅体现在自己身上，也体现在穿透产品和方案后对客户的情绪把握上。客户咨询保险，往往带有各自的立场和出发点，比如和家人的关系、自己的财务考虑、对风险的担忧、对市场的不安全感等，在长期的服务和缴费中，更有可能受到外部因素或其他不可抗力的影响，出现一些不确定的状况。

为什么看似简单的保全业务处理起来很复杂

2022 年 2 月，我有一位客户的寿险保单扣款失败，内勤同事和业务系统内都发了信息，提醒我这一单滞后大约半个月未扣款。保单 2 月 21 日生效，直到 3 月 15 日还没有扣款成功，保额 50 万元，保费 1250 元。

人寿保单的扣款，自保单生效日起有 60 日宽限期，所以我们要在宽限期内及时提醒客户缴费完毕，这样保单效力才不会受到影响，也不会产生利息或其他任何额外费用。这种情况每年都会遇到。因为有一部分客户，利用这 60 日保单宽限期，把保费放在其他理财账户，临近宽限期末才匆匆存入缴费银行账号内。我和助理也是每年正常提醒、正常跟踪每一单续保扣款。

在和客户沟通前，我提前通过内勤和保险公司确认了一下具体情况，得知是银行卡内账户余额不足导致扣费失败。从常规操作来说，提醒客户存钱就可以了。

但 2022 年年初这一单比较怪，首先是客户明确表示自己原扣费银行卡不能用了，需要更换一张银行卡，更换银行卡一般从保险公司官微就可以操作。但客户后续尝试了一下，马上直接表示，由于官微需要人脸识别认证，她感觉安全性很低，对个人隐私没有保护。

此时我只是稍微感觉有些奇怪，但没有多想。马上准备其他资料，准备协助客户完成线下保全变更，我们可以把材料寄给客户填写或者客户将电子版打印出来填写后，和身份证复印件、新银行卡卡号及复印件一起由我们转保险公司完成保全变更。这种方式比较烦琐，但只要能帮助客户解决变更问题，我们可以全力配合。

当我把整个流程和操作小贴士发送给客户，告知客户我们的思路以及具体操作细节后，客户没有马上回复。后续隔了一两天，客户发信息表示还是太麻烦了，那就不变更了。

保单后续还是正常扣款缴费完毕。但这并不意味着保单背后没有任何问题。我的考虑在于，客户如果在重要证件、个人隐私信息上出现了反反复复的、比较明显的情绪性诉求，那么背后大概率可能是遇到了一些麻烦，不便告知我们。例如债务官司诉讼或者婚姻家事纠纷等。

不过也希望仅仅是一种猜想，但后续会对该客户保单保持密切关注，以便在必要的时候，更好地介入和协助完成所需的帮助与服务。

直面问题

新人在成长过程当中，会伴随着大大小小的问题。在整个业务过程里，问题很难被完全消除，只是取决于什么时候以什么样的方式发生。保险经纪人本身作为风险管理者更要清楚和理性地看到这一点，我们可以不断降低风险发生的概率，但无法从根本上消除风险。

每一个问题都可能有助于经纪人的成长。新人在刚遇到问题的时候，有时候不太知道怎么去应对和处理，但也需要思考解决问题的办法。对问题本身的分析也是一种业务能力，每解决一个问题，可能就不知不觉又前进了一小步。甚至刚发生问题的时候，恰恰就是提升个人业务和管理能力的最好时机。

齿科保险客户疑难问题的处理

2022 年 4 月，有一位陌生客户在我这里投保了两份齿科保险。一份大人，一份孩子，保单保费 588 元 / 份，保障一年，分别包括四项责任细则：保健责任 5000 元、基础责任 1000 元、复杂责任 2000 元、意外责任 3000 元，产品无等待期，投保后第二天就可以使用。

齿科保险是业内一个比较标准化和模式化的产品，其形态类似于体检套餐。包含若干项责任，提供比自行前往就医更为丰富的保障和费用，鼓励客户投保后，前往对应齿科医疗网络就诊。

客户投保完大人的保单后，在线激活，第二天正常生效，预约诊所就诊并自动结算完毕，这一份保单没有问题。客户在孩子的那份保单投保生效后，突然给我打了一个电话，想了解适合孩子的一些诊所和医生。电话里面初步沟通之后，我们彼此加了微信，进一步了解孩子的情况。

客户反馈想让我们帮忙给孩子推荐一位正畸的医生，我根据客户的居住区域，推荐了一家就近诊所的正畸院长。客户在网络上做了一些功课，也有所耳闻，反馈说该院长水平确实不错。双方约好，等 6 月后再进一步确定时间。

我在工作本上记下了这个日期，常规情况来说，等6月再联络和安排就可以。

但是客户4月投保后，4月底忽然给我传来了一张图片，是一张结算单，费用超过了6000元，里面有1项器械操作、1项材料费用。客户问：孩子今天配了一个这个，不算保险吗？

我马上看了一下，不是正畸（因为孩子这个时候年龄还太小），属于一个干预。在正畸之前做一个干预，后期再做正畸难度和复杂程度会降低一些。按照保单逻辑来说，正畸和干预属于复杂项目，自然有一个2000元的额度。

但诊所没有纳入保单范围，并现场告知客户，这个不属于保险项目。

客户发信息的时候，正是周五晚上六七点，应该是刚从诊所治疗结束开车回家的路上，就第一时间联系了我，肯定是有一些疑问的。

局势未明。但我首先需要琢磨并推演清楚该事件的来龙去脉，保单原则上涵盖的项目，为什么在诊所那边无法结算？客户可能的想法和诉求是什么？此时是周五的晚上，我们能帮助客户做些什么以便实现最好的一种结果？于是马上联系渠道，通过渠道了解诊所具体情况，并开始准备备选方案。

其中动静比较大的一套方案就是：首先，征求客户同意后，询问客户是否愿意更换诊所，我们可以协助联系其他"平替"并且也属于地区旗舰店级别的诊所，可以正常涵盖保单赔付责任，大夫也是院长级别；其次，我们介入，和今天就诊的诊所沟通做工作，明确要求费用退还客户或按照保险责任结算；最后，根据处理和协商情况，保留后续将该诊所纳入除外医疗机构清单的进一步动作；等等。

　　我和渠道一起沟通和商量好解决思路之后，非常客气地和客户解释了一下没有赔付的原因，以及我们可以协助她后续处理的一些方案，征求客户的意见。

　　客户听了之后，想了想回消息说：其他推荐的医院有些远，还是不太方便。由于后续每周都要复查，还是不换了。稍后又发来一条：给你们添麻烦了，非常感谢。

　　上面这个案例确实遇到了问题，但是我们尝试迅速响应，尽可能地给出了解决方案。虽然客户最终没有更换机构（背后应该是客户还有其他的想法），但我们尽量从周全角度，做好了应对方案。

　　对于新人而言，遇到问题不要过于担心，也没必要拖延。任何人都不能保证不出现问题，或在事前就将问题隐患彻底解决。无论是新人还是老人，都需要思考问题出现后的技术处理，处理水平见真章。及时迅速解决问题，问题可能就会变成改善客户体验、促进客户满意、优化现有业务、提升个人能力的一次好机会。

好好说话

做好保险经纪业务不难，从好好说话做起。

保险行业在连续快速发展过程中，和很多年前相比已经产生了很大的变化，最近几年受新冠肺炎疫情影响因素更多一些。很多时候跟客户的交流，不像以前可以比较自由地见面沟通，通过即时软件、短信息或其他在线沟通方式更多一些。客户也会更加有意识地提前查询信息、检索资料、获取自己想了解的一切，然后再考虑是否与经纪人进行沟通。

虽然每位经纪人都有自己的沟通习惯，比如电话、在线会议等。但更多时候，也要配合客户做好随时随地可能出现的答疑与交流。这也是保险业务本身的特殊性使然。在当下多元化、碎片化的沟通时代，我的建议是，先主动配合客户、适应客户的习惯，再尝试进行专业沟通。也是庄子说的，要"以鸟养养鸟"，而不是"以己养养鸟"。

在面对客户提出的问题时，有一说一，具体问题具体解答。在沟通中，找机会主动传递价值、传播价值以及创造价值。只有能在业务中真正为客户带来价值的经纪人，才是不会被时代淘汰的经纪人。

虽然表面上看，保险经纪人起到了居间和中介的作用，为客户搭配组合了不同的保险方案，只是一个传递作用，但由于要撮合陌生的客户、陌生的产品、陌生的公司，所以保险经纪人在合同建立阶段承担了最重要的风险。后续保单的风险虽然由保险公司持续承担，但保险经纪人在业务前端发挥了重要且独一无二的作用。

在这种情况下，经纪人要有自身的觉悟。每位伙伴关注的不仅是眼前的既有保单，而且持续地承担着行业和企业发展的重担，并进一步借此来审视自身。每个人在面对客户的时候，都是企业代言人、企业形象和科学保险观念的传播者。

如何通过文字向客户传达出专业感

有一天晚上下班有点晚，我在公司约了一辆车，从东往西，想坐车回家。

当车在二环里七拐八绕的时候，我的一位伙伴问了我一个问题。先给我打了电话，随后发了一些资料和与客户具体沟通的内容。问题是：客户体检报告中的异常项比较多，但在客户点名的某网红重疾险产品中并没有问到部分异常项目（大致有：结石、钙化灶、血管瘤、脾结节、胰腺脂肪浸润、腹部多发小淋巴结）。而客户也有自己的一套理解，也向经纪人明确提出：产品问的那些健康告知问题，自己都不存在。在这种情况下，如何和客户沟通，并提出我们建议的产品与方案？

　　这个问题比较普遍也比较典型，在路上等红灯的时候，我想了想，写了一个我的思路给伙伴分享。因为具体到和客户沟通的情况，其他任何人都不会比这位伙伴更直面和更了解，但我还是可以先把我的一个大致思路和主管交流，再由伙伴看怎么妥善地和客户沟通。我们除了要讲究沟通的内容，也要把握沟通的分寸。后续就是由具体负责的经纪人去做好"最后一公里"的工作。

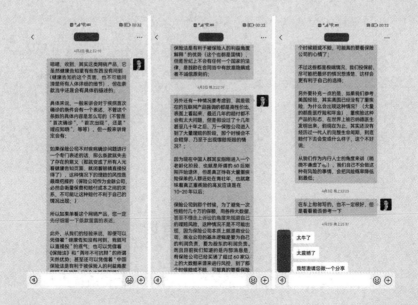

因为具体内容不是发给客户，而是在车上匆匆写给自己伙伴的，所以对段落和个别错字没有特别的润色，只是一个思路，但也揣测着按照一定语气写了出来。

之所以针对这位客户的案例有这些思考，主要是客户本身抛出了和健康核保相关的一个专业问题。所以我们既要把这个专业问题解释清楚，也要设法营造一种专业的沟通方式，包括文字措辞、句法、必要的逻辑关系等。

进一步说，有时候和客户沟通，为了避免一句话发过去让客户产生不好的感受（因为文字信息可能产生误读），我会有意识地调整自己的说话方式。一句话能够讲清的事情，也许会多说两三句；如果一句话能够讲清楚，也许会把它分成两段；或者在每一段的结束的时候使用分号，这样的话显得语气上更谦和一些；以及，客户如果真的提出一些比较专业的问题，我也会一次性地把这个问题跟客户讲清楚，不太会有所保留。

有所保留，会有一点来回拉抽屉的感觉，这种感觉其实并不好。还是那句话，买卖不成，仁义在。是做事，也是在做人。

另外，上面提到的那位伙伴沟通的客户，最后也正常投保了我们建议的产品。

客户关系管理

好的商业模式，必然需要紧密链接足够数量的优质客户群体，而且需要深度链接其中每一位客户的核心需求。新人在成长过程当中，可能会遇到各种各样的客户，如何发现、如何处理和各种不同客户的关系，本质上就是客户关系营销、关系管理的范畴。

关于客户关系营销（Relationship Marketing），业界比较认可的理论观点是得克萨斯州 A&M 大学伦纳德·L. 贝瑞（Leonard L. Berry）教授 1983 年在美国市场营销学会的一份报告中提到的："关系营销是吸引、维持和增强客户关系。"随后他在 1996 年又给出更为全面的定义："关系营销是为了满足企业和相关利益者的目标而进行的识别、建立、维持、促进同消费者的关系，并在必要时终止关系的过程，这只有通过交换和承诺才能实现。"

关系营销是企业发展到一定时期聚焦目标市场与群体的营销策略。保险经纪人在新入这一行时，面对不同的客户群体，要能够从整体上了解与应对各种情况，形成个人的业务风格。对客户市场的整体把握，也是管理能力提升的必经之路。

客户关系管理（Customer Relationship Management，CRM）指企业在当代社会，为了更好地提升核心竞争力，运用多种工具与渠道，增强与客户持续的链接与互动，更好地了解客户的需求、改善客户关系、提升客户忠诚，从而实现企业更好的发展。一般包含客户销售、客户营销、客户服务三个方面，数据和信息技术是其重要载体。

当前的市场已经从原先保险公司生产产品、业务员推销产品，逐渐演变成消费者在市场上主动选择公司、选择产品的阶段。购买模式的转化和升级，使得客户在市场上的话语权越来越大，影响因素也愈发复杂。客户群体的分层与分级正随着市场技术、资源、信息、平台等的变化而变化，而时刻密切接触和把握客户群体的关键点就在于每一位经纪人。涉及经纪人在入行后的客户关系重建、客户关系挖掘、客户关系升级、客户情绪化解、客户异议处理、客户关系分流等业务环节，经纪人需要同时具有较好的"长跑能力"与"冲刺能力"。

在这一章节，我们主要围绕客户营销与沟通中新人可能遇到的问题，以客户关系管理理念为基础展开分析和讨论，探讨其中可能影响营销活动成败的原因及应对策略。

客户关系的"三重境界"

经纪人在展业初期，可能会遇到陌生客户，也很有可能会遇到熟人前来咨询。看似是好事——经纪人会感觉有业务了，而且一下有不少人联系自己，加上熟人关系，应该很好谈，没准一谈就成。

熟人间签单的一种戏剧化场景

双方见面后，也许 90% 的时间都是在聊天喝茶，只有到了最后几分钟，朋友才主动提起来："哎，你说的那个产品怎么买？告诉我怎么操作，我就投了啊。"

或者："行了行了，你赶紧给我推荐一个，我就抓紧投了得了，完成任务。"

但绝大多数保单交易不可能出现这样的场景。随着经历的增多，经纪人会发现不少意料之中应当成交的保单，都有可能因各种状况而丢单。这个时候要留意，原先自己以为的一些情况，可能已经不知不觉发生了改变。我认为关系处理中存在"三重境界"。

第一重境界："昨夜西风凋碧树，独上高楼，望尽天涯路"

——晏殊《蝶恋花》

虽然原先都是熟人，但不代表一定会成交。熟人能否签单，可能与两人的关系有关，也可能无关，并且无论在哪个城市、哪个地区，都有可能出现这种情况。

某些时候，熟人签单，可能还带有运气成分。如果能直接快速签单，抛开经纪人自身努力之外，或许多少也有客户照顾经纪人业务的影子。

所以，没有签单其实也属正常情况。因为在这一阶段，客户判断经纪人的方式，已经从朋友关系慢慢变成了"一个卖保险的"。客户是否决定购买保险，有着内心真实的权衡与考量。因为涉及家庭如何动钱、家庭或个人如何决策等问题。原先入职前客客气气的老朋友，或许此时此刻都会变得非常慎重和理性。

所以我们会发现，即便以经纪人的身份和熟人建立了沟通联系，其实还是局势未明，整件事情的脉络尚不明朗，能否成交还不好说。

熟人关系也不一定能 100% 成交

此类案例很多。

我们以往遇到或知道情况的比如有：经纪人和同班同学在咖啡馆聊保险，聊完之后没有下文，理由是家人推荐或选择了其他的保险或者自己暂时不需要考虑保险；

或者前同事约咖啡馆聊宝宝的保险方案，最终没有反馈，由于新人还没有太多跟单促单的经验，所以后续也不了了之；

> 或者也曾听说某位资深主管的同学，无声无息地找其他经纪人签完了保单，而不是找这位主管买，理由是：也没多想，顺手就买了啊；
>
> 或者原先某位资深主管正常保持联系的客户，找了这位主管的组员买了保单，理由是：看你太忙了，我就找其他那个谁谁买了。

第二重境界："衣带渐宽终不悔，为伊消得人憔悴"

——柳永《蝶恋花》

经纪人开始发现，虽然对方是熟人前来咨询，但可能只是问问，和其他保险客户的整体情况存在相似性。并且也会发现，此时熟人身边可能也有多个卖保险的经纪人或代理人。随着时间推移，这种情况会越来越多。所以熟人是不是最终真的会选择经纪人，可能与彼此之间熟不熟并没有必然的联系。

遭遇丢单后，经纪人开始反思，决定重建专业关系，改变客户和自己的双向认知。

如何重建专业关系？经纪人可以考虑，设法让熟人认识到自身的专业度，在客户之间适当营造起一种保险配置的话题感和职业感。用这种话题感和职业感去影响客户，目的是建立起属于我们的面谈和沟通气场，构建起一种属于自己的业务节奏。

有时候，越是熟人，经纪人越要有意识地把握业务原则，按标准业务流程操作。这样才能够把业务节奏掌握在自己手中，而不是不知不觉被客户引导话题。

熟人关系遇到返佣要求如何处理

熟人关系中，常见的一种潜在心理是：我和你这么熟，我找你买保险，你给我点优惠或者折扣吧。

前面我们提到，业务合规是底线，所以是不能返佣或者打折扣的。那该如何化解矛盾又不伤和气，同时尽可能把业务推进呢？

应对思路 1：在面谈中遭遇这个问题后，客客气气陈述自己的立场，表示确实没有办法。

应对思路 2：在熟人提出此类问题前，防患于未然，提前展示个人专业化的流程。用标准化的服务流程化解可能提出的此类异议问题。并引入监管统一要求的委托协议服务、预备过往行业处罚案例，或实话实说目前的业务情况，以便更好地加深客户对这一问题的了解。

应对思路 3：重点讲保费结构构成、保险公司和经纪公司、经纪人各自的责任与义务，同时也是对客户进行了一次行业科普。可以进一步将行业各公司与产品列举与展示，让朋友明白，不仅每一分钱都花到了刀刃上，还物超所值。

对于新人而言，要有充分的心理准备，并且明白，当一位新人决定踏入保险行业后，已经和过去的身份完全不同了。经纪人意味着需要以新的身份、新的职业去面对自己所有的亲朋好友，相当于是一次社会化、职业化的洗礼。

第三重境界："众里寻他千百度，蓦然回首，那人却在，灯火阑珊处"
——辛弃疾《青玉案》

在这个阶段，随着时间的累积和业务量的增加，经纪人已经构建了自身丰富的业务体系，有稳定的客户来源，业务层次进一步上升，和朋友熟人之间是一种自由自在的关系。彼此之间不必回避保险话题，或者也不必专门刻意提起，大家平常的互动与交流，也许 90% 和保险没有什么关系。

从保险入手，重新切入属于自己的新的职业赛道，重新建立朋友们对自己新的认知。对于经纪人来说，保险不是目的而是真实生活的开始，其背后是无数家庭和企业对于风险的防御策略，是对于未来生活和幸福的美好憧憬。经纪人要做的就是还原生活真实和美好的一面，并和志同道合的朋友们精诚合作，高效地将其实现。即便暂时未能合作，经纪人仍在不断成长，未来必然会在某个新的需求节点上和大家相遇。决定双方能否合作的因素，并不取决于某个人的主观能动性，而取决于大家彼此努力的结果以及在时代趋势上留下的轨迹。分享很多年前听过的一句小诗：

尽人事，听天命，缘起随风生；最无非，罢不能，舍得道业成。

把握沟通节奏：从陌生到熟悉

我们跳出熟人或者陌生客户关系，从更高的层面来思考客户关系的构建问题。

平常无论是我们主动邀约客户，还是客户邀约我们，双方能够碰到一起聊天谈保险方案，最好的结果就是顺利签单。但有时难免会出现客户最终没有投保的情况，而且在经纪人快速成长中，需要面对未知客户的大量未知情况，在业务前期，不成交的概率还不低。

典型情况如客户询问问题后失联或者拿到方案后就再也没有了下文。

陌生客户、转介绍客户，甚至以往熟人客户，都可能会出现这种情况。追问客户具体原因，不一定能得到真实的反馈，因为客户可能随口找个理由。

新人肯定也会有自己的感受，可能会因此产生业务上的困扰。

我们可以先回想一下，每次是怎么和每一位客户沟通的。例如，客户提出问题，和经纪人探讨、交流观点，双方可能会在这种互动过程中逐渐加深了解。客户会逐渐确定经纪人的专业度、稳定性、投保的倾向性等，而经纪人反过来也会逐渐确定客户是否具有真实的投保意图。

所以在和不同的客户接触中，沟通方式本身可能就很重要。经纪人发现如果快速推进签单容易失败，那就要逆向思考，重新调整沟通的思路、方式和方法，甚至要刻意地把沟通过程延长、沟通内容增多、沟通要素扩大，这样才有更多可能筛选客户投保意愿、展现专业价值，进而提高客户投保的可能性。

形式的职业感

关注沟通方式本身，设法营造一种专业感或者高级感。并且在细节过程中，随时可以使用一些技巧，让客户感觉新人有别于传统代理人，更专业，也更有水准。

比如，频繁使用敬语，或者以类似邮件方式的开场；如果给客户发送信息后发现有误，先把第二条完整发出去，再撤回第一条，这样让客户感觉并不是因为某些其他原因（如心虚或者口误），只是因为没有写完整，才撤回第一条信息；参考外企沟通风格，穿插使用中英文词汇及解释等。

沟通的温度感

在经纪人日常的客户中，会涵盖各行各业，有的客户可能是时差颠倒，或者有各自的业务时间，例如，刚生完孩子的宝妈，或者需要加班上夜班的职场人士，白天时间不一定能保证；或者如周一一般是客户最忙的一天（因为可能要开会），或者上午是客户比较忙碌的时间（一般上午和中午忙碌，下午时间轻松），那么就可以设身处地地按照客户的时间和节奏来沟通业务。

在这种沟通过程中，可以有意增加对客户工作时间、工作压力的关心和理解，让客户感受到经纪人不是过于强调专业的业务员，或一味关注销售的推销员，而是有温度的经纪人。温度的传达能够间接给客户带来安全感。

业务的标准化

前面这些沟通细节上的工作，都是属于锦上添花的内容。在经纪人业务沟通中，大部分属于标准动作，只需要按照业务规范有问有答即可。无论客户提出了任何奇怪的问题，或者无关紧要的关注点，经纪人都应当从专业和工作出发，从工作角度审视问题，并做出答复。

高级感只是锦上添花，而标准动作才是应尽的义务。解答问题时，把关注点放在内容上，不要把业务问题看作人的问题，不要在问题沟通和工作中带入情绪。

⫽ 交流的多样化

交流方式是辅助我们更好地和客户开展沟通的工具。比如首次电话沟通后，会添加对方的微信，二次沟通具体方案时，可以考虑视频会议的形式，这样可以让客户看到经纪人的真实样貌和工作环境。

在电话沟通和视频沟通的时候，如果交流细节过多，手写记录来不及的话，可以考虑其他辅助记录的方式，在征求客户同意的情况下，可以录制会议。

有时和客户见面沟通完毕，可以当天或当场就形成面谈纪要或面谈要点，并发给客户。

⫽ 沟通的节奏感

在和客户沟通具体问题的时候，如果希望和客户拉开距离，那么可以谈一些宏观的问题。如果希望和客户拉近距离，那么可以谈一些细节的内容，包括列举理赔案例、核保案例，或行业发生的一些故事。

如何获得信任

主动找机会，设法见缝插针地创造能让双方关系提升的契机。

例如，在原本常规沟通过程中，面对有价值的优质客户，可以适当展现超出客户预期的专业度，或为自己创造机会以便展现更高的专业度。

虽然都明白，保险确实是刚需，但很多人对保险还是有一定的防御心理。因为毕竟这是一个销售行为，客户谨慎一些是正常的。所以可以考虑增加与客户互动的各种机会，典型的例如线上客户咨询，初步电话沟通后，主动要求线下见面，不仅可以"见面三分熟"，还能提高专业信任感。

面谈助力成交更多保单

2019 年 8 月，有位外地朋友给我介绍了一位北京本地客户，需求点是一份自己的重疾险。虽然只是一款重疾险且属于网红产品，客户对于产品的熟悉度比较高，但我还是做了充足的面谈准备，主动邀约见面，提前和客户约好时间和地点，然后带上了电脑和展业物料。

我们在邻近客户小区的一个咖啡馆聊了一下午。客户带着太太一起过来，我把保险的基本逻辑向他们做了一个介绍，涵盖了人身保障和财产保障两个方面，并且进一步讲解了不同险种当下的代表性产品、责任与费率情况。

由于是面谈的方式，所以大部分是手写材料完成，没有使用电脑。面谈后的效果不错，直接促成了客户家庭单的投保；并且在1年后，客户宝宝出生，我们又进行了加保；后续又新增了其他保险话题和产品需求，目前这个家庭在我这里完成的保单保费超过了40万元。

回过头来看，如果没有主动邀约见面，只是在线沟通的话，那么也许只是一时看似方便、能很快成交一张重疾险保单，但无形中会错过很多线下见面带来的机会。由于见面并且做了完整的专业陈述，也建立了很高的业务信任度，客户后续的保单加保就是比较自然的一件事。

我在以往的培训中，经常鼓励、建议或直接要求组员在安全稳妥、方便合适的情况下，尽可能地选择线下见面，多见面、多沟通、多交流。每一次的见面和交流，都能提升双方彼此的熟悉度和信任感。

不过矛盾之处在于，现在互联网工具盛行，"80后""90后"又普遍喜欢通过网络查询、咨询和投保。有时候我们和客户表示希望见面聊聊，客户明确表示不太习惯面谈，宁愿发信息和语音，然后通过网络完成投保。其中一部分人下意识不喜欢或很排斥直接沟通，能发文字就不打电话，总之，能不见面就不见面。

表面上看，在线发信息沟通很灵活、很高效，但从另一方面来讲，也是效率比较低的一种方式。网络咨询和网络投保方式虽然符合一部分年轻消费者的习惯，加上网上有很多文章进行产品分析和测评，也间接渲染推动了这一氛围，但由于目前保险产品众多，保险从投保到理赔的链条又比较长，消费者东看一篇、西看一篇，很难获得关于保险的全貌。

其中还要充分结合自身情况，做出合适的组合与判断，更是一件比较难的事情。客户为了获得最佳的配置方案，无形中花费了大量的时间和精力。每个时代都有不同的消费心理习惯，当前环境下互联网模式确实盛行，但我们还是要争取抛出橄榄枝，积极创造面谈契机。

瑞士军刀式经纪人

随着和客户合作时长的增加，有时候不可避免地要暂时放下每天高强度的业务定式、跳出保险说保险。在和客户互动过程中，另辟蹊径，思考在某些共同关系或需求基础上的资源开发，或者借助共同点拉近和客户的距离。

专业方向越往上走，大家越殊途同归。经纪人慢慢会发现，有时候在保险领域，大家彼此之间业务能力会日益趋同。而保险之外的多元能力，或许是未来拉开业务水平差距的分界线。

所以在发展过程中，可以多找机会和客户链接共同兴趣点，或者跳出保险，和客户建立更多其他的合作关系。跳出保险，并不是说保险不重要了，而是经纪人如果能够真正站在客户角度想问题，那么同样也是人生价值的体现。

保险只是我们实现价值的一个工具和载体。除了这个工具，还有很多可以帮助客户的方式。

为客户提供保险之外的教育资源

2019 年，有四川的同事给我介绍了北京的一位客户，原本是想了解增额终身寿这类产品，但随后更改思路，先给家里的先生和孩子配置了重疾险。每次见面都是夫妻两人，双方沟通也比较顺畅，最后我邀请太太来到我们公司，在公司完成了填写保单和投保流程。

1 年多以后，这位客户忽然发信息问了我一个问题："李玉，你身边有没有做留学中介的朋友？我想找人咨询一点事情。"由于我之前见面时做过比较详细的自我介绍，所以他们对我的教育职业背景有印象，这次发信息找人，是想就孩子留学方向和专业规划的问题，找类似于我们保险经纪人这样的人，比如留学教育经纪人，寻求咨询或帮助，所以找到了我，问有没有合适或者熟悉的朋友。

既然这事都问到我这个保险经纪人了，可想而知这位客户琢磨了多久，估计也肯定找了不少人了。

我知道留学是一件大事，但不清楚其中具体的细节。这位客户之前做过比较多的调研，和我交流的时候说到一个信息：出国留学市场水很深，不像保险是一个非常标准化的市场，出国留学市场上各家机构的水平也有很大区别。但即便这位客户做了很多的功课，在为孩子选择留学方向和学校的过程当中，仍然有一些心头疑惑悬而未决。

客户想要咨询的是澳加方向。我问了身边人，也在留学圈里进行了一些咨询，委托了几位朋友后，联系到了北京某渠道的一位留学专家，介绍了过去。这位专家的头衔是一位总监，应该也是比较资深的了。

大约 1 个小时后，客户给我打来了电话，反馈了一下双方沟通的结果。

客户跟这位留学顾问沟通的时候，能够比较直观地感受到，对方其实有些类似于传统代理人，虽然比较专业，但更多是站在自己公司和业务的角度去沟通，所以感觉到对方的销售的味道会有点多。

客户给的这个反馈有些出乎我的预料，但从业务的角度马上就理解了，于是立刻再找其他渠道的专家。正好我的组员里，有人之前曾经是云南某大型出国留学教育机构的工作人员，所以我们很快通过他找到了一位身在昆明的专业顾问。

在介绍给客户沟通之前，我们跟这位顾问也是实话实说。表示客户之前一直在推进这件事情，正在多方了解，希望能够找到一些解决问题的办法，但目前还在了解的阶段，不一定能最终委托什么具体的服务，但是确实非常希望得到对方的帮助，我们也很珍惜这次认识的机会。

这位昆明的顾问非常认真，也明确表示自己知道什么就会尽可能地说什么，有什么问题都会进行详细的解释。人很年轻，但是专业态度很好。在数小时的通话之后，我的那位客户很激动地给我了一个反馈：第二位顾问给了她最中肯的意见，对她的帮助很大。

我听了之后也很高兴。

在现在的市场上，一切信息都非常公开透明。一个人如果想解决问题，在哪个行业都可以找到很多业务人员，但是在这个过程当中，能不能通过有效的沟通建立信任关系，这个难度还是客观存在的。这种信任需要时间，需要双方通过一件件具体的事情或者通过反复沟通一些问题来逐步建立。

客户反悔了怎么办

竭尽全力去争取每一位客户是经纪人的天职，但在每单业务的链条上，都可能会遇到不成交的情况，客户提出放弃的理由可能千差万别。这种情况可能会出现在新客户身上，也有可能出现在老客户身上。在遇到这样的情况时，经纪人要考虑，当时的情况到底是偏向于挽留式洽谈，尽最大可能再争取一下；还是让客户自己选择，等待客户的决定。

但让客户自己选择的结果，往往就是不了了之，最终客户流失。

刚签约的保单为什么会被撤销

明明看着能成交，或者已成交了一份保单，但是客户忽然要退保，这种感觉是新人比较难接受的。

比如，客户即将确认投保，但马上又表示要再考虑一下，或者更典型的情况如，刚刚投保成交的客户，忽然提出要退保。对于新单客户来说，犹豫期内本来就允许客户自由退保。重疾险、年金险、寿险一般有 15 日犹豫期；医疗险可能有犹豫期，也可能没有；意外险可能有延迟生效期，或者直接生效的没有犹豫期。保单退保一般集中在重疾险、年金险、寿险等长险保单上。但新单客户之前明明花费了那么多时间去查询方案、了解产品细则，最终确定投保，为什么又要放弃呢？经纪人需要思考其中的深度原因，以及考虑如何去应对。

一些常见的原因可能是：和家里人商量不一致，如配偶或者老人不同意；或者客户想更换渠道投保，因为其他渠道有一些赠品或者优惠活动（尽管这些是违规的）；或者客户看到第三方自媒体的文章后，更换了投保思路，想要追求性价比更高的产品；等等。

这种情况在陌生客户尤其是网络陌生客户中会发生，虽然频率不高，但偶尔会遇到那么几次。

一般来说，当新客户向经纪人表示要暂时退保或者彻底放弃的时候，就已经考虑好了前因后果，否则不会开口，因此也早就想好了放弃的理由。如果只是销售和投保过程中存在一些专业类的问题，那么客户随时都可以提问。但是当表示要放弃的时候，即便经纪人尽力争取，虽能让客户暂时保留或持有，但仍有可能最终选择放弃。

所以这时，即便不得不放弃这一单，经纪人还是要回到这一单业务的起点，从对客户的首次接触、首次需求分析、首次产品讲解等环节复盘，看看到底是哪些方面出现了问题以致造成了整个流程的无效。

另一种情况可能出现在老客户的断缴或者退保上。如已经正常持有多年的保单老客户，可能会突然向经纪人询问保单退保的操作方式。老保单的退保可能比新保单退保影响更大，不仅是续期佣金减少，而且会直接影响到继续率这一重要业务指标。

常见团队继续率考核办法举例

（1）团队保费继续率＝［团队中有继续率数据的所有成员（包括销售经理和销售总监本人）评估月前第35个月至评估月前第12个月生效的期缴长期寿险保单第二年度和第三年度实收保费合计（含一年期以上的长期附约）/团队中有继续率数据的所有成员（包括销售经理和销售总监本人）评估月前第35个月至评估月前第12个月生效的期缴长期寿险保单第二年度和第三年度应收保费合计（一年期以上的长期含附约）］×100%

（2）团队件数续保率＝［团队中有继续率数据的所有成员（包括销售经理和销售总监本人）评估月前第35个月至评估月前第12个月生效的期缴长期寿险保单在评估时点仍然有效的标准件数合计/团队中有继续率数据的所有成员（包括销售经理和销售总监本人）评估月前第35个月至评估月前第12个月生效的期缴长期寿险保单标准件数合计］×100%

（3）团队继续率＝团队保费继续率×70%+团队件数继续率×30%

老客户在提出退保前，同样可能已经做足了功课，但经纪人同样还是要拿出最大诚意去争取挽留，尽量做到每一单业务、每一位客户都不要流失。

老客户常见退保情况及理由

有的客户投保了年金险, 经济实力很好, 但只是不想再继续缴费。因为之前投保的时候比较勉强, 照顾经纪人面子而已, 后续不想再因为这个事情而操心惦记。

有的客户原先是持有经纪人推荐的 A 保险公司的产品, 后来自己去 B 保险公司, 转型做了代理人, 听了培训话术, 觉得 A 公司规模小、品牌影响力弱, 要坚持退保。

有的客户虽然持有 a+ 款产品, 但自己还是要更改为其他平台的 a 产品 (同一个系列的低配版方案或者同一个产品减去了个别附加责任), 主要看中责任大体相似, 但保费更低。

有的客户家庭陆续持有 2~3 款不同的医疗险, 包括个人中端医疗、单位团体医疗, 以及学平险, 在第二年续保的时候, 客户决定放弃之前持有的中端医疗, 而只保留学平险, 理由是身边的妈妈们都这么买。

有的客户家庭持有中端医疗, 但当市面上开始出现某普惠型的医疗险产品后, 决定放弃家庭成员所持有的中端医疗, 转为持有普惠型保险, 理由是"用普惠保就可以了"。

虽然我们说, 经纪人可以从公司内部签约的各家保险公司中, 尽可能选择最适合客户利益的产品组合, 尽可能地配置合适的方案, 但仍不可避免地出现以上各种情况。

从业务流程来说, 客户选择放弃投保, 或者将保单退保, 是正常业务的一个环节，不必过于焦虑，经纪人只要尽最大可能去沟通和争取就好。

这里有一个建议，假如客户还在考虑中，还有希望挽留的话，经纪人可以争取让客户哪怕继续再续保1年，这样能至少延长1年的保障期；而如果是持有多份不同的保单，哪怕在其中保留某1份保单，即便是一份保费不太多的医疗险，也可以给一位家庭成员提供一定的保障。如果只是一时考虑退保，那么有可能会受到某些情绪或信息的影响，延长1年后，客户或许可以反复充分地考虑是否还要继续退保。

我以往使用这种方式，成功挽留了厦门某位客户的2份家庭保单（老人的医疗险，件均保费当时已接近4000元），并且在后面连续2年内，分别陆续出险（住院手术）且正常使用保单完成了理赔，增强了客户对保险的信心和信任。更关键的是，客户在2022年9月告诉我，其中一位老人确诊为卵巢恶性肿瘤、子宫内膜癌。距离挽留投保仅过去不到3个保单年度，并且距离首次投保也只过去4个保单年度（2019年2月首保）。

客户情绪管理

一般和陌生客户沟通业务，除了保险本身的常规操作流程，方方面面的细节都要考虑到位。即便是熟人客户，该注意的细节也不能遗漏，否则可能会出现多年的好友从此形同陌路、多年的同学关系从此不再往来的情况。而如果是陌生客户的话，可能在遇到不满的时候，就直截了当地表示出来了。

优质客户对细节的关注度很高

2017 年底，我集中洽谈了一些中产家庭客户，其中有个家庭在东北四环，距离我的公司和平常居住地都比较远。我们前几次见面，都是在客户家附近咖啡馆一起聊的。

因为客户有一些亚健康状况，我们最终希望通过多家投保，争取到最好的一个核保结果。为此决定对当时的一些代表性产品进行逐一投保，除其他成员基本可以正常投保完毕外，太太一人涉及 8 家公司的产品计划。

前几次面谈和协助家人投保都比较顺利。在太太投保到第 2、3 家公司的时候，因为各家所需资料一致，我把历年体检报告和过往病历手册复印了 8 套，每套大约 30 页，然后把原件交还给客户，后续投保用复印件。

之前的业务流程没有问题，在交还资料时，我把材料装在塑料文件夹里，然后闪送给客户。

客户收到后，给我发了一个抱怨信息，批评我没有把体检报告和病历材料密封传送，快递人员可能会打开查看其中内容。没有保护好客户的隐私是我的失误，客户体验无小事，这件事也督促我后来对所有细节的格外关注。

不过这位客户还有后续公司没有投保完毕。后来每家投保、核保、照会签字，我都亲自前往客户家楼下，等客户下班后签署。12 月底到 1 月初的北京，天黑得早，我就在客户家楼下的自助银行隔间里，偶尔也在旁边的酒店大厅等客户下班，有时要等很久。8 家保险公司连续投保过去，最后核保结论仍然是除外了一个部位，其余部分正常承保。

没有更好的结论了，客户最后想了想说：要不我们就这样吧，不投了。于是我们把这次保单投保的流程操作完毕。

其实我知道，99%的核保结果会是除外，但那个时候入职时间短，还很年轻，我希望能够有奇迹出现。

不过除外了一个部位，其他身体部分能够承保，公司产品也经得起推敲，即便过了这么久，回顾过去，这个结果还是很不错的。

客户情绪和客户感受是一个很微妙但会经常遇到的问题。对于经纪人而言，提供标准和优质的服务是职业必然要求，同时要尽量避免带给客户不好的体验或误会。每位客户都是独一无二的个体，情况都非常不一样，经纪人要多在做中学、在学中做，心思一定要细。

一个人如果在传统行业或单位集体中工作，个人心思细腻与否，表现得不明显，因为大多时候会被包含在集体当中。但进入保险经纪行业后，一个人去面对各方面的不确定性时，心思如果不够缜密，很容易出现各种问题，容易"按下葫芦起来瓢"。

怎样应对客户投诉

客户在业务沟通过程中，可能会出于某些原因进行投诉。典型的原因如保单拒赔、体验服务不好等。虽然在实际业务中遇到的概率很低，但经纪人不可不提前准备好应对投诉的方式和策略。

职业发展过程中，不遇到投诉是不可能的。也许投诉的原因不是出自经纪人，而是出自保险公司或者是客户自身的情绪化因素。无论是什么原因，遇到了首先不要担心，其次马上思考，设法做出反馈或补救。只要双方的最终目标是一致的，本意都是配置合适的保险计划，这件事情就可以在持续沟通中逐步得到解决。

有些时候，表面看起来的不利局面，可能会转变为促进双方关系进一步发展的契机。如果问题处理令客户满意，劣势有可能反而变为加分项，促进双方关系进一步升级。这就需要经纪人在遇到问题后，调整内心状态，从积极有利的一面想问题和找办法，针对矛盾妥善化解。

客户投诉案例的处理

我从业至今唯一一次不小心触发的客户服务投诉，发生在2017年。

2017年9月的一天，有一位陌生客户通过网络联系到我，我们约在北京郊区外的一个麦当劳见面，一起聊聊大人和孩子的保障。

之前我们在微信上已有过短暂沟通，我带着电脑，准备好了几家保险产品的资料，坐车过去大概一个半小时。客户想为自己和孩子配置保险的意愿比较积极，所以第一次沟通比较顺利，直接敲定了方案，大人是50万元保额终身重疾险，保费1.16万元，宝宝是40万元保额终身重疾险，保费0.35万元。

第一次见面，我们聊完方案后基本就确定了投保。客观地说，效率比较高。后续计划的流程是，客户填写投保单，我把投保单和证件资料复印件一起转内勤转保险公司，如果能核保通过，保单生效。

　　但在这个过程中，出于各种原因，客户填写的保单格式总是不对，要么是这里出错，要么是那里出错，每次错误都涉及重新全部填写，反复修改。不像现在都是电子化保单流程，那个时候我们主流投保方式都是纸质材料，反反复复修改的过程比较烦琐。

　　当时客户体验感很不好，我的感觉也不是特别好。因为磕磕绊绊非常不顺，还涉及健康核保照会的处理，但是好歹仍然把这两份保单投完了，保单正常生效。

　　投完以后，后续在给客户递送保单和签收回执的过程中，客户经常下班比较晚，由于刚入职一年左右，没有经验，在这个环节上我处理得比较草率，合同的交送出现了时间差。客户当时对服务明显不满意，进行了投诉。

　　后来在客服部协助下，我紧急重新调整服务流程，采取了补救性措施，尽最大努力修复关系，争取到了和客户再见一面的机会。没想到这次见面之后，原本我以为会非常紧张的关系，一下子缓和了许多，我当面很诚恳地表示了歉意，并和客户最终签署了保单回执。

　　后来，这位客户还帮我介绍了其他准客户和保险同业，有些不打不相识的味道。

　　但从这个案例来说，当时给了我很深刻的一个提醒。虽然没有具体的影响，保单也正常生效，服务人员一直是我，但这件事情警醒了我，做事情要细致，不要太着急、太匆忙，很多时候问题恰恰就发生在忙碌当中。

清人金缨《格言联璧》云：“缓事宜急干，敏则有功；急事宜缓办，忙则多错。”每个人应当集中精力处理重要但不紧急的事情，因为头脑清晰、思路明确，容易出成果；紧急的事情要尽可能稳着来，无论是否重要，忙乱当中都有可能出错，哪怕一件小事出错，也有可能带来不好的影响和后果。

怎样应对客户异议

在客户关系营销与管理中，经常遇到客户提出一些问题，分散于获客、咨询、方案、投保、理赔、售后等各个阶段。其中有的与专业相关，也有的与专业无关，在业内统称为异议问题。合理地处理和化解异议问题是每一位新人都要面对的正常工作，我们这里按照问题出现的情景和不同的分类方式，列举部分保险经纪行业可能经常遇到的异议问题，以供思考。

值得一提的是，在传统异议问题处理上，侧重的是对客户的反问和提问。思路是用一种教练式的提问，引导客户提出真实问题和深层顾虑，然后通过对问题和顾虑的解答，消除客户的担忧并完成签单。但这种方式属于一种辩论技巧或营销技巧，现代社会营销环节的信息不对称正在逐渐消除，客户营销正在从原先的销售导向过渡到产品导向，并进一步过渡到客户导向。如果单纯用谈话或话术技巧绕开问题，客户的疑问可能暂时会消除，但没有从根本上得到解决。

随着时代发展，每位客户都会和保险产生千丝万缕的联系。客户对保险的接触和体验只会越来越多，不会越来越少。在这种情况下，一切事物的本来面目都会在长期的观察、了解、使用和体验中愈发清晰。在当下，保险产品相关的问题无法被完全回避，面对问题、解决问题，并通过保险科普培养出一批批具有鉴别能力和传播能力的客户，是这个行业发展的未来。

经纪人不仅要主动解决客户的问题，更要在工作中提高效率，从根本上化解客户的疑虑。当下客户会收到很多方面的保险信息，其中有相对正确的，也有带有一定偏见的，这些信息会不断吸引每个人日益稀缺的注意力。原来在传统阶段，经纪人和客户彼此之间可以一起见面探讨与沟通的方式正在不断被外部信息打破和颠覆，因此对于客户异议问题的处理，既要做到尽快响应，同时也要适当地坚持立场，保留一定的余地，并尽快找到问题背后的原因，最终加以突破和解决。

（1）正常业务关系中，客户提出常规问题

客户提出的问题往往具有随机性，一般没有固定的范围或类型。但只要是有助于保单业务推进的问题，那么都属于常规业务问题。一般来说，用一些知识性、专业性答疑的思路，和客户正面解答就可以。

围绕每一个具体问题，都要有经纪人自己的思考和理解。传统保险行业长期存在营销话术、沟通模板，但只能适用于保险的早期发展阶段。当代社会崇尚智力与理性，只要经纪人针对客户的问题做出了有价值和有诚意的回答，那么就是对客户疑问的最好回应。

回答具体问题过程中，针对提出问题的每一个信息点，虽然都有可以不断延伸的空间，经纪人可以做到针对每个问题都写一篇论文，但为了提高签单的效率、节约客户的时间，经纪人可以把握好回复的内容，收放自如，几句话点到为止。

• 您以前是做什么的？为什么想来做保险？

• 你们和某某公司的业务人员（其他公司的代理人或经纪人）有什么区别？

- 买了这个保险之后，怎么理赔？

- 委托咨询服务，需要额外给你们付费吗？

- 假设将来经纪人离职了，这个保单该如何处理？

- 这份健康问卷，没有询问到我的问题，是不是就可以直接投保？

- 听说保险有一个两年不可抗辩，我是不是可以不告知就投保？

- 投保前需要单独去做一个体检吗？

- 我自己可以直接找保险公司理赔吗，还是必须通过经纪人？

- 重疾险不同的缴费期有什么区别？（如 15 年、20 年、30 年等）

- 我想给二宝买份教育金，是在之前大宝的方案里加保放在一起，还是再新买一份？

- 后续如果搬家或换工作，是否会对保单产生影响？

　　常规问题也是最容易正面回答的一种问题。普遍是和产品、公司、投保、理赔或经纪人等相关流程有关的问题。经纪人只要尽可能地正常回答完整，就不会被扣分。

　　在具体情景中，沟通效果也会因面谈、文字、视频沟通等不同方式而有所区别。经纪人可以在回答时酌情加入一点自己的理解，如果采用的是文字形式交流，可以适当地使用一些语气词，增加一种面谈说话般的感觉，不至于让一些回答看起来过于生硬。

　　如果不是特别紧急或者在特殊情况下，不一定要一连串发送大段长语音，除非经纪人对自己的语言表达能力很自信，认为发一些语音会成为加分项。

　　（2）正常业务关系中，客户提出异常问题

　　这类问题往往占据了大部分经纪人能遭遇到的异议场景，也反映了在推进投保流程中，客户在各个方面可能存在的疑虑。有时可能是客户需求还没有被充分唤起、没有觉察到自己有保险需求，所以会引发一些抵抗问题；有时可能是客户货比三家，更希望同其他渠道或产品进行比较，寻找一个更安全的投保方式；有时可能是本身决策能力和家庭协商能力不是很强，牵涉了一些关联问题，给投保流程带来了不确定性；等等。

所以经纪人在驾驭这类异议问题时，需要有一些谈判手腕。对话题内容有判断、展开、控制、引导，同时也要反向判断客户提出问题的动机、设法了解客户真正的关注点。

• 哦，有什么产品可以发给我看下吗？（简单聊了几句后，客户就很快提出这类问题）

• 我/家人的身体很健康。

• 你没有某医疗险和某儿童意外险？（经纪人所在公司目前还没签署的产品）

• 另外一家公司的某重疾险产品，你觉得怎么样？（某网红竞品）

• 这家公司我没有听过，公司安全吗？

• 这个年金险的收益太低了。

• 我觉得我不需要某项责任。（如身故责任、返还责任或终身责任）

• 听说这个产品还有个万能账户是不是不错？

• 听说大公司好赔，小公司不好赔，是吗？

• 那家公司的服务听说很不错。

• 重疾险这点保额，能抵抗通货膨胀吗？

• 这份年金险收益太低了，我找朋友做投资，收益比这个高不少。

• 可不可以有折扣或便宜一点？

大家会发现，这些问题和前面一部分的常规问题明显感觉不一样，而且问题提出来之后，老业务员有时能马上察觉到客户遇到了其他问题，新业务员伙伴可能还要分析和判断一下。

从问题和行为反向判断客户的真实状况

2021年4月前后，我的研究生同学的朋友向我询问家庭成员的重疾险和医疗险。客户发来了夫妻两个人的年龄，一看都不小，所以保费会比较高，因此方案配置必然要尽可能地找到性价比高或核保结果更好的产品，这也是客户通过朋友找到我的原因。我直接帮忙做出两版方案，包括详细解答。

在第二版方案发出后的沟通中，女方客户忽然提出一个问题：有没有大的知名品牌一些的公司和产品，想再了解一下。

我正在外面，看到了信息，马上回复：有的，没问题。

又想了一下，接着问客户：是不是老公提出了这个问题？

客户发来了一个微笑的表情。

这种情况下，异议处理的关键马上就聚集到客户的先生身上。先生如果对公司品牌有偏好，无论这个观点是否是深思熟虑后提出，都说明客户家庭整体可能还处于保险科普阶段，这种情况下的沟通结果会存在不确定性，太太本身的想法和初衷也可能会发生改变，因为太太可能需要查看更多产品、查找更多资料，也会很辛苦。

涉及营销流程的问题，我们将会在后面章节详细展开。

（3）异常业务关系中，客户提出常规问题

这种业务关系中，往往还没有进入正式的投保咨询过程，但可能客户兴致勃勃地问出了一些很专业的问题，新人可能一下子感觉仿佛来业务了。客户也许只是初步认识，或者客户本身见多识广，很清楚经纪人需要什么，所以只是先抛出了一些问题，但不一定能够进入实质性的保险配置阶段。

典型的场景可能是在聚会或者首次打交道时，听说经纪人的职业能够配置保险，对方可能马上问：有什么适合我的重疾险吗？或者对方会拿出自己以往的保单，让经纪人帮忙看一看。

甄别这种问题真实性有一些办法，比如客户询问产品 a，经纪人可以搭配产品 b 一起反馈。例如，客户如果想询问年金险，经纪人可以搭配高端医疗一起给其设计方案；客户如果关注重疾险，经纪人在解答重疾险之后，可以搭配中端医疗，和客户强调基础保障的重要性，然后看看对方的反馈。因为保险具有系统性，不可能只用一个产品解决所有的问题，所以对于任何风险的设计，都需要系统的思考。

经纪人要有通过反向测试确认客户真实需求的意识。

（4）异常业务关系中，客户提出异常问题。

提出这些问题的客户往往是一些无法成交的客户。

因为并不是所有群体都是保险经纪人服务的准客户，但是有时又不便贸然拒绝客户，因为可能会让对方感觉不快，一般客气委婉拒绝即可；或者在一定程度上给予一些否定性的答案，也可以间接暗示客户；或者把问题拉开、把节奏放缓，不再正面回答，逐渐进行冷处理。

如果感到有潜在风险因素，应当主动让团队或公司其他伙伴知晓，避免其他人遇到类似的问题。平时拓展业务中，不能一味地只强调专业度，对于人情世故和社会安全性也要有充分的了解和预判，没有太多社会经验，难免会吃亏。切记不要自己一个人"拍脑袋"就想着把事情给办了，那样事后遇到问题，可能会"拍大腿"。

和同事、引荐人或其他主管多交流沟通，吸取他人经验，都可以在无形中避免很多问题或者走弯路。

客户流失不用怕

客户流失是一个不可避免的问题，无论我们如何开展业务，都很难保证不出现客户流失。不过客户流失也可以反映一些内在问题。

从保险经纪人这种业务模式来说，因为产品和公司众多，涵盖了市面上绝大多数个人可选择的保险类型，所以表面来看，对于业务人员自身的能力要求比较高，但内在的要求是保险经纪人首先是一个具有独立思考能力的人。因为只有具备独立思考，才能在众多市场产品中，不趋利、不趋同，从而有效地解决问题。

独立性是经纪人区别于其他类型保险营销人员的一个很大的特征。

而能够选择这样一批保险经纪人来为自己提供保险服务的客户，往往也是具有相当独立性思维的客户。因为客户同样需要考虑不同的产品、不同的公司、参考众多同类意见但不盲从，最终独自拍板为自己或家人配置合适的保障。

所以不排除在沟通面谈过程中，有些客户出现自然流失。只要是在完成标准业务流程、尽自己最大努力的情况下，流失属于正常现象，新人伙伴要接受存在一定的不成交率。苹果系列手机中，即便最低故障率的机型，其数据也在3%[①]，足以说明这个问题的普遍性。

虽然部分客户流失，但保险经纪人可以有更多的时间和精力去服务自己的老客户和核心客户。

---

① 《iOS设备故障率排名出炉，你是第几名？》，中关村在线，https://baijiahao.baidu.com/s?id=1606225350303891717&wfr=spider&for=pc，最后访问时间：2022年6月6日。

从营销战略的角度来说，把低质客户或问题业务送到竞争对手那里，也是对保险经纪人最大的保护。

关于一个网络陌生客户流失的案例

2017 年 10 月的一个上午，有一位陌生人在网上加我，很客气地表示想咨询保险的事情。我马上回复：可以的，请问有什么问题？

对方问了我的身份，直截了当地抛出问题：想为家人买保险，看了很多保险产品，脑袋大。主要想考虑重疾险＋定期寿险。

我回复说：确实，目前市面上有十几个不同的热销产品，比较起来时间成本会比较高。接着又问：您和先生考虑的预算，以及家人整体的情况如何？

客户告知了一些基本信息，也说了一点自己的想法和考虑。我在前一天正好签完了一个家庭单，我告诉客户可以跟她分享看一下方案。也询问客户：因为看到您也是在北京，是否可以考虑见面聊一聊。

客户很快地聊了几句，马上表示，有可能的话下午可以见一面。

中午过后，我打车前往了客户所在的大楼，在北二环附近的歌华大厦，过去大约 30 分钟。下午 14:00 前我到了客户的会议室，然后打开电脑，和客户进行了一些沟通，也提出了一些思路和建议，客户反馈了自己和家人的一些信息，由于其中需要进行健康核保，我表示后续可以同步询问一下保险公司，然后客户这边可以继续准备更详细的资料，我们稍后把具体方案再探讨一下。

后续就是结束会谈，大约 15 点 10 分结束，我下楼打车赶回公司。

到了下午 5 点 30 分左右的时候，客户忽然给我发了一条客客气气的短信，大意是非常不好意思，老公那边有朋友推荐了其他的经纪人，非常抱歉，所以赶快告诉我，希望没耽误我太多的时间。

我表示很理解，没问题，也很高兴和对方能够认识，有问题再联系，祝好！

发了这条短信后，我过了一会儿又想了一下。我觉得客户的体况稍微有些复杂，操作重疾险不一定能够一次成功，所以我也许存在进一步争取的可能性。想到这里，我决定给客户发一条包括自己想法的短信，再找机会争取一下客户。

只要能保持联系，后面我完全有可能继续跟进、协助操作，尤其是复杂操作，自己很有信心。

编写了半天，点击发送时，才发现对方已经把我删除。

后来我回看整个聊天记录，如果说有什么问题的话，最主要的就是沟通太过于顺利。上午加了微信后，就很热情地寒暄、沟通，然后下午马上可以安排见面，这一切都不太符合一个常规网络陌生客户的特点。网络客户的谨慎、小心以及需要持续沟通，在这个案例当中，都没有。

不过另外一种可能是对方看了看，感觉从眼缘上来说，我不是她理想的那种经纪人风格，所以很快结束了整个流程。

客户流失是每一位保险经纪人都会遇到的情况，新人保险经纪人不必过于担忧或焦虑，也不要因为客户的流失而怀疑自己。因为客户的全部真实情况，我们无从探究，所以无法判断到底是出于什么原因。最好的解决办法就是马上回到自己的核心业务，继续联络下一位客户。

我在以往给新人培训时，帮大家算过一个数据。假设按照每天都很努力工作的情况下，一位经纪人每天能签约一位客户的长险保单。365天每天一份保单和新客户的情况下，一年365位客户、10年3650位客户。连续工作40年，累计约1.45万位客户。

也就是说，无论多么努力和拼搏，每位经纪人一生最大的客户数量，无非1万多人。拿北上广深这样的一线大城市来说，每个城市平均2000万人，意味着经纪人并不会缺少客户——因为人口基数摆在那里。那新的问题自然开始出现：到底什么样的客户群体，是经纪人的核心优质客户群体？

这个问题很关键，值得我们在职业生涯里不断地思考和规划。

基于行为科学的管理

业务成长和管理成长，分属两个不同的成长维度。从业务新人成长为具有一定经验的管理"老兵"，需要投入足够的时间、积累足够的案例，最终方可从量变过渡到质变，顺利实现职业跃迁。但这种成长并不是单纯在业务中就可以完成的。当经纪人只是专注个人业务发展的时候，就容易忽略业务以外能力的培养，包括对整个业务管理体系的理解和认知。

在西方管理理论当中，针对组织管理问题，在 20 世纪集中出现了一批学者与理论观点。当历史发展到这个阶段的时候，管理学关注的问题已经从对外部工业化、科学化的精密计算过渡到了对组织内部人际关系、人的因素的研究。重点研究组织建设尤其是小型组织内部管理问题，以西方电气公司霍桑工厂的实验和行为科学理论为代表。1924~1932 年，梅奥（George Eltom Mayo）和其他学者在霍桑工厂进行了一系列跟踪实验，以小型团队为单位，开展了包括照明实验、访谈、云母片分离、绕线圈实验、继电器装配等多个项目。项目团队逐渐发现影响组织产能与绩效提高的并不是某些外部因素，例如环境、激励等，而是在于管理者的人际技能或风格，此外，组织中的人际因素和人际管理导向，也会对组织的产能与绩效产生重要的影响。

行为科学揭示了管理当中的"社会人"问题，对以往"经济人"因素进行了有机的补充。这引出了我们在这一节要思考和探讨的问题，经纪人团队的管理取决于核心创始人，创始人不是一下就形成的，其管理能力和领导力都需要一个缓慢成长的过程。在团队发展过程中，需要持续地对他人产生全方位的影响，所以组织管理的问题就与其个人内在能力之间发生着千丝万缕的联系。虽然每一位新人从跨入行业开始，就会进入一个漫长的学习过程，但很多人仍然未能持之以恒地做下去，其中主要区别就在细节里，分布在每天、每周、每季度、每年的各项工作中。这些细节构成了个人管理的基本面。

如果把前面章节辅导新人成长的问题，看作个人业务在垂直方向上发展的一个思路，那么在管理人才培养中，横向能力就是很重要的一个能力。横向能力必须要通过围绕核心业务的文书流转、部门互动、人际沟通、管理举措等方面的持续地锻炼，才能够有所提升。

如果想要管理稍大一些团队，这种横向管理视野至关重要。历史上张学良曾评价张作霖说："有雄才，无大略"，说的就是个人业务能力重要，但宏观管理的能力也很重要。"治大国若烹小鲜"，虽然团队是每一个公司最小的业务单元，但同时也是最重要的核心基础单元。团队的管理同样需要不断思考业务能力的提升和管理效能的提升，过渡的关键要从抓好基础单元的日常行为做起。

管理效能的提升，离不开自身的努力。团队主管从一个业务员发展为团队主管过程中，会经过一个长达 1~2 年的过渡期，这个过程中会逐渐积累一定的管理方法和经验，也会遇到一些管理问题。由于团队主管自身也需要继续操作业务，所以在维系日常展业的同时，需要从更为全面和整体的角度来深入理解所在的工作系统，并通过短期、中期、长期的各种细节问题处理，实现管理能力的迭代。

自我领导：习惯与自律

大多数人需要依靠别人推动和点燃，甚至渴求外部制度的约束，所以传统行业和工作把人们整合到了一起。但只有少部分人能够不断地自我激发与自我激励，成为推动别人前进的动力。这种自我激励的能力是经纪人核心能力之一，也是管理者能力的起点，两者具有天然的重叠性。

习惯性自律

如果要提问，一天中最重要的事情是什么，大多数人可能会回答是工作；如果再追问，一天中比工作更重要的事情是什么，可能会是计划，因为事无预则不立；如果再继续追问，比计划更重要的是什么，可能大家会陷入思考。

我认为比每天匆匆着手开展工作或制订计划更重要的，是持续、长期、习惯性的自律与自我约束。正是习惯性自律，让人在前一天不熬夜、完成既定的任务、在清晨中从睡梦里缓缓醒来，能够消除昨日的疲劳，开始以战斗的状态进入新一天的工作。

如果没有自律，人可能会在日复一日的生活和工作中逐渐沉沦。一切再好的方案和计划，在不知不觉中都会慢慢地流于形式，甚至会变成无法执行的概念。唯有自律可以督促经纪人不断前行，以一个端正的态度进入每一天的工作。

清晨出发

清晨是一天的第一个阶段。有着新鲜的空气、淡淡的阳光，很适合以一个放松、自然的状态开启一天的工作。当经纪人要开始工作后，有品质的一天，一定是有规划和节奏感的。

可以直接从一些核心基础工作做起，例如：

- 查看之前客户发来的资料和信息，是否处理完毕；

- 查看前一天公司系统内，产品资料上 / 下架或更新情况；

- 查看和回复各个工作群内，其他伙伴提出的问题，或留言进行互动；

- 查看手机短信和邮件，提醒客户续保，主要避免 1 年期类的医疗险和意外险出现断保；

- 及时更新产品对比表（即前文提到的个人工作表）；

- 查看新单投保流程、发送预核保邮件、给客户或相关同事留言；

- 客户本人及亲人的生日提醒；

……

营养膳食

清晨起来后，用1~2个小时尽可能地完成一些案头工作后，差不多就可以吃早饭了。

每天保持充分的营养很重要，如新鲜食材、少盐少油的烹制方式等等。鼓励大家在有时间和精力的情况下做饭或带饭，一来营养卫生，二来确实能节约时间。

良好的饮食是生活和工作的重要组成部分。一行禅师在《正念的奇迹》里指出"洗碗也可以修行"，专注饮食，就是在正念和生活中的修行。而奥斯本（Alex Faickney Osborn）针对饮食也提出过一个有意思的观点：组合作用似乎是创造思维的本质特征，他在《创造性想象》一书中描述太太和女儿一起做食物，看着她们把不同材质和食材混合在一起，感到这种本领就是创造性思维的能力。

食物也会间接影响人的精神状态，典型的例如肠道内菌群的变化。美国学者发现，它们会随着饮食的改变而改变，并通过在肠道内向中枢神经释放信号，影响人们的大脑决策。所以我们如果想要有一个良好的工作状态，需要同时从环境、饮食等外部因素入手。

早课与出勤

保险行业内早会一般在每天上午 9 点进行。传统公司一向注重早会的出勤打卡，保险经纪公司一般不做强制性要求，保险经纪公司灵活性和自主性更强。

虽然早会环节并不完全强制性聆听或出勤，但能够用 1 个小时左右的时间，听听主讲老师精心准备的专题授课、产品精讲、行业资讯或其他专题信息，还是很有必要的。

也许听到其中某一项政策，或某个理赔案例，可能在将来产生重要的作用。用我的朋友、首都师范大学教授胡伟以前对学生常说的一句话就是："听一听吧，没准人家一句话就能改变你的一生。"

体能训练

每一天有意识地保持和维持一个好的身体状态很重要。一个人的身体状态往往决定了其终身的工作质量。很多人人到中年，人生和事业开始出现滑坡，主要原因往往来自两个方面，一个是家庭，另一个是健康。健康出现了关键问题，会对一个人的事业和心态产生重大影响。

无论是经纪人的核心业务，还是身体素质锻炼，如果想要保持一个较好的水平，每天都要有意识地去保持一定量的专业训练。跑步、跳绳等有氧活动和其他力量活动可以隔日交叉进行，但每天都要坚持让自己去做一些。

在锻炼过程中，要有具体的作业量。例如，每次跑步都固定保持 3~5 公里的距离、分组跳绳数量固定能做 1000~2000 个，以及各项有氧运动具体的指标等，便于自我监控。

工作计划

我在研究生阶段，每周都会有 1~2 天和导师一起交流，聆听或请教专业问题。

有一次，探讨完问题之后，说起了如何更好地工作，导师建议我们"每天早晨起来后，在工作前，应该先做计划再工作"。见我们都在认真听，他就又叮嘱我们："比如，把自己今天或者本周要完成的工作内容，拟一张清单，然后再去逐项完成。"

我觉得这是一个很好的方法。后来发现还有进一步的思路：有意识地聚焦最重要的事。比如，在清单上列出今天计划完成的工作，然后划掉后面的几项，只完成前面最重要的 3~5 项。在列清单的过程中，自己思路也会不断清晰。对于踏入社会不久、尚未形成自己工作习惯的年轻人来说，这种方法也可以快速帮助自己建立业务节奏。

新单优先

重要的工作和事项，要尽可能放在上午安排和处理完毕。比如新客户的计划制订或操作投保。人身体状态最好的时间是上午，脑力和体力状态都是一天的巅峰。如果在操作当中遇到技术问题，或者需要和客户核对／补充资料，那么还可以马上解决。因为有些问题，不一定找一个保险公司、对接一个部门或工作人员就能解决，如果涉及系统后台，可能还要询问多个部门，或者需要多个部门同事之间互相反复沟通。如果是放到了下午或者晚上再操作投保，遇到问题，可能就会造成任务隔夜。

与时间赛跑

观察并向优秀的同事学习，同样可以激励自己每天前进。

我观察身边一些优秀的同事和主管，他们之所以能够做出优异的成绩，最主要的因素就在于个人不懈地努力，每天都和时间赛跑。虽然每个人或多或少会有一些先天因素和外部因素，但创造成绩主要依靠后天的勤奋和自律，即便是人际关系因素的加持，也不能离开个人能力而单独存在。时间对所有人都很公平，努力把握住了时间，才有可能创造好的成绩。

敬畏时间的力量，是整个金融行业的共识。在业内，一些头部企业和机构的员工，很早就会到公司，然后处理客户重要邮件，一部分员工也会尽可能地住在公司附近，这样可以节约通勤时间。

在时间管理方面，好的方式是高效、精确、易执行的。所谓：一杯咖啡能谈 3 件事。或者上午的半天时间，能安排和两位朋友见面，中午再和另外一位朋友共进午餐。优秀的同事和客户面谈时，会提前规划和告知好时间，时间快到了会说：对不起，我后面已经约好了下一位朋友。然后匆匆去赶下一场会面。

我在 2017 年刚做业务那阵，中午经常往返于西三环和东二环。在东二环匆匆交完单或办完事情，然后在楼下买一份汉堡打车就走。中午经常堵车，东西往返的时间将近 1 个小时，在车上吃完后休息一下，下午回到西三环，冲一杯咖啡继续处理后面的事情。

新人前期可以尽可能地给自己做一些压力测试，增大工作强度，在初期非常有助于个人成长。后续随着客户数量的增加、团队管理架构的形成，个人前端业务可能会有所减少，后端管理业务会逐渐增加。

检查与复盘

每天或者一周的工作结束后，应当不定期地对工作内容进行复盘和记录。查看聊天记录，确保没有工作内容的遗漏；留言或发邮件督促跟进相关保单业务流程，如客户理赔、客户需要的发票；整理相册图片或重要文件，定期删除无效内容等。

其中最重要的是准客户和保单的跟踪。要有准客户名单，备注每位客户的需求，然后间隔几天或一周，进行追问与提醒。好的业务不是等来的，也不是掉下来的，一定是自己持续追踪和主动签下来的。

自主性学习

个人学习和公司提供的早课是不同的。

除了工作，经纪人要寻找间隙时间，使自己保持足够的学习和思考。虽然每家公司都会不定期地组织管理晋升培训、业务提升培训，但为了更好地开展工作，个人往往要提前开始进行一些深度专题内容的学习。因为你不能等问题出现了，才发现自己没有做好业务或管理上的准备。

如果要划分时间重点的话，一部分时间生活，另一部分时间工作，剩下的时间就要用来学习。每个人要有意识地预留足够的读书、听课的时间。枯燥忙碌的工作容易让人感到精神和肉体双重疲劳，唯有系统的学习可以帮我们指明方向。

自我复盘：平衡与微调

中期是指持续地进行月度或者季度性工作的一段时间。月度和季度是各个公司和团队的考核抓手点，经纪人可能会定期或不定期地遇到业务与生活平衡、情绪调节、业务突破点等问题。

全面的平衡

在国际寿险营销中，有一个业内共识的百万圆桌会员（Million Dollar Round Table, MDRT）标准：健康、家庭、教育、财务、服务、事业、精神，也被称为"全人理念"（Whole Person），出自摩泰姆·阿德勒博士（Dr. Mortimer Adler）在 1962 年 MDRT 年会上的发言，并在后来逐渐成为国际寿险营销员追求的核心理念之一。

全人理念

事业：遵循伦理，在工作上努力增进生产，尽可能地吸收所有相关知识和技能，参与且贡献于产业组织或公会。

精神：遵循他／她们的信仰，过着有原则的生活，致力于灵性发展。

服务：付出时间、精力、领导才能和财务资源，自愿不求回报地反馈社区、社福机构、教育机构、政府、慈善机构和其他需要协助的单位。

健康：遵循他／她藉由学习、饮食控制、运动健身和生活嗜好，维持健全的身体和心灵，促进身心的安乐。

教育：探索新知以充实丰富生活，获取新技能使生活更有效率，并且终其一生都持续学习。

家庭：与配偶、小孩、父母亲、姊妹、兄弟还有大家庭的各个成员共度每段有意义的时光，并且努力建立分享、爱、相互尊重、与开放的关系。

财务：知道如何善用收入控制支出，享受工作的成果并且乐于与他人分享，对于创造、累积和维护资产有相当的规划，符合人生不同阶段的需求。

我们每天都需要判断如何分配时间，决定事情的先后顺序，如果过分专注于生活的某个部分可能会引起麻烦，若是忽略生活中的某些部分可能很快在短时间内会得到成功，代价却是牺牲了其他更重要的部分。

我们要学会通过时间及压力管理，来创造一个平衡而调和的生活，若能做到，将会得到充沛的精力、平和的心灵、更高的生产力以及更令人满足的成就感，也因此达成了个人成就感、财务上的保障、成熟的智能、自信、健康、友谊、互爱的家庭关系、幸福愉悦、心灵上的平和及全新的精神信仰等状态。[①]

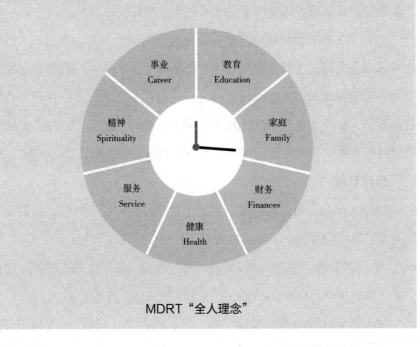

MDRT "全人理念"

生活的动力

在持续地努力工作中，要对家人生活给予充分地呵护与关照。工作和

---

① 资料来源：www.mdrt.org.tw。

生活是一门艺术，能够在工作和生活中做好平衡并不容易。家庭生活有普遍性，也有特殊性，每个人的情况有所不同，生活里都有重要事项需要去面对和解决。例如，陪伴孩子学习与成长、呵护父母的健康等。家庭关系的成长是人生的一个重要命题，我们不仅要让工作持续发展，也要让经纪人背后家庭这艘小船能同样得到稳定的发展。

如果一个人在事业中出现了问题，原因可能并不是来自工作本身。除了前面提到的健康因素，另一个因素就是家庭的生活，例如婚姻的稳定幸福、老人的健康、子女的教育与成长等。有些人在职场上一直没有很好地完成转型，或者尽快打开业务局面，或者在短暂经历了一段冲刺式前进后止步不前，背后或多或少与家庭方面存在一些关联性因素。

包括原生家庭也会有一些影响。从管理者成长来说，虽然有一些经纪人可以快速发展为主管，但原生家庭形成了一个人的深层性格，包括工作习惯、思考问题的方式。未来越往上走，深层基础越会发挥作用，所以我们会看到，有些人遇到管理问题无法解决，选择了逃避、消极应对或错误的思路和方法，背后的原因可能有来自原生家庭的影响。

情绪管理

每个人都会有自己的情绪周期。不仅仅是每周需要休息，或许每个月至少都有一小段时间，不定期地会对工作产生厌倦或者想逃离的感觉。

有一些情绪问题是外部因素造成的。例如，每年的第二季度，往往是一个业务的淡季，可能会不知不觉地影响到一些伙伴的状态。

调节情绪周期也需要借助一些工具，比如提升兴趣，可以听听音乐，或者间隙做一些自己喜欢的事情。我有时候会选择整理电脑和手机资料，因为这种工作简单易行，但是可以极大地提升个人工作成就感。有时候也会更换绿植或者调整桌面摆放，通过一些小件物品来提升工作中的艺术感。

做做加减法

要有意识地选择去做最重要的事。

因为人生最重要的事、最重要的选择，往往只有那么几件，但会深度决定个人发展的方向。每个人的时间和光阴都是宝贵的，客户的时间也是一样需要珍惜。按照工作周期来说，虽然每个人从大学毕业到退休，一般有持续 40 年的工作跨度，但很多时间一眨眼就过去了，当逐渐步入中年、老年、退休的时候，该如何回顾自己工作奋斗的这几十年？

最宝贵的就是时间以及时间背后每个人的注意力。如果没有比较集中的注意力和自控力，个人兴趣和时间会被大量消耗与分散。现在很多工具和软件，通过计算机算法极大地迎合了每个人的口味偏好，上网刷视频动辄耗费半天，长此以往，琐碎低质的内容会占据自己的时间，消耗宝贵的生命。

职场工作中也有一个"帕金森定律"：如果没有明确业务方向，日常琐碎的事情会自动填满每个人所有的时间。所以经纪人要定期给自己"清理内存"，删减"不必要的软件"，腾出宝贵的大脑"容量空间"。每年 52个自然周，看似时间很多，但划分到 12 个月的时间里就很少了，每个月再安排一些基础的工作内容，一周的时间很快就会度过。为了避免大块的时间被琐事消耗掉，我们要有意识地培养集中时间来解决重要问题的习惯，可做可不做的事情，或可以直接忽略不做。

▰ 从体制内辞职的最后动机

从大学辞职前，我在学校里拿着每个月的基本工资，没想到在外面做业务的收入一不留神已是数倍有余。

但彼时，摆在面前的是新问题：如果可以兼职做业务，既可一边拿着铁饭碗，外面还可以赚着不菲的外快，为什么还要辞职？

全部都拿着，不香么？

真正的决定因素只有两个。一个因素是当时团队已经慢慢发展起来，人数不断增加。这份工作是其中很多伙伴重要的甚至是唯一的收入来源。虽然有一些新人能力确实很薄弱，但他们的初衷都是一样的："师傅，我真的是很想做好这件事""老大，反正以后就靠你了"。

另外一个因素是，如果要花时间和精力在外兼职，那么必然会间接影响到本职工作的精力和时间，也就意味着单位办公室的同事，很多时候不得不帮忙分担一些工作。

虽然表面看起来可以上班"摸鱼"，而且我相信当下有的人能够摸得不亦乐乎，但我觉得最大的问题是，对其他同事来讲不公平。我觉得不应该是这样子。

前期为了成为一个管理者，需要不断地前进和发展，但是到了后期我意识到，如果要持续地做好一个管理者，必须要做减法而不是加法，删掉其他不必要的事情，只做最重要的事。对于那个时候的我而言，团队管理就是最重要的事，每天的业务工作做起来之后，确实也会首先处理团队的事情，自己的业务是第二位的。

当然成果也很明显，团队确实有了发展。

时间和精力全部投入什么地方，什么地方就会给你相应的回报。

温故能知新

如果经纪人感觉自己对于业务节奏把握得不是特别好，那么可以采用自我检视的方式进行。在连续几天中，每天都尽量完整地记录自己的工作内容和起止时间点，然后汇总进行检视。如果只是复盘 1~2 天，可能存在临时波动性，但连续复盘几天甚至一段时间后，自己在不同时间上的分配或对于工作轻重缓急的安排就能够一目了然。

经纪人在长期的业务工作中，每向前推进一个阶段后，不可避免地会产生自我复盘的需求。因为在做的过程中，可能逐渐会发现一些需要解决的问题，但短期还不明朗，还需要集中思考一段时间后再解决。通过对自己一阶段工作内容的审视，可以意识到自己在哪些方面存在不足以及在哪些方面存在优势。

自我审视是进入深度思考、实现智慧和自我提升的有效途径。很多时候人容易沉迷在某种业务惯性里，而忽略了思考如何更好地调整和优化，一个比较好的方式是设法跳出来，作为旁观者审视当时的自己。

自我成长：目标与方向

行业考核管理多数按照季度执行。从一个完整考核周期来说，重要事项应该优先放在第一个月内推进完成。尽早完成季度工作目标后，后续的时间可以用来深入学习和自我提升。如果把个人和团队业绩管理相关内容都压缩到每个考核周期的后面，碰到其他事情或者临时受到影响被迫推迟，那就会很麻烦。

保险行业很注重持续性管理。虽然也很看重业绩数字的最大化，但更看重持续稳健的业务经营。每天的忙碌并不只是为了冲刺、把业绩数据做好看，而且要把工作当作一场人生的马拉松来看待，这就要求把工作有机分散在每个季度、月度、每周当中有条不紊地推进。

对于业绩管理，无论个人目标是最低水平（例如新人阶段的最低业务目标）还是封顶线（最佳期望指标），都要做好时间规划、做好系统管理。

很多人在完成其中一部分工作或者一些管理事项时都没有什么问题，但是在持续的工作推进中，可能仍会不断遇到各种干扰，要做好方方面面事情的协调，并不容易。

延迟晋升带来的损失

有一位准主管，在某一个季度完成的工作量刚好略微超过某项达标线。举例来说，假设常规基本目标是一个季度 1 万元业绩，这位同事季度的工作量是 1.1 万元，按道理来说，也没什么问题，也是可以通过季度考核的。

但是事情就怕万一。这个事情寸就寸在，其中有一张保单，客户在投保后出于个人某些原因，跟家人协商之后，最终选择在犹豫期退保了。退保是客户的权利之一，这个也没有什么好说的。但在这种情况下，就直接造成了这位伙伴对应季度的业绩不达标，直接往下掉了一个层级。

考核就是这样。一旦业绩没达标，即便再补交保单，也没有办法回算到前一个季度周期了。否则公司管理算什么呢？任何企业都有严格的工作流程，业绩管理就是其中之一。

在上面这个例子里，业绩考核掉下去了，持续导致了至少几个结果:（1）当季度无法参保团体高端医疗新单（未达标）;（2）需要自己缴费补充五险一金（如果达标的话，则是公司出这部分费用）；（3）公司某项重要的荣誉体系中断（终身计算，按季度累计，中断的话，需要从0开始重新累计）；（4）直接影响到了原本这个季度自己作为主管的晋升（因为自己掉落，那么再次晋升主管需要至少先晋升1万元业绩对应的职级，持续6个月后才可以再申请下一级晋升①）；（5）虽然这位经纪人后来也很快培养出了多位主管，但这次延迟，也影响了他后续晋升总监的节奏；（6）这个延迟，横跨了一个年度结算。每年底根据所在团队业绩进行的年终分红和年度激励奖，他们也没有拿到。

只是一张单子就影响这么大，多可惜。

也许新人会觉得，是不是跟公司协商或者申请一下就可以解决了？很遗憾，公司的管理有自身的规范性，而且越成熟的公司，越会有非常明确和统一的管理标准。有些方面可以略微宽松，但有些方面一定要严格执行。

在从业道路上，我们假设一个人的正常工作周期将会持续40年左右，如果这个人是半路转型而来，那么他的工作周期至少也有20~30年。在这个里面每年经历4个季度的话，那么他就要经历80~120个考核季，每一次都是一个节点。

这场职业生涯不是短跑，而是实实在在的一场又一场的马拉松。

在这里，我们继续分享一些具有普遍性的工作原则，帮助经纪人逐步过渡成为一位优秀的团队主管。

---

① 业内人事管理规定中会有类似这样的表述：先晋升经纪人及以上职级维持6个月后，才能晋升下一个更高的职级。

远期规划

凡事都要提前做好准备。例如，在年度工作规划上，目前的保险行业，每年都会产生1~2次比较大的政策调整。我们说，常规投资要考虑周期或阶段性行情，保险业务同样也有周期行情。如传统的开门红阶段，或者产品下架停售、政策调整前夕，这些时间点需要提前关注并放到年度甚至跨年时间轴上。春风得意时，布好局；四面楚歌时，多条路。前面提到的产品下架、新人入职培训规划等，都存在类似的问题。

目前保险行业正朝着越来越规范的方向发展，监管始终强调严禁炒作停售、炒作下架，反映在保险公司业务层面上，产品的动态调整往往就在几天之内操作完毕，甚至当天通知，当天即做出调整，那么经纪人的业务就要尽量往前安排。

保险行业有一些"销售漏斗"公式，在这里分享给大家。

陈玉婷的每周3W秘诀——销售漏斗

所谓3W，即每周三单，其代表人物是台湾保险女皇陈玉婷。陈玉婷于1992年入行至今，从最初的50个名单，到现在每周至少3份新保单，在传统保险业赫赫有名，同时也是全球华人唯一3W吉尼斯世界纪录保持者。

真正做过业务的朋友，会知道每周3单的不易。我们除了看到别人成绩很好，也要思考一下3W是如何实现的。有这样一组数字可以参考：30：20：15：12：9：6：3：30。即业务员如果要实现3单，需要以下链条：首先筛选出30个名单——其中有20个优质名单——其中15位客户可以见面联系的——其中

12位真的能够见面——其中9位进行了一面需求分析——其中6位可以二面给出方案——最终3人成交，在整个链条上，要能够至少产生30个转介绍，这样才能够产生源源不断的准客户来源。

这个故事来自顾问行销第一人、原中美联泰大都会保险CEO齐莱平教授的讲述，我听了之后留下了很深的印象。

很多事情存在周期性和规律性。在教育行业中有一个准则：当接收者准备好了，给予者才会出现。但矛盾之处恰恰在于，在重大机遇到来之前，大多数人是后知后觉的。为了更好地把重要事情提前规划好，经纪人一定要未雨绸缪，提前做好充分的准备。一旦遇到合适的机会，才会有可能立刻敏锐把握住。

如果对变化没有足够的提前准备，那么经纪人可能会发现，入行一段时间后，工作中的很多方面，如客户、市场、政策、团队、公司、管理……可能随时都在发生变化，因此在保险经纪行业，要更加主动积极地拥抱变革。

在常态化工作中，要学会应对的一个关键就是变化。变化是常态，不变反而可能预示着危险的来临。面对变化，如果感觉到不适了，那说明事情变了自己还没有改变，感到不适同样可能是一种信号。类似于当代理人出现的时候，极大地促进了行业的发展，但也带来了很多隐患和问题；而经纪人的出现，改变了原先以代理人为主的营销与销售立场，再次带来了行业新的变革。

管理素养修炼

做这一行，需要做好情绪管理，需要很大的耐心，需要"没脾气"，背后是对心态的下意识调整。我们前面也反复提到过情绪管理的重要性。经纪人需要反复磨合客户的时间，了解客户的心态和情绪，自己如果带了情绪，或者先入为主地有了预设，可能就会带到工作和沟通中，影响到客户、也影响到双方对保险方案的最终确定。

这种管理或业务案例屡见不鲜，个别经纪人受到客户或者同事投诉的情况也时有发生。新人和老人可能都会出现这种问题。

另外，要留意的是，如果在开展业务过程中，自己已经意识到某种情绪的存在，那可能说明还没有完全修炼到位——因为说明经纪人还在很介意情绪的问题。只有遇到问题后完全不会触发，也没有意识到情绪的波动，才是真正的高手。

道理很简单——因为时间太宝贵了。没有办法把时间和精力浪费在毫无意义的事情上面。如果一位经纪人一年的产能在 100 万元考核标准，按照工作 50 周、每周 5 天的时间来计算，每周产能 2 万元、每天产能 0.4 万元。如果每天工作 10 小时，每个小时的产能是 400 元。

如果不开心半个小时，非但不能改善结果，反而会白白浪费了 200 元产能的机会。但如果能够汲取经验，快速调整进入下一项任务当中，之前的问题可能反而成了个人成长的加速器。

永远聚焦一线

名将出身行伍。好的主管一定是从好的经纪人成长起来的。

2019 年中，我参加了公司组织的一期主管专题培训。在培训上，小组讨论的其他同事问我："李老师，您觉得怎样才算是一个好的管理者？"因为之前也有其他同事的发言，所以我并没有着急马上回答，而是想了想，抛出了我的一个观点："我觉得一位好的管理者，一定首先是行业专家，因为只有这个管理者具备很强的专业能力的时候，当他的下属、他的组员遇到问题时，他才知道如何快速有效地指导组员去解决。"

很多时候，当组员遇到了新问题时，管理者是不可以用"片儿汤话"把问题给抹过去，或者东拉西扯讲一些有的没的糊弄过去的。即便说一些短期看似正确，或似是而非的话可以暂时混过去，但时间一长，组员就会意识到：你没有真实的能力，你不能够解决他需要解决的核心问题。

在个人业务成长当中，好的主管自身的业务应当是比较扎实的，但不一定特别优秀。因为如果这位主管本人能力就非常优秀的话，不一定有时间和有必要去培养组员。如果培养组员的时间成本远远大于他自己做业务的成本，那这位主管为什么要花时间和精力去做管理和招募呢？

业务平台贯通

一个人并不是在成功晋升为主管后，才成为真正的主管。而是在成为主管前，就具备了一定的管理能力和基础素质。类似的表述可以为：一个人并不会因为有了孩子，就瞬间成了真正的家长。虽然有了孩子，但可能与真正做好家长的能力还有很大的距离。

在能力尚浅的情况下，贸然晋升到主管位置上，有时对自己、组员甚至整个团队来说，也是一件麻烦事。所以在个人业务阶段，多一点时间沉淀和酝酿，不断打磨个人管理能力、培养管理素养，就显得尤为重要了。

管理能力的培养可以从日常工作做起，如熟悉公司全业务平台和流程的操作，以便为将来带团队打下比较全面的基础。好的管理者都是组织管理方面的杂家，比如熟悉电脑日常办公，熟悉手机系统软件、熟悉微信多线程操作、熟悉企业微信及内部各个模块操作、熟悉公司内部 App 各功能按钮以便随时出单，熟悉快速对接保险公司客服以便协助客户跟进理赔与其他问题等。

进一步说，好的管理者也是业务杂家。比如需要长期熟悉前面章节里经纪人日常业务的各个模块：重疾险、医疗险、年金险、意外险、寿险、团险、财险、责任险，以及在必要的时候，帮客户点评或鉴别其他保险或非保险类的产品。管理者保持业务的熟悉度，目的就是预备在自己组员遇到某个具体业务问题时，自己能够快速地进行辅导与帮助。

文书辅助系统

无论是业务人员还是管理者，都需要有自己成熟、习惯、顺手的笔记体系。每个垂直领域做一本笔记，要点随时备忘。个人能力取决于自身业务体系，没有好的业务习惯，不会有好的业绩体现。

应当至少每年度做一次手机、电脑、微信等聊天资料的整理和备份，并专门慎重地进行客户资料的安全云备份。虽然在平常日常工作中，随手就可以完成手机和电脑资料的整理，但每年进行全面备份是一件一定要做的事。

例如，经纪人可能会忽然发现，有某个图片文件被误删，反复查找都没有找到，在没有其他途径恢复的情况下，安全云备份就是唯一的希望。有必要的话，建议每年的云备份都不要删除。否则在经纪人生涯中，哪怕丢失一次手机、丢失一次电脑资料，影响就太大了。我从 2016 年入行到现在的微信记录里，所有客户和组员的聊天内容都没有删除，全部都做了保留。

工作留痕，既包括了电子材料如聊天记录、电子档案的存储，也包括了笔记本等纸质材料的留存。如果经纪人或准主管有良好的日常工作习惯，那么每年下来，至少会有一本工作日志。无论是客户、自己业务还是和组员辅导有关的，都会记录在上面，也是很重要的过程痕迹。

做过的事，无论大小必然都是重要的，因此都建议留下痕迹或保存好记录，便于自己回看或复盘。比如我给客户进行生日问候，会有一个清单，发送后也会修正和完善这个清单。在这个过程中，客户可能会随时反馈各种信息，就可以随手记录和更新到工作档案里。

不断挖掘细节

以前有一句话是："细节决定成败"，但这句话说得比较笼统。

首先，在销售当中，能够打动客户的，并不取决于人人都会说或者转发同样的海报、内容、产品责任或条款，这些只是业务基本功。如果大家都做一样的业务动作，那么客户为什么要选择你呢？能够打动别人的，是经纪人在各个方面尽可能带给客户的与众不同的感受。也就是：同样一件事情，别人发现不了的，你能发现；别人说不到的地方，你能说出；别人理解不了的，你能讲通。其中除了有业务上的细节，也需要经纪人有自己个性化的东西。这种个性化的东西，可以是自己的内在性格，可以是自己的语言魅力，可以是自己的业务风格，也可以是自己的其他业务优势。经纪人鼓励多元包容，不强制统一某些行为或标准。如果能够在日常工作当中，有机地融入工作细节，并且和经纪业务共性东西结合在一起，那么在这个领域当中就肯定能够找到因同频或同好而来的那一部分客户。

反过来，个人强烈的风格，也会催动经纪人不断开拓和提升自己的业务领域。人如果没有一些细节上的特色，很难给别人留下深刻印象。所以很多经纪人会有意识地带给客户一种自身独有的专业感受，会和客户开诚布公地讨论、交流对于某个产品的看法和理解，注重带给客户真正的价值，而并不一味侧重成交，这一点是和传统业务人员完全不同的风格。

其次，从管理上说，管理是为了解决问题、提升效率、规避风险，从而实现个人和组织更好的发展。好的管理旨在解决具体问题，而不空流于管理形式，所以管理同样要有从细节中发现问题、解决问题的创造性思维与能力。

其中就蕴含着身为资深经纪人、准主管的责任意识。责任意识不是指一味地被动承担责任，而是要有主人翁的意识，在日常工作中，能够对自己和伙伴、客户的事情同等上心。日常见缝插针地不断输出和创造价值，发现工作问题后，无论是否与自己有关，都能够第一时间介入、协助处理或提醒。

心理学里有一个墨菲定律①，简单来说就是"凡所担心的事情，最终将会发生"，在保险行业里也是一样，如果一个人在这个行业从事的时间足够久的话，迟早会遇到所有经纪人都可能遇到的问题。包括当这位经纪人开始招募后，这位经纪人自己的组员，也会遇到所有组员都会遇到的问题。遇到问题只是时间早晚，而如何应对和处理问题，则体现着业务和管理水平的巨大差异。

带团队和横向领导

建立属于你自己的团队

团队建设是经纪人在成长过程中，不可避免遇到的一个环节。团队化发展，本质上是管理能力提升的一种体现，管理能力提升后，同时也会带动团队继续成长与壮大，两者相辅相成。如果一个人没有基础管理能力，

---

① 1949 年，美国工程师爱德华·墨菲（Edward A. Murphy）提出，如果有两种或两种以上的方式去做某件事情，而其中一种方式将导致灾难，则必定有人会做出这种选择。由此人们概括为，担心的事情终究将会发生。

业务能力也不扎实，那么即便有发展团队的意向，真正的团队管理和发展也会无从谈起。放眼望去，行业内有过雄心壮志的人不在少数，但其中也有不少人流于平平、长期发展不起来；有才华的人比比皆是，但也有在各自职业发展轨道中始终停留在个人业务阶段，团队招募与管理长期没有起色。团队建设与管理发展，充满了一定的艺术性与不确定性。

不过，团队建设也并不是经纪人唯一需要关注的工作。在经纪人体系当中，常年专注于个人业务、不侧重团队发展的大有人在。翻开业务人员排名清单，我们会发现，不少人入职年限早、资历久、长期侧重于个人业务，同样做得非常杰出，专业垂直度高、个人品牌形象好。在个人成长过程中，是否发展为大团队长，因人而异。小而美一样可以做得很精彩。

一些人选择发展团队主要是出于以下几种常见的原因，如：有了管理津贴和组织津贴，个人收入能得到一定的提高；个人长期单打独斗，有了一群小伙伴后，大家不孤单；或者在从业过程中，有其他朋友主动询问加入，自己被动成了团队主管；等等。

从管理学角度来说，经纪人长期单打独斗、专注个人发展的一个主要问题就是：虽然短期凭一己之力可以取得比较好的成绩，但是这种个人模式可能不太具备持久性。在遭遇到比较大的外部风险，或者自身出现某些调整的时候，很难和风险进行有效的抗衡。例如，在生病的情况下，个人收入可能会出现断档；或者临时忙碌其他事情，会导致对客户服务的疏忽；或者反过来，客户和业务忙碌后，个人分身乏术，无法更好地兼顾家庭、子女、生活；等等。

所以我一直有一个观点：在长期发展过程中，能够对冲风险（包括个人和团体可能遭遇的风险）的办法只有管理。因为行业风险往往具备普遍性的特点，所以把志同道合的大家集合在一起，能够更好地攥成一个拳头，为了共同的目标和理想"抱团"前进。

因此团队建设与管理发展，可以理解为是一种"抱团"的战术。聚集有识之士，共同开创一些有前景的事业，何乐而不为。大家联合在一起，互相取暖、互相借力、互相提升。单雁难飞，孤掌难鸣，和优秀的人同行，可以获得更加长远的发展动力。反观一个人若长期自我发展，容易观念僵化，闭门造车，甚至会慢慢与社会脱节。

只有在好的团队管理平台上，个人能力才有可能获得数倍的发展。团队发展后，可以更好地保障新加入伙伴和老员工的权益，业务品质得到提升，最终为客户提供更好的服务。同时，我们作为团队主管，也可以更好地掌握全局信息，拿到更多的发展动态、政策和资源，更好地实现对团队每个人的支持。

保险经纪团队的管理和发展，主要取决于四个要素，也是四个逻辑前提。当下多元化的市场开放性和灵活性仍然很强，产品体系庞杂且对专业要求高，始终充满差异化机会；相对保守或封闭的合伙管理模式，有一定的凝聚力，但未来可开发的空间还很大；在人才内在动力的影响下，借鉴现代化的管理方法，能够有效地促进组织快速提升；外部大环境下人口、政策等因素的影响，也在持续推动保险经纪行业，在动态平衡中稳健发展。

内外部各种因素，推动了管理实践在这个行业的不断成熟。

（1）不断成长的行业特质

保险产品作为一种特殊的商品，始终会伴随着使用者和市场的变化而变化。从来不存在某一个永远固定不变的产品或条款、费率。和跷跷板一样，永远需要立足于当下、紧贴市场、满足不同客户的需要。

时变时新是这个行业的最大特色。无论是保险还是保险经纪，虽然在国内正式发展的时间并不长，但已经快速对接和引进了国际发展的先进经验，以及普适性的各类保险产品。现在的保险行业，不仅有面向消费者的个人业务，面向企业的对公业务，也在寿险、财险、车险等不同的领域不断细分。加上作为金融行业分支之一，也是各方面行政管理机构重点关注的领域，所以经常会受到整个行业政策调整的影响，也会受到对其中某一类产品，或某一些公司的产品做出调整的影响。

早期保险行业的团队管理，更像是单纯增加人数的"保险团体"，只是通过不断招募扩大了规模，而没有真正实现"管理水平"的提升。随着市场环境的变化、自由竞争氛围的形成，无论是代理人还是经纪人，在这种灵活多变的市场面前，很难一个人解决所有问题。只有团队管理可以有效应对市场多样化需求带来的各种挑战。团队管理模式的升级，不仅可以应对个体的职业发展危机，更重要的是可以应对多样化的客户需求，为客户创造长期服务价值，以及打造独一无二的组织与企业文化、品牌竞争力。

相比较传统组织和团队，变动的市场对于新团队和新机构显然更为有利。因为新团队和新机构可以探索、尝试的机会更多，不用担心战略或战术调整的成本。所以这也是营销行业当中的一条暗线：头部企业为了巩固自身地位，会不断制定和强化规定；而中小企业为了争取更多的生存机会，会不断地挑战和打破规则，或者干脆寻找没有规则的市场发展。

所以总的来说，保险经纪行业目前这种持续变化的趋势，非常适合具有后发优势的人才成长，暂时具有先发优势的老人，则很难保持自己的绝对地位。营销界里也一直有一句老话，源自杜甫的《佳人》："但见新人笑，哪闻旧人哭？"

虽然变动中会孕育很多机遇，但在一定范围内的稳定也比较重要。因为要持续地为客户提供长达几十年以上的保障服务，所以要通过变化来刺激发展，但也要通过稳定来巩固发展。在当前行业里，1~2 年内尚不会有太多明显的变化，所以会为新人或新团队、新公司提供生息的契机，提供一个又一个的窗口期。只要公司能提供一定相对稳定的发展架构，加上一些外部因素，个人就有可能快速构建起一支属于自己的团队并不断发展壮大。如前文所述，实现"三年一小成，五年一大成"。

在这个过程中，公司管理层在战略上维持好各方面的平衡关系，是比较难的。我们时常听说，业内一些新创公司或互联网平台，在短期大家还没站稳脚跟时，就不断调整如基本法、产品策略、公司营销战略等内容，这些重要事项的反复调整，可能会影响到人才持续发展的信心。

组织的一切管理都是为了能持续地获得客户的信任与支持。这个行业里，既看专业技能，也看实践经验，人才培养需要一定的时间和周期。如果一家公司的管理模式过于频繁，人才失去了信心，那么就很难安心扎根下来，为客户提供持续终身的服务。

一家公司多久能建立起业务的稳定性？

2019年底，所有人完成了年末的业绩冲刺，我的团队在那一年大概做了900万元业绩，工作告一段落的那天，和其他几位总监在一起交流。

其间，有一位总监聊起，有其他电商平台曾经邀约她过去参观交流。虽然说是参观交流，其实就是间接挖角。这位总监也很熟谙人情，喊了另外一位电商经验丰富的同事一起过去，也让自己人一起看看对方的实力和情况。去了之后，大家一起东看看、西看看，然后讨论交流了一番，最后发现，其实也就是那样。对方作为电商平台，虽有自己的想法，但存在新平台经验不足的各种问题。

聊到最后，这位总监有一个感叹，在国内的保险经纪公司，如果没有至少 10 年的市场经验，很难说真正站稳了脚跟。即便像我们这样的头部企业，在过往也曾经有很危急的情况，几乎濒临解散破产，如今存活了下来，本身就是实力的一种体现。风险是企业管理发展最好的试金石。但综观国内大大小小的中介平台，未来能持续做下去的会有多少就要拭目以待了。

本书撰写过程中，正值 2022 年《关于印发保险中介机构"多散乱"问题整治工作方案的通知》发布，在连续几年开展行业问题整治的基础上，更是要求有序出清无法正常经营的保险中介机构。一要清理、清退"无人员、无场所、无业务"的保险中介机构；二要清退不符合现行监管要求的保险中介机构；三要清理对分支机构管控失序、存在"加盟""挂靠"等行为的法人保险中介机构，并清退相关分支机构。同时，严肃整治虚挂中介业务、虚列费用等违法违规行为，打击通道过单业务。

在监管的大力整顿下，持续全面防范经营风险，强化机构规范运营，将进一步推动中介市场的高质量发展。

（2）合伙模式的管理红利

保险行业有几种不同的人才及业务管理模式。如员工制、代理人制、经纪人制以及近年出现的独立代理人制，或仍在不断探索中的 MGA 模式。管理模式没有绝对的好与坏，不同的模式都有其一定的合理性，所以在当下仍可以并存，以适应不同的市场和业务需要。

保险行业长期依赖业务员自身能力，也对人员管理提出了重大考验。这种管理早先体现在高绩效、高薪酬待遇上，但随着年轻一代业务员的成长，不断朝高自由度、高归属感方向延伸。为让个人的付出与回报都得到最大化的实现，业内对于合伙人模式越发关注和强调，包括近年来出现的"独立代理人"，也是这种思路下的积极尝试和探索。

目前国内经纪行业以合伙人管理模式为主。合伙人模式能够有效地降低组织经营成本、释放个人潜能，体现在薪酬待遇上就是无底薪、高提成模式，注重最大化自由管理模式，业务核心高度取决于个人能力。人事管理模式因而就不可能是强制性的，以合伙人模式为主的经纪人管理方式，是各个公司主动的选择，也是多次摸爬滚打后的客观必然。

保险行业的合伙人模式有几个关键因素：高度授权（放权），经纪人在自己业务领域内完全自主开展业务，包括自我学习和自我提升；提供资源，包括所需要的各种软硬件条件，企业利润向一线倾斜；责任共担，对于企业发展，双方同样承担不同角色的责任，企业内勤承担内部管理和协调责任，经纪人外勤承担发展和创收责任；信息共享，促进让经纪人站在企业经营的角度来思考问题，同时企业管理者也站在市场角度不断思考如何帮助一线业务的发展。

但合伙人模式叠加保险行业特殊的家族制、血缘制之后，会产生一些微妙的变化。在现代企业中，如果完全依靠类似家族制的管理方式，那么初期可能会很有成效，但后期会遇到一些关键挑战：业务标准很难统一。业务标准的不统一，会直接造成产品质量不同，体现为给客户提供的服务存在巨大差异且很难一致化管理。这种差异不是有形和表面的，而是无形和内在的。这种内在差异，会在后期随着市场的发展，产生进一步变化。例如，如果市场规模增大，那么业务品质中次品率可能上升；如果市场规模不变或者缩小，那么业务品质可能没有明显的变化，但组织可能宁愿继续维持现状，而缺乏对内在管理模式升级的动力。

产品质量不同，还体现在件均产品投入成本不同。同样一张 1 万元业绩的保单，不同业务人员的成本、方法、思路恐怕都是完全不同的。

从目前来看，家族合伙制和保险合伙制，仍然是一种相对保守的管理模式，需要依靠管理体系来加强营销员队伍的建设与发展。这项政策在未来可能会进行一些细节上的微调，以便适应时代或环境的要求，但短期还不会有大的改变。

所以在这种变与不变之间，存在发展机遇与发展红利。尽管未来随着整个社会需求的进一步发展，保险行业可能会继续迎来一些重大变革，包括人才培养模式、业务合作模式、薪酬计算体系等的变革。但当下的阶段，仍然很适合非保险业的人才转型进入，非保险行业人才有可能具备原先行业的丰富的管理经验或业务经验，转型到保险领域后，可以把之前经验的作用发挥到最大，为这个行业带来根本性的变革。有句话说得很好：打败你的不是同行，而是外来者。

跨界会带来新鲜血液和创新思维，这也是经纪人行业最大魅力所在。以一些完全不同于传统保险销售的方式传播保险知识，选择最佳保险方案。在这个过程中，有一些跨界过来的高手，他们在之前的公司或者单位中就具有丰富的业务领导能力和管理能力，并且有很好的人脉加持，转型之后，基本上就可以快速构建自己的事业格局。

（3）团队体系的自发生成

就团队建设问题而言，第三个要素取决于管理者本身，也就是主管本身的想法、动机、能力，包括兴趣等因素，会成为影响团队发展的内在关键。

虽然整个保险行业仍然沿袭相对传统的管理模式，探索出了一条适合自己的发展道路，但其内在的血缘制和家族制，仍然还是相对保守的一种管理模式，包括代理人或经纪人。需要注意的是，保守并不是一种负面的评价。保守主义，完全是有可能适合长期稳健发展的一种生存哲学，而一味贸然追求创新，可能会倒在成功的黎明前。

如果用一个形象的比喻来形容当下保险行业的话，有些像是改革开放后的中国市场，传统基础积累了大量的资源，充满发展机遇。保险经纪行业在这个方面发展得可能会更快一些，所以这几年也积累了一定的先发优势，典型的就是 2013 年开始的市场化费改，叠加 2015 年放宽资格证考试，为一批批新入行后来者提供了快速成长的可能性。

每个人可能都想尝试构建组织发展模式，每个人也可能会有不少雄心壮志，但有较强的管理和领导能力的人却并不多见。我们在前面列举了一些管理的场景和在团队发展中一些可能遇到的问题。那到底什么是管理？如果用经典的一个定义来解释，就是一个人带领一群人，为了实现一些目标，使用工具和方法，去高效完成这个目标的过程。

从中我们会拆解出几个要素：一个人（管理者）、一群人（合伙人）、目标、工具、方法。从本书最开始的案例来说，我们能够从一个人拓展为目前超过 600 人的体系，一个基本的出发点就是团队创始人自身的思路与风格。创始人自己首先必须渴求成长、渴求发展，并且具备一定的管理素养，并愿意持续地分享与带动，只有这样才会逐渐吸引一些人关注、了解和加入。其次也要有一定的冒险精神，能够不断探索未知领域，并能够将各种优秀人才凝聚到一起，共同投身一个充满不确定性的行业。

时代终究还是更鼓励尝鲜者和开创者。很多时候本没有路，无非是靠人摸索着往前走，走着走着也就走成了路。通过持续招募，选择一起共事的同事，构建起属于自己的小团队，开始进行日常管理，搭建培训体系，不断扩大团队，并不断提升团队自身的核心竞争力。好的管理者就是能够自己先蹚出一条路，然后带着更多的人一起开辟一个属于大家的方向。

（4）外部因素的带动变革

社会人才每年的发展变化趋势、国家出台的一个又一个政策等，都是间接推动保险经纪市场发展的客观因素。吸引人才是所有组织发展的最低标准，而不是最高标准。对内来说，没有优秀的业务人才支撑，组织将慢慢失去新鲜血液，希望之花会慢慢枯萎；对外来看，没有人才的不断成长，也就意味着没有办法吸引优质客群，没有客户，最终也就没有市场。

能否吸引人才源源不断地集聚到这个行业，决定了这个行业未来的生存和发展。如果没有这种发展趋势，就算有更好的产品、团队、管理模式，也都会慢慢消亡。我们常说，打败市场中一方的不是同行，而是外来者；在这里我们要进一步看到，打败所有人的不是某个人，而是某种趋势。人才、政策、行业等因素都促成了一波又一波趋势的形成。因为趋势规律的客观存在，我们需要具有充分的全局视野，不能局限于一城一池的得失，需要了解全局，从不同角度入手推动组织的建设与发展。

虽然人口整体是一个下行趋势，但下行趋势中仍然会有发展机遇。2021 年 5 月，国家发布了全国人口第七次普查结果：全国 14.1178 亿人口，相比于 2010 年第六次普查的数据增加了 7206 万人，东部人口继续增长，中部和东北地区有所下降，西部地区有所增长，人口向经济发达区域和城市群进一步集聚。所以未来保险经纪市场必然还将围绕一、二线城市展开，但是也会趋于从各新兴发达区域核心城市当中产生新的增长点。

在"七普"数据中，14 岁以下人口为 2.53 亿人，占 17.92%；15~59 岁人口为 8.94 亿人，占 63.3%；60 岁及以上人口为 2.64 亿人，占 18.70%。其中，65 岁及以上人口为 1.9 亿人，占 13.46%。与 2010 年相比，14 岁以下人口的比重上升了 1.35 个百分点，15~59 岁下降了 6.79 个百分点，60 岁及以上人口的比重直接上升了 5.44 个百分点。我国少儿人口比重略微回升，说明生育政策调整开始看到成效。同时，人口老龄化程度进一步加深，未来一段时期人口长期均衡发展的压力会不断加大。

从宏观情况来看，趋势发展背后的不均衡现象如老龄化或少子化，将会持续地催生潜在保险需求；而趋势反映的人口发展方向，如新兴城市的崛起，意味着不断会有适合从事保险行业的优秀人才出现。国内保险经纪市场格局基本稳定，但局部热点依然层出不穷。

∥ 2021 年，多个省份 GDP 总量跨上新台阶 [①]

广东是名副其实的 GDP 大省。2021 年，广东省 GDP 总量达到 12.44 万亿元，成为全国首个也是唯一 GDP 跨上 12 万亿元台阶的省份，连续 33 年居全国第一。江苏省 2021 年实现 GDP 总量 11.64 万亿元，山东省为 8.31 万亿元，浙江省为 7.35 万亿元，河南省为 5.89 万亿元。

∥ 2022 年第一季度 GDP 排名出炉

从 GDP 总量上看，经济头部省份地位仍难以撼动。广东、江苏、山东三省份稳居前三，2022 年第一季度 GDP 依次为 28498.79 亿元、27859 亿元和 19926.8 亿元。浙江、河南、四川依旧紧随其后，名次稳定在全国第 4~6 名位置。

[①] 《31 个省区市 2021 年 GDP 数据陆续出炉——各地 GDP "年报" 新意足》，《人民日报》（海外版），http://news.cctv.com。

从近年的发展数据来看，未来如北、上、广、深、成、渝等城市，仍然会是保险经纪业务开展的大型市场，但其中不平衡的情况可能增加。经过一段时间后，发展速度快、经济增速强的省份或地区，或会产生更多的市场空间和职业发展机遇。

带团队的 12 个面向

团队管理的发展从开始建设的第一天起，可能会持续很长一段时间，其中会涉及的管理要素大致为常规运营、新人招募、新人培训、财务管理、团建活动、激励方案、助理招募、物资管理、产品储备、业务培训、例会研讨、团队品宣等 12 项。下面这部分，会侧重以 1~3 年发展阶段的新建团队为基准、围绕主管在其中具体将要发挥的职能展开。

（1）常规运营

合伙人模式下的团队管理，首要之事就是持续运营，需要像开火车一样，维系日复一日的循环运转。更典型的还有玻璃厂，生产线一旦运转起来了，就不可以停下来。因为停下来，原料冷却在设备内，可能导致设备报废或造成巨大的经济损失，所以玻璃行业也有一句话：哪怕没有一张订单，玻璃厂也必须要全年 365 天运营。

从团队管理来说，起步虽然不易，但只要每天都循环运转起来了，管理才会越发像模像样。比如管理职能当中，对重要信息的上传下达，团队内沟通的无缝衔接，都可以保证团队内信息通畅，稳固人心。每天的重要通知、产品动态、业界信息分享与传递，都属于日常管理当中的一部分。每一件事都很简单，但也很基础，需要有意识地长期做、每一天做，慢慢就会看到管理成效一点点显现。越是成熟的团队或组织，其重要信息或文书系统的上传下达越是准确和及时。

一个准主管在成长过程中，必须要有一种管理感觉，能够知道一个常态化的营销组织是如何运行的，具体到每天、每周包括每个月度、季度到底是怎样度过的。准主管在管理中，需要多观察其他团队长，自己也要有意识地进行管理能力的训练以及对管理知识和理论的学习。

如果没有这种管理的感觉，就匆忙开始招人带队伍的话，管理能力提升的难度会比较大，因为前期不仅要做个人业务，也需要投入大量时间进行管理，短期容易顾此失彼，看不到成果，这既可能耽误自己，也有可能耽误组员，或者在管理上总是感觉磕磕绊绊的，解决不了问题，也难以推进团队有效提升。

在具备常规运行的思路后，就可以在工作中根据实际情况进行把握和调整，慢慢就会有一种节奏感。

常规运营是所有工作的基础，是楼层可以搭建起来的地基。做好管理工作需要很强的抗压能力以及多元化的工作技能。从常规运营出发，后续可以找机会，延伸发展不同方面的管理能力，也就是管理者的特长，这一点不仅对于主管本人，在每位成员身上也都有可能出现，如有的人更擅长组织活动，有的人更擅长全国招募，有的人更擅长后期制作等。

一般到这个阶段，团队长本人需要持续发展和建设 2 年左右。

大家共同成长，能力逐渐显露后，慢慢会出现个人的天花板，会限制个人能力的提升。虽然我们都相信，一个人在踏入工作阶段后，可以不断学习新的技能、新的知识，但大多数时候，学习可以积累知识，但很难真正创造质变。突破能力的瓶颈需要内外部因素和各种契机。成年后，每个人的心智基本上已经成熟，发现问题、思考问题、解决问题的基本模式已经确定。虽然在常规管理中，我们希望每一位年轻主管都能够熟悉、了解管理方法，能够帮助提高组员的业务能力，包括自我能力提升。但现实当中的情况是，大多数人很难被短期提升或者被改变。

对于这种情况，团队主管要有一定的心理准备。因为管理意味着前期要投入大量沉没成本，意味着会反复遇到一些问题，短期内可能看不到成效，必须决定是要继续坚持下去，还是干脆放弃。管理没有中间形态。

（2）新人招募

新人招募也是每个团队持续要做的事情。一直以来有两种不同的声音，一种声音认为，要主动招募、制定标准、严格筛选；另一种声音是鼓励加入、自由选择、不设门槛。这两种模式都有可操作性，同时也会分别流失另外一部分群体。在管理和招募方法上，没有完美的招募可以把所有人都"一网打尽"，鱼和熊掌不可兼得。只能在这个过程中，有意或无意地选择偏左（严格）或者偏右（宽松）的招募和筛选方法。

首先，如果要坚持严格筛选，那么需要相对全面地了解个人信息、家庭背景、学业与工作经历，然后从中遴选优质的新人，进行若干次面谈后，最终确定入职意向、走正式的入职和培训流程。这种偏传统的招募流程，也符合保险经纪行业自身行业特点，在业内，针对这种做法也有一个词——"优增优育"，这种操作方式也一直比较有管理受众。

随着团队的发展，原先开放式招募后续所遇到各种问题，可能会反过来从侧面说明"优增优育"思路和模式的正确性。这种方式只是生存者法则的反向证明，即幸存者偏差，其操作合理性并不绝对，并不是所有年轻主管在所有的情况下都适用，包括在组织发展的不同阶段也不一定能够完全照搬。

在早期建立团队时，主管尚且年轻没有太多经验，如何能够把握好新人招募的标准和分寸呢？

管理需要有很高的灵活性。准主管面试新人的过程中，需要根据自身情况随机应变。从我们的实际角度来看，上一级的管理者（总监），至少可以分别建议下面的不同团队各自采用不同的招募思路，以避免互相竞争。而且在公开场合，针对不同情况，去进一步点评或辅导不同团队的招募。在实际管理情景中，因为目前体系里所辖团队数量已经超过了 20 支，所以没有再进行刻意的引导。但如果目前是一个初创型团队，那么可能会针对不同团队内的不同主管，给出一些不同的发展建议。

从不同的招募方式来说，自由招募的方式也会在一些团队尤其是中小团队中发挥明显的效果。因为如果持续坚持优增优育、严格遴选，虽然看起来在一定程度上可以保证团队招募人员的品质，但最大的问题并不在于新人基数增长慢，而在于没有办法让新主管尽快地得到锻炼和提升。如果一位新主管或者准主管，大量时间都花费在优增优育、反向筛选和招募上，或许这位新主管的管理经验，会长期停滞在队伍发展的早期。

从管理本质上来说，不是知识而是一种能力，需要通过一个合适的环境去反复锻炼和提升。优增优育有利于团队和业务品质提升，但可能不利于团队主管个人能力全面成长。长期缺乏大的管理视野锻炼出来的主管，成长想象力有限，一直以来也是保险行业当中的问题之一。所以，无论是严格或宽松的招募标准，在实际业务过程中，跟着管理者的感觉去做就可以。

进一步说，宽松标准招募的新人，虽然看起来条件可能差一些，但也许只是初期保险业务能力薄弱，其本人或许是一个厚积薄发型的"长跑选手"。如果持续地给予发展养分，在一个开放、包容的过程中招募的新人，后续发展或许能给大家带来更多惊喜。

团队早期的一次伙伴招募情景

业内一直有一种声音，认为兼职或者宽松招募是行业在团队管理方面产生问题的根源之一，尤其是对兼职人员向来不做好评，认为兼职人员长期发展存在不确定性，牵扯了主管和伙伴们的大量时间和精力，并且间接降低了团队管理品质。

我在 2016 年末首次开始招募的时候，并没有思考太多，也没有考虑到是否要有特别的遴选标准，只是因为自己高度认同这个行业、认可文化价值观、认可业务发展模式，所以发了一篇文章后，吸引了伙伴的加入。那个时候我考虑的是，如果能吸引其他伙伴一同加入，那真的是一件很棒的事情。这也完全是发自内心的真实感受。

现在来看，我觉得专注于当下事情本身、专注于非功利的管理使命感，比看到背后的利益因素更为重要。

2016 年 12 月，有一位找我咨询的组员，他当时还在上海工作，看到我在网上发的关于保险经纪人的评论文章，心情激动不已，按照我在文章里留的联系方式，找到了我。

我到现在都记得，打电话的时候是一个中午。我当时正走在一个狭长的小路上赶着去食堂吃饭。走的过程中突然接到了一条信息，加了微信之后，就很快通了电话。12 月北京室外已经比较冷了，但我还是在餐厅门外站着连续打了半个多小时电话，沟通了这个行业的基本情况、业务模式等。

电话中，他表示需要先回老家处理完家里的一些事情。过了年后，等他处理了在原公司的一些交接工作之后，很快就加入了我们。

现在回想来看，那个时候的我，显然没有什么营销团队管理经验。而新人在那个时候，也没有什么很强的专业和背景基础：大专学历、某寿险公司代理人，彼此都在摸索，但是因为双方达成了共识，所以大家都可以沿着这个专业方向一起去努力，加入团队后，大家一起成长。

这样的场景，在后来一段时间我的很多新人招募入职过程中，都反复出现。能持续这样去做，也是源于我个人的一些成长理念，如"教学相长"、"有教无类"或者"因材施教"等。之前从事教学工作的经验带给我很深的烙印，在教师的观念里，自己和学生本身就存在一种专业共生的关系。

何谓教学相长？就是教师在教授学生的过程中，双方的知识体系和能力都在不断地完善和提高，这种情况在年轻教师身上尤为明显，比如以前会有一些教师，大学刚毕业就开始担任班主任工作，这个时候，这位班主任的教学经验肯定是不那么丰富的，但是他所带出来的这一批学生，往往是感情最深的。

大家在这个过程中，除了实现彼此想要的目标：教师把它当作一个职业和事业，学生在这里面学到了自己的专业知识或找到人生方向，更实现了人生最重要的一个目标：双方互相激励和成长。教师不断督导、激发学生的学习和前进动力，而学生提出的问题也会成为促进教师前进的因素。而"有教无类""因材施教"等亦复如是。

所以，评判一个好的工作关系的标准可能不是收入高低、环境待遇如何，而是是否具有成长性。回过头来说，从前面那一位新人的加入开始，后面又有陆续多位伙伴的加入，我和他们沟通与交流的方式也很灵活，倾向于从一种发展的眼光来看待当时的保险经纪行业，一同规划职业未来，努力争取合作。我内心始终认为，这种业务方向和管理模式有着很好的发展前景，是一个可以长期从事的事业，所以在持续招募中，也一直有很大的热情，鼓励"英雄不问出处"。2017年、2018年连续两年，我个人招募的人数都将近40位，构成了营业部体系早期的基本班底。其中很多直到陆续加入后，我查看详细履历，才发现当中不乏海归、名校高才生以及在北京、成都、上海、广东、深圳等地曾具有相当工作经验的专业人士。

任何的招募考核标准都是参考，但关键还是在于能否快速发展。如果发展不起来，再好的标准也是白瞎。那个时候的我们，确实是"摸着石头过河"，大家先聚在一起，一起把这个事做起来再说。现在业内有一些年轻主管，看到了竞争因素的加剧，可能会对招募存在畏惧，总是担心自己还没有做好充足的储备，或还没有想好是否要按照"业务＋管理"双轨方式发展。虽然可以持续考虑，但任何事情永远不会有完全做好准备的那一天，持续地等待会错过很多机会。万一在这个过程中漏招了一个绩优高手或者管理达人呢？

招募需要考虑的十项要素

• 要"精"不要"多"。"针对性"招募"优才"优于"撒网式"到处"捞人"。

•"找感觉"，注重前期共识与情报铺垫、基本的认知与职业感的引导。

• 相识与寒暄"闻味道"，切入主题或建立联系后，对不同候选人节奏感的把握。

- 引荐人对公司、团队和自己适当的介绍以及对其他公司、团队或业务员客观的评价，"讲实话"。

- 了解候选人的家庭与过往情况、自我期许与规划，职业上要"有想法"。

- 双方探讨经纪人职业赛道对候选人内在诉求的解决，"做预演"。

- "真感情"。入职前或入职后，都持续关注、跟进与沟通。唯有真心换真心。

- 要有一定"专业性"。引荐人结合成长体系进行辅导，并能协助解决关键问题。

- 彼此的承诺与计划，并落实到发展过程中。只有时间与耐心能换来双方的"成长感"。

- 坚持持续招募，随时关注各种"可能性"。永远期待有更好，并能从他人成长中收获乐趣。

（3）新人培训

新人培训也属于时变时新的内容。大约 5 年前，我们在公司层面给入职新人提供的是一个为期一周的完整课程。一周连续 5 天上课，涵盖对基础概念的系统性讲解。比如人身保险范畴的重疾险、医疗险、意外险、寿险、年金险的基本逻辑，也会涉及一些财产险、责任险方面的课程；有新人和绩优主管的现身说法，回顾自己当初的从业之路和业务发展经历；也有直接的关于销售技巧、销售策略的课程。

在一周授课结束后，还需要持续两周的衔接培训课程，涵盖具体的热销产品，讲细讲透。算下来，新人需要用一个月的时间完成入职环节的培训。一个月左右的时间，基本上可以了解经纪人理念、产品结构、销售逻辑等各方面的基础概念。但这种长周期、大密度的培训，对于培训管理投入的时间和成本要求很高，尤其对于主讲教师备课时间成本也很高。如果用 5 年 30% 的留存率数据来假设，那就意味着最终会有 70% 的管理成本（在一位新人从入职到离职的整个链条中，而不仅仅是新人培训第一年）最终成为沉没成本。

所以从 2~3 年前开始，调整了培训内容。将知识性课程以在线自学的方式完成；将营销经验与技巧类的以课程面授的方式进行。再根据新人招募的速度，适当地增加或减少新班开设频率。把对新人的管理下放到一线，由引荐人和各个团队来完成。公司培训层面可以更好地做一些系统规划与课程建设、课程研发方面的工作。

新人入职环节常见的培训内容

- 开班开训与公司介绍
- 保险经纪人成长案例分享
- 保险基本知识、常见险种分类与热销产品
- 保险营销技巧、投保与理赔案例
- 人员基本管理办法
- 公司行政管理体系介绍

……

从新人培训开始，就进入自主性学习的过程。自主性也贯穿整个新人成长过程的始末，这个行业内所有的学习，都类似于大学的选修课，需要有比较强的自觉主动性。

为了更好地促进新人的成长与进行辅导，增强学习和业务氛围，在各个团队中也会不定期开设新人陪跑训练营、新人成长训练营，人数以20~30人居多。在各团队组织的新人训练营中，讲师都是各团队体系内的资深经纪人或主管，讲授的内容也会更细一些，包括最新的营销投保案例、最新类型的方案设计与规划等。

新人在这个阶段，虽然持续进行了一段时间深入学习，但个人能力仍然比较弱。比如对不同产品的比较、对市场格局的理解、对经纪人和自我定位的认知等，还在逐渐深入的过程中。大多数新人会先尝试着结合自身家庭状况来设计自己和家人的保险方案。也有少部分新人，在之前就有提前周知身边亲友的情况下，能够直接开始给朋友或者客户设计方案。初期客户资源尽量丰富一些，有助于新人在行业内站稳脚跟。

衡量新人培训和成长效果的好坏，主要取决于结果，也就是要有针对性地看是否能有效帮助新人提升个人业绩。最典型的方式就是在每个阶段的新人培训结束后，看一下当期新人在各个季度和月度的业绩表现，这项复盘工作可以每年不定期地进行。

（4）财务管理

团队在发展过程当中，离不开对现金流的管理。麻雀虽小，五脏俱全，和团队管理、团队建设相关的财务工作主要涉及聚餐、会议、培训、交流、团建、旅游等。

无论大小团队，每个月或季度都会产生和团队建设相关的一些费用。这些费用支出初期随机性比较强，一般是一边做一边看效果。但随着团队发展，对每年花多少钱、什么时候花、怎么花应当有一个合理地统计和归纳，并定期通过检视来判断当前业务的实际开展效果。

财务管理的重要性不亚于常规的行政运营。好的财务管理能够从分散在全年的财务收支状况，推算出团队的业务重心，并且提出战略建议，指引团队业务新的方向。办公、交通、餐费、设备购置、人员工资等各项，是否存在某项过多、其他项过少？与当前的业务重心是否符合？下一步重点支持或削减的内容有哪些等，这里会涉及全面预算的问题。

财务管理有自身的完整性。一个项目的设立、预算规划、活动开展、档案归拢、票据报销是一个完整的工作链，年初要对全年的工作、将要开展的团队建设活动进行立项和预算，确定到底要做哪些事、要花哪些钱、怎么去规划和开支。年中执行后，年末要检查有哪些问题、下一年度如何调整和更好地规划。

营销团队的财务管理同时存在一定的波动性，无法做到传统企业的精确和严谨，仍然带有比较强的随机特点，所以在财务的开支上也要预留一定的浮动空间。毕竟团队发展，有一些钱是一定要花的，那如何花能实现更好的管理效果，就是一个比较重要的问题。

每一年我都会带队进行线下团建或外出调研，选择不同的城市进行组员辅导、同行交流，考察当地的保险行业发展状况。每次活动，除原定预算外，也会预备临时性公共费用，只要波动范围在5%~10%都是可以接受的。

涉及费用管理的时候，开始可能没有什么经验，需要摸索着来，后面慢慢熟悉了，就可以有意识地定期分类记账。也许有的主管觉得自己平常还要做业务，没有时间和精力，那么这些工作可以由助理或秘书来完成。

（5）团建活动

团建活动是经纪人团队的重要工作之一。经纪人模式非常强调个人能力，平常需要对接的保险公司、产品类型千差万别，所以每个人或不同团队之间的业务节奏都可能会有很大差异。如果弱于管理，团队氛围就会比较松散，可能会不利于业绩的发展。团建是团结聚拢大伙、增强互相沟通的重要手段。

国内营销界曾经在一段时间非常关注阿米巴经营模式。阿米巴本意指的是一种变形虫，长有多个不同的触手，能够不断适应环境的变化。阿米巴经营模式寓意一种具有极强生命力的管理模式，其核心在于各个最小单位（例如部门、团队）都是一个阿米巴单元。在内部，强调业绩最大化和预算最小化，培养每个人都要具有经营、管理和领导者意识，鼓励全员参与，实现企业的全方位发展。

但阿米巴模式在营销中的一个典型问题就是各自为政。各个团队只向内负责，慢慢会造成团队之间或部门之间没有交流，信息沟通不畅，长期来看可能造成内耗或某些重复性建设的浪费。所以在团队内外进行不定期的团建交流，就是一种很有效地增强沟通、增进情感的管理方法，可以有效地缓解阿米巴模式带来的分割感和孤立感。

活动创意

在具体活动的内容和形式上，有一些团队会直接外包或委托旅行社去组织。常规的路线和内容一般就是看风景、品美食、拍照片、坐大巴，一趟活动下来，可能会感觉意犹未尽。我们希望加入一些专业的深度和内涵，所以这几年的外出团建都是自己组织、自己规划、自己安排。基本上团队主管带着助理就可以安排好，包括组织过程中，需要协调团队的全部伙伴，以及外部供应商（参观内容）、内部供应商（公司其他部门）等方方面面的关系。各下属团队和一线经纪人只要一同参加就可以。后面随着管理体系的进一步成长和发展，可能会出现一些变化。但团队内自行组织、自发参与的思路，仍可以适用于大多数中小团队的实际情况。

需求调研

在组织前期，要考虑这个团建需要几天、是否需要利用周末进行或者是否需要避开周末和节假日。有些不同区域的经纪人，需要周末时间才能一起出行；而有些经纪人只能平常时间参与，周末有自己的安排。在前期圈定参与人员范围的时候，可以大致了解和调研一下大家的需求。

过往组织某次小型活动前，部分参团人员意向反馈

姓名	考核职级	回复	反馈
沈**	合伙人	有意愿，但是疫情感觉挺严的，不知道能不能成行	待定
刘*	资深经纪人	我和家里人商量一下，然后告诉您。 如果我去不了，我爱人去可以吗？他也是保险行业的	待定
谢**	资深经纪人	好啊	√
李*	高级经纪人	参加	√
高**	高级经纪人	应该不参加了，深圳现在疫情较严重，业绩也未达标	×
高**	高级经纪人	先不参加了，最近有疫情，家里还有上学的小朋友	×
尹*	高级经纪人	我想看下行程再决定，如果是昆明就去哈，有个客户在昆明，想去见见	待定（提醒半价）
王**	高级经纪人	还是不去了，疫情严重	×
任**	高级经纪人	愿意	√（提醒半价）
陈**	高级经纪人	会安排在周末吗？周中我估计只能参加晚上的活动	待定（提醒半价）
曾*	高级经纪人	现在东莞疫情防控，应该参加不了	×
蒋**	经纪人	如果行程在3月30日至4月2日我可以参加	待定（提醒自费）
高**	经纪人	哈尔滨疫情严重	待定（提醒自费）
陈**	经纪人	应该不参加，业绩未达标	×
齐**	经纪人	去不了	×
范*	经纪人	不参加啦	×

进行初步内容设计

调研反馈之后，主管需要设计每天的内容和安排，并制定行程表。包括：每个环节的内容、具体路线起止点、时间段如何划分、其他重要提示等，由此形成一个大致的活动行程拟定稿。

活动行程拟定稿

周三	内容	地点	人均预算（元/人）	总预算（元）	备注
早晨	飞机到昆明，行李寄存酒店	某连锁酒店（昆明路店）	1500	12000	
上午	自由活动	滇池漫步/昆明老街	200	1600	
中午	集体用餐	某云南菜（恒隆店）	80	800	
下午	研讨活动+1对1交流	恒隆广场20人会议室		375	13:00-15:00 16:00-17:30
晚上	集体用餐、交流	某潮汕牛肉店（恒隆店）	112	1120	
周四	内容	地点	人均预算（元/人）	总预算（元）	备注
早晨	早餐后，7点集体上车	石林、九乡一日游	285	2850	15人包车/拼团
上午		门票、船票			
中午		午餐			
下午	返程	国际会展中心			
晚上	晚餐	某云南菜（官渡店）	83	800	
周五	内容	地点	人均预算（元/人）	总预算（元）	备注
上午	休息、自由活动	自由活动			
中午	退房、返程	自由返程	500	5000	
				24545	

调整细节

行程拟订稿可能和终稿有很大区别。初稿设计好后，要征求核心经纪人或主管的意见，然后部分微调或全部推倒重来。例如，我们在设计上面这个昆明行的活动时，原定计划是第二天用包车的形式前往市区周边游览观光。但是思考了一下，也调研了参团部分经纪人的意向，感觉吸引力不大。因此就从石林调整更换为更远一些但品质更好一点的洱海，希望给大家营造一种房间靠海，早上起来后，略带懒散地推开阳台房门，迎面看着海鸥、吹着凉爽海风的感觉。

内容补充

根据落地后的不同情况，一般要提前预留两套预案，包括饱和式内容或精简式内容。例如，如果要预备饱和式内容，那就设置专题会议或系列研讨等室内活动并搭配包车环游、专业摄影跟拍等室外活动内容，每天密集安排；如果要准备精简式内容，那就以休息、度假和自由活动为主，以适当的内部研讨为辅。

不同的方案内容都可以根据预算情况进一步调整。以我们的经验来说，如果人均预算在 3000 元左右，10 人小团，可以有 3 万元预算，基本上可以覆盖一个相对比较好的团建活动，关键是专业性会比较强，很多额外的服务，例如包车、拍摄等，都可以在当地提前预约。

然后确定最终行动方案并发布。

费用管理

团建出行费用占比最大的一般是房费和餐费，交通费相对来说排在第三项。如果是境外出行，交通费占比会更高。如果涉及游览参观，有的门票费用支出也不低。例如，我们曾经组织内部参观某养老社区，社区参观门票 200 元，当时大约 15 人的小团，一次门票费用为 3000 元。

自己组织团建活动，每个环节都可以自行设计，内容和品质都可以做

活动行程表定稿

参观某养老社区

得很好，发票也都可以报销，这些是通过旅行社安排可能解决不了的。但是需要主管投入比较多的心力，成本也可能会有所上升，有助理协助的情况下会好一些。2020~2022 年我们有一些重要的团建，涉及澳门、上海、成都、昆明等地，都使用这样的方案设计思路，每一次都有新的收获，组员和主管们的反馈也不错。

（6）激励方案

在团队发展过程中，需要考虑一些激励方案的设计。如果是侧重传统型业务风格的经纪人团队，激励方案可能更重要一些；如果是"80 后"和"90 后"新生代经纪人居多，则可能更倾向于自由灵活的激励方式。

前一项当中的团建活动，可以作为年末定期的集体放松，在合理的时间、预算范围内安排即可。团队发展要有目标感，每个人都要有不断冲刺的动力，这个就需要有专门设计的激励方案才可以实现。包括经纪人激励和主管激励两个大类，可以围绕目标、预算、门槛、跟踪等管理要素去思考和设计。在制订经纪人激励方案的时候，就要考虑主管激励方案的设计，两套方案需要考虑到一定的协调关系。

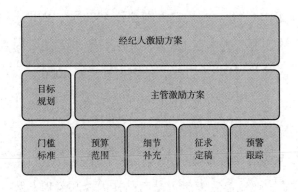

关于经纪人激励方案的规划思路

我们先说经纪人激励方案的设计。

第一，需要考虑目标。方案公布后，预计落实到每个人身上，有效提升业绩具体的数字是多少、预期会有多少人能入选？比如，一个 40 人团队，如果预计至少能有 8~10 位伙伴入选，那么就可以起到一定的激励效果。这个目标的制定，需要参考团队以往季度、年度的业绩数据。

激励最终要实现"人人有机会，但个个没把握"的效果。背后要设法营造出一种团队业绩冲刺的激烈感或紧张感，这种氛围的形成并不是依靠某一次激励方案就可以实现，而是需要常年持续去做，并且需要放在整个团队管理当中去推动，才有可能形成。

第二，需要考虑预算范围。每位成员业绩达标后，大概会产生多少的团队绩效？这部分的绩效对应的津贴，可以按照多少比例来投入做一场活动或激励方案？假设有 10 人入选，每人能够产出 10 万元的年度考核业绩，对应的团队津贴累计在年度 2 万元左右的话，累计会有 20 万元的管理津贴，这也是一种人均业绩不高、团队基数较大的团队比较常态的年度业绩情况。

以 10 人为例，考虑到住宿标准一般是 200 元/人·日、餐饮 100 元/人·日，包车费用 100 元/人·日，每天总成本预计 4000 元，如果想组织一场 4 天 3 晚的休假之旅，那么成本在 1.6 万元左右。叠加差旅人均往返 2000 元，合计 2 万元，活动总预算 3.6 万元，加上机动经费 4000 元，总预算约 4 万元，就可以做一个 4 天 3 晚海岛或山林度假方案了，不过其中没有加入参观门票、演出观摩等其他专项开支。

对照前面年度管理津贴 20 万元，这一次激励方案的预算将占比达到 20%。如果感觉占比略高，那么可以适当在内容和流程上做一些控制或缩减，例如调整为 3 天 2 晚或 2 天 2 晚方案，从经验来说，费用预计将减少 20%~30% 或更多。

或者为了力争保证活动的品质，可以设法加大一开始激励的力度与效果，让大家更有积极参与的热情，我们平常更倾向于这种思路。

第三，要规定门槛或标准。必须有能达标的条件和不能达标的条件，不能随心所欲做业务或者单凭个人喜好达成某一类型方案，而是要有明确的目标或条件。比如，在年初领（下达）任务；或制定过程目标，如在完成年度 10 万元业绩的前提下，每个季度必须至少完成 1 万元业绩。

第四，进行操作细节上的补充。如临时在团队内"借读"或者"旁听"的经纪人，不参与此类激励活动；或者，其间经纪人晋升进入新的团队后，整体不再享受这个方案，但个人可以享受另外的主管激励方案；如果年度内有新人入职，那么新人在后续考核周期内，也应当享有方案，仍然可以有冲刺和达标的机会。

第五，方案有了初稿或者思路后，可以在排名前列伙伴中征求意见。因为方案要集中——主要由直接负责的主管规划后拍板，也要兼顾民主——能够体现伙伴们的心愿和参与感。如果团队内涉及重要的绩优人员，那么对绩优人员和大多数经纪人不同意见的了解和摸底就是一个需要考虑的问题。稍加打磨或者微调定稿后，就可以在团队内公布，并且将方案报备上一级主管或公司管理部门批准。

第六，针对公布的激励方案，要有定期预警、定期追踪和提醒，时间可以放在某个固定节点，例如月度的最后一周或者季度的最后一个月。

很多工作要考虑在前，如果涉及全年方案，那么也就意味着在第一个考核周期结束前，必须公布这个方案。方案制订中需要反复打磨，方案公布后也需要定期跟踪，所以即便激励方案是一个看似很小的事情，也要讲究细节，也需要投入心力去做。

某小型团队年度激励方案（三亚团训活动）	某小型团队季度激励方案(短视频制作专题)
Dear：	Dear：
为了激发业绩冲刺效果、提升团建水平、加强团队内部沟通交流，我们拟定举办团队2022年度团训活动。	为了激发业绩冲刺效果、提升个人多元能力，我们拟定举办2022年1&2季度短视频激励活动。
［时间］2022年第四季度考核截止日后，预计在2023年3月。	［时间］2022年1&2季度考核截止日后。
［区域］国内，三亚或其他城市。	［地点］北京。
［人员］预计10人左右。	［人员］预计5人左右。
［入选标准］2022年4次季度考核，全部达成经纪人的前提下：	［入选标准］1&2季度2次考核达成1次即可：
（1）4个季度达成高级经纪人及以上职级（4次高级）	（1）达成资深经纪人及以上职级（一价全包）；
（2）2个季度达成资深经纪人及以上职级（2次资深）	（2）达成资深经纪人以下职级（费用50%自付）；
（3）1个季度达成合伙人及以上职级（1次合伙人）	（3）季度考核，需要至少达成经纪人；
（4）达成MDRT	［内容］团队协助拍摄个人品牌类科普短视频，并完成后期剪辑制作。
（达成任意一项，即可入围成团）	［预算］预计3000~4000元/人（团队负责经纪人来京交通、住宿及拍摄制作相关费用），整体费用预计2万元以内。
［内容］预计4天3晚左右，包括自由行、专业培训、随团拍摄等内容。	
［预算］预计3000~4000元/人（包括交通、住宿、餐饮、场地、活动项目门票、拍摄费用等），整体费用预计4万元以内。	

接下来说一下主管激励方案的设计。

主管激励方案虽然也会涉及目标、内容、城市、预算、细节等要素，但主管激励方案和经纪人激励方案设计的思路是不一样的。

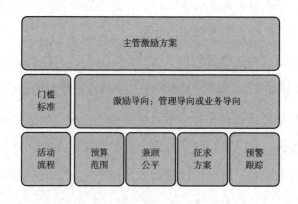

关于主管激励方案的规划思路

如果整个团队的风格一直以来以经纪人为导向，那么激励方案就要以经纪人激励为重心，以主管激励为辅。如果整个团队是一直以管理层为导向，而且关键也同样鼓励经纪人晋升主管，那么激励方案的侧重点可能就需要反过来。

在考虑了不同的管理原则后，就可以思考方案的具体设计。

首先，标准制定的问题。如果是以经理团队业绩为考核指标，有可能大团队和小团队之间差异很大，以我们的观察，有可能差距在 5~10 倍。如果是单以经理个人业绩为指标，那又失去了对团队考核的价值。所以，如何能够既考核主管的管理水平（各个团队当前业绩），又能督促主管不断提升（提升所辖团队后续业绩），就是一个考量的因素。

管理中随时都会遇到如何兼顾效率与公平的问题。

考虑到各个团队实际发展会有差异，可以先选择具有共同性的指标来进行考核。比如，一般公司会为团队制定最低考核标准，那么方案围绕这一标准体系来设计即可。业内一般的公司都会有类似如下的标准：资深团队——季度 16 万元业绩，高级团队——季度 8 万元业绩，普通团队季度——4 万元业绩等。也会有其他考核指标，例如人数、继续率等。为了便于讨论交流，我们仅用团队业绩一项来举例。

其次，外出活动的地点、内容和流程。各个团队活动区域和偏好差异较大，只有针对共同的标准制定激励方案，才有可操作性。如果是侧重团队管理层的激励方案，则可以考虑设计高、中、低三档，例如范围可以确定为日韩游或东南亚游、港澳台游、境内游等。针对管理层的活动内容在品质上要做得好一些。

再次，业绩激励。经理团队业绩考核，如果能够贯穿全年并做成全年激励方案，那么可以考虑在年度 4 次考核的范围内能够至少 3 次达成资深团队考核结果的情况下，享受高级方案，如前往日韩出游；在年度内至少 2 次达成资深团队的情况下，则可以前往港澳台出游；如年度内仅仅完成了基本团队考核目标，则在国内度假。但即便大家只完成了国内度假方案，在最后执行的时候，也应做成一个比较有品质的活动内容。

最后，预算标准。激励的标准会直接影响到活动的预算，以境内游为例，参考前面的人均预算标准适当提高的话，住宿标准 400 元 / 人·日、餐饮标准 300 元 / 人·日、包车费 100 元 / 人·日，那么 5 人小团的标准就是 4000 元 / 日，5 天 4 晚总预算在 2 万元左右，加上机动经费预计总预算为 2.5 万元，人均差旅 2000 元，核心总预算预计在 3.5 万元。但管理层的激励涉及旅行景点的参观、助理随行协助、摄影摄像跟拍等一系列更多的内容要求，预算可以考虑控制在 5 万元左右。

如果在境外举行的话，交通和住宿费会占很大比重，餐费也会有所提升。虽然有些团队还不会涉及境外活动，但未来有可能会组织，考虑到境外出行存在更多不确定性，这项工作可以考虑交给旅行社来完成。

对于没有太多经验的中小团队和初创团队而言，在发展早期可以先尝试摸索，把方案的难度降低、范围缩小、简化考核标准。持续操作几轮，积累一定经验后，再根据团队的实际情况，不断制订更好的激励方案。

（7）团队助理

团队规模扩大或主管个人业绩提升后，工作内容逐渐增多，新老保单业务应接不暇，几乎不可避免地出现对团队助理的需求。

团队助理的招募、培养和管理，并不是一个特别容易的问题。长期以来，无论是保险代理人还是经纪人团队，团队助理并不太好找，主要问题反映在人不容易招、招到了不容易培养、培养了不容易留存。

背后的原因之一主要是目前整个保险业都以销售为导向的一种管理风格。团队内所有业务人员都要承担销售职责，大多数人如果要一边做业务，一边带助理，存在不小的难度。团队自身的管理和个人业务发展尚且不稳，进一步扩大会出现很多不确定问题。

所以对于有些主管来说，本意是希望招募助理缓解自身的工作压力，但一不留神，招募助理这件事反而给自己制造了很多新的问题，扯出萝卜带出泥。例如，缺乏业务经验的助理，协助制作的客户方案出现错误；或耽误了客户在截止日前投保；或由于缺乏有效沟通能力，给团队内其他经纪人或主管造成了不必要的困扰。

但从团队发展角度来说，助理的招募与培养是一个永远无法绕开的问题。助理一旦被培养起来，不仅会有效地缓解团队主管自身的工作压力，最关键的是，从团队助理加入开始，这个团队的管理会逐渐发生"化学变化"，越来越朝向科学管理的方向发展。我曾经和其他主管多次强调过一个观点，在小型团队成长过程中，团队助理至关重要，团队助理可以帮助团队主管更好地脱颖而出。

从管理的角度来说，只有助理的介入，团队的管理架构才会开始初步形成。并且我们虽然说的是招募助理，但背后讨论的仍然是关于助理岗的岗位设置及人员管理等一系列管理问题。

助理的招募与培养工作主要考虑到五个环节：招募标准、薪资结构、沟通洽谈、培养合作、长远发展。贯穿这五个环节的主线就是在持续抓团队发展前提下，做到八个字：步调一致，有机互补。

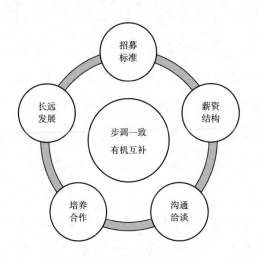

第一，在具体开展招募工作前，主管要考虑对于助理岗本身的理解、规划与考量是否充分，并根据自身和团队情况，由外到内地勾勒出一些开放性标准和针对性要求。

比如助理这个岗位，主管认为目前希望有哪些专业和专长、性格倾向于外向型还是内向型、形象气质是否需要专门强调、可以接受在线办公还是必须线下办公，并在长期观察和思考中，进一步缩小范围或提出针对性的要求，如作风务实、为人正直、独立性强、抗压能力好等，也有团队主管会考虑是更倾向招募女生或男生。比如女生的话，耐心细心，善于沟通；男生的话，干活能力强，能一同出差等。

我们归纳的助理画像

女生（或男生），年龄 23~25 岁，性格稳定平和，外向爱交流，能够积极与同事和主管探讨业务工作；口头表达和文字表达能力好；在工作技术上，能够使用摄影摄像器材，并且会用软件剪辑；平常自己喜欢和朋友聚会，偶尔郊游打卡，会发朋友圈。有独立思想，自己最终希望能够成长为一位独立的经纪人或管理者。

第二，薪资结构等于用人成本。如果不考虑全国地区差异，我们仅列举北京市统计局发布的《北京市 2021 年国民经济和社会发展统计公报》来看，2021 年北京市居民人均可支配收入为 75002 元[1]，这也就意味着如果一个人在北京生活，平均每个月的可支配收入需要至少 6250 元，如果招募一位全职助理，设计薪酬时可以参考各地的数字。

---

[1] 《北京 2021 年国民经济和社会发展统计公报发布》，《北京晚报》2022 年 3 月 2 日。

薪资结构也是激励依据。划定了薪酬最低标准，薪酬结构也需要考虑究竟是要按月固定结算，还是底薪＋绩效，或是底薪＋绩效＋提成？既要能保障助理的生活开支，同时也要在主管可承受范围内。目的在于合理地激励助理工作，进而更好地促进团队发展。

第三，初步考察，沟通恰谈。确定岗位标准与人物画像、薪资结构后，需要通过面谈进一步确定双方是否可以建立长期合作关系。面谈需要询问助理自身的履历和经验，并向助理介绍工作内容和基本要求。管理体系进一步成熟后，可参考一些容易量化的标准考评，并通过《面试评估登记表》打分与记录。

可以通过询问助理以往学习和工作细节，来进一步考察助理自身的能力与禀赋。如果是初次见面，那么可以营造轻松的谈话氛围。可以留意助理履历当中的某些细节，例如，工作中，为什么会出现持续超过 1 年的空档期（是去生孩子了），或者为什么频繁更换实习单位（我见过有应届毕业生，在实习阶段平均 1 个月换一个，连续做了 5 份不同的工作）。

在这个面谈过程中，可以有意识地提出一些主观、客观性的业务问题，或举出团队以往具体的管理案例，来加以考察助理的能力与水平。

面谈时可以参考的题目

• 您的同学、同事、前领导是如何评价您的？

• 您的家人会对您的工作与学习提一些要求吗？（与父母的关系）

• 您在以往工作中最有成就感的一件事是什么，可以具体说说吗？（个人案例）

• 您平常协助他人比较多，还是他人协助您比较多？（合作

模式）

• 如果要独立开展某一件具体的事情，您会如何规划和操作?（逻辑能力）

• 您觉得自己的缺点或不足之处是什么?（自我认知）

• 您可以接受出差、有时熬夜或者加班吗?（压力测试）

• 您对薪资有什么要求吗?（工作动机）

......

如果并不是特别严格的招募流程，那么双方面谈后大致就能确定入职。如果需要长期持续考察和招募，那么建议进行专门的记录、考评与反馈。这是对每一位面试者负责所必需的流程。

面试评估登记表（部分信息，仅供参考）				
面试项目	优/非常符合	良/符合	中/尚符合	差/不符合
仪表仪容				
精神面貌				
工作经历				
专业知识				
表达能力				
工作业绩/能力				
工作动机				
技术操作（电脑）				
能否出差				
能否全职				
业余时间（加班）				
毕业院校				
性格				
对应聘职位了解程度				
入职意愿/面试态度				
综合评价				

第四，培养合作。培养与合作是 2 个环节，包括前期的手把手培养和后期的双方合作。前期培养，往往需要主管一步步地带着助理成长，这个环节与培养学生、培养孩子的逻辑是相似的。不要小看双方培养和成长的过程，因为有些事情虽然助理也可以单独直接去完成，但是主管带着助理一起成长的感觉和助理自己一个人成长的感觉有着很大的不同。

此外，当助理逐步成长后，要鼓励助理提出自己的问题、想法或建议，甚至是完全不同的意见，主管要从善如流，始终从团队发展的角度来审视每一项建议的合理性和可能性。

助理工作到了后期，要强调合作，要鼓励助理把自己的创意、想法、专长都整合到团队发展过程中，真正做到群策群力，集合所有人的智慧。大家要"上着劲"一起往前发展，同时，这也是管理的一种"化学变化"开始产生的过程。

我在团队里，平常也会有意识地和助理沟通一些在管理上的想法。提出问题后，看助理的具体思路，然后再结合具体的细节，互相交流。大家不是主管和下属，而是合作伙伴。

主管要洞悉各种细节背后的管理本质

例如，我们曾给某一位兼职助理提出一项工作任务，从电脑里调取某一项资料数据，整理后，联系对应的经纪人伙伴进一步进行沟通与讲解。这位助理在主管交代完事项后，想了想，就马上反馈了一个新的建议，认为当下阶段，就该类型资料的汇总和沟通而言，有更好和更有效率的操作方式。

在这种情况下，这个事情从管理的角度会有三层思考。

首先，主管招一位助理过来，是要解决问题的，因此首先需要服从指挥，不论这项工作看起来难易程度如何、是否科学等，也要服从和坚决执行，这是管理的必然性。主管最终会对整件事情负责。

其次，主管既然能够提出这项工作，以及告知进一步的工作流程，说明已经结合实际情况，充分考虑了工作的可行性和必要性。助理轻易不要直接或部分否定主管的决策。管理需要的不是商量，而是对决策的执行。

最后，即便有完善的空间，也会在后续下一步再展开，眼下这项工作，无论对错，都需要首先推进和执行。如果一位助理在工作之前就提出了异议和自己的观点，那么主管就要考虑对方是否能胜任助理的工作了。

在初期共事阶段，用1~2个月基本上就可以看出一个人的业务能力，适不适合留在主管身边。在我们团队成长过程中，先后面谈或者沟通过多位不同的助理，发现他们每个人性格不同，工作习惯也差别很大。有的人呈现的能力虽然看似很好，但本质上和团队发展的需要存在脱节，如果一段时间后仍然无法磨合，那么最好的方式就是换人。

在培养助理的过程中，我们也尝试过不同的管理方法。把对人的考察和对岗位职能的考察放在一起做，有成功的案例，也有走过的弯路。在遇到一些问题的时候，主管需要判断，到底是岗位和工作的安排有问题，还是助理能力有问题。从我们后来的经验看，岗位内容相对比较容易调整，但助理能力的天花板不容易改变，最主要的问题可能还是人不对。如果人对了，很多业务层面的工作关系就比较顺了。如果人不对或人的状态不对，工作即便一时在面上做得不错，但往往也做不长久（从培养合作、辅导助理这个角度来说，团队主管也承担着更为重要的自我提升与自我调整的责任）。

第五，助理的长远发展。这个发展既是具体的某一个人的发展，同时也是这个岗位的发展。最好的情况是，随着团队业务能力的提升，助理岗位职能进一步提升，助理本身的能力也在实践和学习中不断成长。

这样的一个岗位，看起来仅仅是招一位助理，但也不容易管理好。助理需要和主管朝夕相伴一起共事，实际承担的工作和要求都会比较复杂。后续随着团队成长，对外会涉及很多主管、经纪人、客户方方面面的工作，对内会涉及活动统筹、财务管理、私人事项等，这样一个岗位还是很重要的。

好的管理者、好的团队、好的助理能互相激励和成长。团队助理将来能够成长的空间也取决于这个团队和团队主管。如果跟对人、走对路，那么有可能会有非常明显的提升，但如果跟错人、团队管理水平不高或不合适，那么也有可能会在日复一日忙碌的工作中，失去个人潜在的发展机会。

当助理因个人或其他需要进行转岗或离职时，主管需要对助理过往的表现做出一个中肯的评价，这也可能会是助理在从事下一份工作时推荐信息中的一部分。

（8）物资管理

要善于合理运用资源创造出有利于团队业务发展的环境与条件。团队管理如果只靠经纪人带着电脑出去和客户做方案，还是太单薄了。随着团队的发展，每个团队内都会逐渐沉淀出一些组员展业所需要的业务工具。

比如过年答谢客户的贺年礼包，数量有可能从几十份到上百份；不定期从保险公司可以拿到的展业资料、彩页或者宣传手册，数量也不少，目前阶段一般是免费提供的；平常在工作当中积累的宣传材料，如易拉宝、宣传画等；随着业务的提升，购置的办公用品、办公家具、办公器材等。

这些属于团队物资管理、资产管理的范畴。团队在日常业务中，需要做好出入库管理并不定期盘点，以预估下一年度使用需求。

在管理上，只要有利于团队发展的，就可以大胆考虑购置。例如5年前，刚开始有团队管理场景的时候，兼职助理到岗，我们暂时用一台小小的笔记本电脑办公；后来配置了台式机、黑白和彩色打印机，解决打印合同的问题；后来电脑升级，逐台更换为MAC系统，解决比较基础的图片和视频处理问题；后续从更好地做好品宣角度出发，投入新购了专业照相机、云台、麦克风、灯光、剪辑电脑等。

同时，也提倡习惯节俭地过日子。在团队资源上，不铺张浪费，我们往往会把一些腾退下来设备挂在网上出售。有时能自己动手解决的软硬件问题，就不会轻易换新。打印机可以自助添墨，内部办公使用双面纸打印，坚持低碳绿色的工作方式。

（9）产品跟踪

团队营销活动离不开具体产品，一切业务最终要结合不同的产品体现经纪人的价值。在日常经营过程中，团队需要尽可能地熟悉产品线和产品本身的优劣势。这个工作庞杂且耗时，但如果不能在团队内解决，那么经纪人就不得不分头自行四处探索，潜在时间和精力成本都很高，效率也可能很低。

虽然在上一级或总公司层面，可以通过和保险公司签协议的方式，逐一确定并不断更新产品库，但是对于这些产品的消化、理解、吸收并形成团队内的业务方向，是需要在团队内解决的。

也许有不少团队主管感觉，个人平常比较忙，很多产品线难以全面覆盖，所以会从自己的角度优选一些单品做成组合，暂时忽略一些边缘类的产品。但有时候，一些小众或者边缘类的产品，恰恰是身处不同地区伙伴们非常需要的。团队管理架构越大、管理幅度越宽，那么越需要做到无缝覆盖。

所以从有利于团队发展的全面性出发，在产品应对策略上，团队主管有一个重要的职责定位：好的团队主管，必须是一个好的产品或业务负责人。由于需要对各家公司不断更新的保险产品反复进行比较和研究，在团队里面，无论是管理型主管还是业务型主管，一定都要有人能够清楚地知道产品具体的运行情况。

团队中越是基础的新人，其业务结构中产品占比越大，就越需要面对产品储备这个问题。如果团队内没有产品的熟悉度和方向性，那么新人可能会比较茫然。在日常经营中，团队要做到每天都要发布产品动态或至

每周发布一次全国产品动态情况汇总，并进行一次在线交流

少每周进行产品数据汇总，这样让大家随时保持在一个良性的动态研究氛围里。

行业里，有时候也会有一些衍生的产品或服务，如费率优惠的体检卡、私立诊所洗牙卡、家庭医生卡等。每一个小的分支，都可能延伸出不同的业务方向。此外也有一些机会性的社会资源，比如给客户的一些活动信息、业内产品动态、合作医院的优惠信息等，也需要团队持续的跟踪和关注。

（10）业务培训

团队内培训是一项日常重要工作。包括定期或不定期地组织一些专题培训，如养老专题、重疾险专题、新人陪跑营，可以帮助经纪人把一些业务细节更加落到实处，线上或者线下的形式都可以，但效果会有所差异。

每次培训团队都需要投入时间和精力成本，整合团队内外的各种资源。讲师需要提前备课，参与的学员也需要安排自己的时间，每一次内部培训不仅仅是培训，也要在培训之后继续进行跟踪与反馈，从而在下一次培训的时候更好地提升培训的效果。

单独从培训工作角度来说，培训内容可以不断与时俱进，备课量也可以不断调整或增加，通过多轮次、多频次的组织，最终提升参与人员和团队伙伴的业务水平。

培训工作的难度在于，经纪人的业务水平并不容易单独通过一次或若干次培训得以提升。或者说，业务培训属于"包教但不包会"的性质，因为经纪人业务水平主要是一种能力，而非纯粹的知识的背诵或记忆。所以我持续关注过在一年内的两批专题培训训练营，跟踪参加了这个训练营的所有人员的业绩变化情况，发现原本比较优秀的经纪人，培训前、后都能够持续做到优秀；而有些之前业务就比较一般的经纪人，培训之后效果仍然一般甚至流失离职。

所以，培训具有常态化的工作特点，每次组织前，可以设立条件与门槛，做成激励方案，邀请高水平的讲师来教学，并且增强现场互动，增加即时反馈，从而更好地帮助与会人员提升参训的效果。

（11）主管例会

在团队规模还比较小的时候，业务性的研讨与管理性的研讨往往合并在一起，但随着团队的发展，管理的研讨会越发重要，需要用专门的时间来进行交流与沟通。

团队管理层的水平提升，也需要一些方法。在营销型团队中，很多经纪人和主管按照各自的时间和计划外出展业，平常并不能像传统团队一样，大家在一起坐班式办公，所以每周有意识地定期组织交流和研讨就很重要，一般每个月应当组织一次。

如果大家每天都在一起办公，有很多问题也许互相之间说一说、聊一聊、沟通一下就都熟悉了。大家不在一起的情况下，大部分的信息沟通方式就只能通过微信群、企业微信、飞书群等这样的工具来进行。如果把业务和管理全部通过在线的方式进行交流，虽然看起来灵活、方便，但也存在大量的重复交流和时间浪费。一个问题可能需要反复交流、反复沟通，并且一些问题可能沟通得不够深入，甚至不能够立刻获得对方的反馈。如果大家能够以线下交流的方式，聚在一起把问题说一说，也许效果更好。

团队核心主管的状态，会影响团队活动的开展。团队核心主管如果擅长线上进行管理研讨，那么可能把线上活动的一些优势和经验有意无意地传达到团队中；如果擅长一对一沟通，那么可能平常大量的时间会选择进行电话或者见面沟通；如果擅长组织线下活动、组织培训交流，那可能就会比较多地牵头组织做成线下例会，管理层例会也需要有相对规范的工作流程。

从管理的角度，例会要如何组织?（部分可参考的标准）

- 请提前开始收集与会主管的议题，例如提前一周；

- 将议题提前 3~5 天周知所有参与讨论的主管；

- 议题不能过于轻率地提出，要具备一定的科学合理性；

- 对于一些复杂议题，需要提前准备相关材料；

- 例会现场，每个人有序发言、高效发言；

- 例会的主持人需要有一定的主持能力和话题引导能力；

- 会后针对决议形成会议纪要，由核心主管审阅后反馈各与会主管；

- 会议主持人可以承担一定的后续跟踪与监督职能，督促会议决议的落实。主持人最理想的是由团队助理兼任，但对助理的工作能力会有很高的要求。

作为管理层的小群体之间的交流如果要有效，成员就要对交流本身提前有一定的共识。团队发展早期，统一的管理活动还比较容易组织，但到了发展的后期，可能会出现不确定性，主要是由于销售型团队约束性比较弱，业务能力强的人可能出于各种原因出勤率低，使管理研讨的质量不高。也需要不断思考主管例会的具体组织形式和方法，以获得持续地提升。

（12）团队品宣

酒香也怕巷子深，营销团队的生存与发展离不开积极的品宣活动。常见问题如：有的中小团队主管会觉得投入太多时间和精力去做品宣，占用了个人业务的时间，尤其个人业绩较好的主管，团队品宣更不一定会成为其工作重心；有的团队主管和经纪人，在品宣营销方面都比较缺乏经验，有心无力，会感觉开展这项工作存在难度，或投入与产出不成正比、短期看不到效果等。

不同团队的品宣有不同的操作方式，大致来说包括写文章、拍视频、做访谈、做培训、出专刊、上新闻等，有的以主管个人品牌为核心，有的以团队整体形象为侧重。一般以互联网媒介为主，少数能涉及电台、电视台等途径。

近年来，互联网和媒介营销是一个绕不开的问题，所以很多团队会在这个问题上"八仙过海、各显神通"地组织和开展宣传。从经纪人刚开始做业务的时候，往往就涉及个人品宣了，需要通过朋友圈营销、社群营销、自媒体文章撰写或短视频拍摄等方式开展自我宣传，方式比较灵活，随时随地都可以进行。如果上升到团队层面，要想从组织的角度在品宣上有所提升、实现更好的效果，那么就需要有一系列规范内容。

一般来说，需要有一份完整的团队品宣材料和标准宣传活动流程，形态以系统全面的事业说明会（Career Opportunity Presentation, COP）为主，可以围绕以下要素展开。

保险作用：保险行业的重要性、当前发展的规模和数据以及市场潜力等。

当前问题：国内保险业发展几十年以来，有成就，但也有诸多问题。

解决思路：目前公司或自己团队，是如何思考并选择切入这个赛道、解决行业痛点的。

职业优势：进一步介绍经纪人的法律属性、行业属性、专业属性。

个人成长：自己为什么选择进入这家公司或者团队，可以描述一下自己作为新人阶段的成长案例。

团队发展：自己和所辖团队，采用了什么方法、实现了什么样的快速成长，可以列举一些数据。

模式概述：对当前经纪人全国发展的业务模式的一个宏观描述，帮助大家了解当前快速发展的程度。

案例介绍：需要提到绩优经纪人、绩优团队成长经历。强调每个人发展的多样性，背景不同，但都通过个人的努力，实现了个人的成就。

核心优势：将公司和团队的管理优势，以关键词的形式逐一进行介绍和展示。可以从行业角度，辩证阐明各个方面的利弊，帮助与会者或面谈者更好地了解团队优势、公司优势、行业优势。

团队愿景：可以包括公司愿景和自己或团队的愿景、奋斗目标。

围绕以上主题，具体在组织素材的时候，可以结合团队自身情况，有针对性地进行取舍。以上的框架重点在于全面的介绍，但好的品宣内核，应当是一个好的故事或者有价值的分享。如果讲解人或者分享人有独一无二的经历或故事，也可以围绕自身的案例展开。只要分享出来的内容具有核心价值、分享得十分精彩，那么在一定程度上，品宣的形式就不是最重要的了。

高端的食材，往往更需要使用朴素的烹饪方式，以突出其内核与本质。

品宣需要以内容为王，对于具体的操盘手或者宣传负责人也有一定的要求。虽然我们现在看到市场化的品宣也需要一定的技术和包装，但品宣不是单纯地靠宣传手法，而是要有具体的内容。品宣操盘人员要对核心内容、团队风格有深入的理解，能够定期持续地设计出一些方案，最后才能有比较专业的呈现和输出。

所以品宣工作的持续性决定了必须由专业的人来做这项专业的事。前期可以由各个团队自行开展、民间自发组织，但随着团队的成熟和业务规模的扩大，有些团队会选择将这部分责任外包，也有少部分具有一定专业背景的团队会选择自制。大家会根据自己的团队实际情况来决定选择什么内容、由什么人、以什么样的方式去完成。团队品宣也属于团队文书系统、文化建设的一个部分。团队的任何一次品宣，任何一个管理行为，都可以留痕和存档。

综上，我们会明显感到，随着团队管理的发展，在每一个业务分支项下，都要求这个管理者具有多元的综合能力。这个领导者要懂运营，懂招募，懂财务，懂培训，懂产品，懂管理科学，也要懂品牌宣传。

所以很多时候，人们会疑惑，到底什么叫管理，感觉管理似乎意味着杂家，意味着什么都要懂。

这个话只说对了一半。管理确实比较繁杂，但并不能停留在繁杂层面。繁杂只是通向杰出主管之路的必经途径。只有通过初期事无巨细的繁杂工作，团队管理才会从一般性的被动管理逐渐上升到主动管理。团队主管的领导水平也会在这个过程中被慢慢锻炼出来。

团队发展四原则

从我们的实践经验来说，团队发展有四大管理原则。

如果说前面的十二项基本要素是团队发展、主管成长过程中的一些重要管理范畴，那么团队管理原则就是朝向结果不断发展的平衡因素。如果把工作要素比作路灯，那么管理的原则就是指引我们不断前进的指南针。

很多时候，如果从具体的一件件事情上判断利弊得失、管理效果，对于团队主管来说是比较难的。因为这非常考验管理者的敏感性、反应力，也考验管理者对全部信息的掌握而不是偏听偏信，考验管理者对全局情况的了解而不是凭主观臆想决断。

所以在常规管理中，管理者需要思考问题发生的深层原因、结合自身的管理原则，来形成自己的决策和判断。

（1）没有是非，只有成败

衡量管理行为，有一个重要的标准是：没有绝对的好与坏，最关键的只有成败。一个管理决策做出来，无论是组织一个活动，还是办一件具体的事情，只要做成了，那么就是成功的。如果没有做成，那么即便口号再响亮、过程再好看，没有结果都是白瞎。

管理行为很难做到尽善尽美，更不可能让所有人都满意，因为无法兼顾效率与公平。如果某个管理决策可以切实影响大多数人，那么恐怕同时也会忽略对某个细节或某个问题的特殊照顾，反之亦然。所以对于很多团队，尤其是中小团队，对于效果的评估是第二位的，关键要先把决策执行下去，或把活动做起来，因为这对团队管理氛围和管理者自身水平的实现有直接作用。

对一次团队管理决策的反思与评估

2021年3月，我带队去澳门进行学习和调研，在几天的行程快进入尾声时，有同行主管提议可以再接着组织一场上海的调研。当时我斟酌了一下，也感受到去上海进行团建和交流确实迫在眉睫。虽然两次活动前后相隔不超过1个月，时间很紧，但基本上很快就确定下来这个思路。

之所以能够比较快地确定这个事情，是因为我们在过去的两三年内，一直没有安排前往上海地区的活动，我们从主管的角度来看，担心会有部分经纪人感到缺乏组织，缺乏归属感。并且结合对澳门活动的评估效果，也希望再组织一次有更多人参加的活动，大家一起去。

所以从几个思路上来讲，上海是肯定要去的了。

但是当这个事情很快拍板确定了之后，我意识到了一个新问题：这个事情在管理的程序上是不完善的。因为没有经过前期在所有主管中调研，只是我们几位主管现场感觉确实需要办这件事了，所以就一门心思做了决定。虽然，发起这个提议的主管在上海地区有较多群众基础，该提议也符合当前几支主力团队的实际情况，但流程整体上有不合适的地方。

既然已经决定了，那这次也只好先做下去了。

执行力是没问题的，当然这个事情最后也做起来了，各个团队都很支持，大家也比较理解在目前发展阶段下的各种不完善。成团前，扩大至所有主管团队征求人选，其中有意向的团队都委派了代表一同出行，大家最终在上海地区的活动做得很饱满，也比较满意。

2021 年 4 月，上海活动按原计划顺利成行

反思这个事情的前因后果，主要是前期程序的重要性，虽然管理活动没有好坏，只有成败，但如果管理者过于凭借个人感觉做决策，那么很有可能会遇到"按下葫芦起来瓢"的问题：满足了一部分人的需求，但是忽略了另外一部分人的需求。

所以对于管理者而言，在工作的过程中，做好平衡是一件非常重要的事。

管理者在推动工作过程中，带有冒险的色彩，因为需要承担责任。考虑到行业内很多事情要"摸着石头过河"，充满不确定性，所以管理者要做好充足的心理准备，不要马上评判某件事情、某个决策的好坏，但是要有信心坚持做下去，哪怕在一定程度上，需要跟着感觉往前走。

为了保证决策的有效，主管需要有授权意识，把非重要的事项尽可能交给助理，或者委托其他主管、经纪人来完成。

首先，团队主管作为负责人，要把握好核心决策。我们前面讲到关于管理的定义：管理是指一个人为了完成一个目标，组织带领大家运用各种手段和方法，去高效完成这个目标的过程。因此在决定开启一项管理工作的过程中，为了把管理的事情做成，管理者务必要暂时放下个人利弊得失。如果带着对个人利弊的考虑、带着对个人得失的顾及，那么就会让管理效果出现偏差。

其次，在做成事情过程中，对团队关系的梳理至关重要。好的团队关系，可以成为促成管理的利器，而不好的团队关系，会让团队管理举步维艰，越走越难。管理切忌出现偏心或者不公平现象。

最后，就是不断修正、不断调整。如果一次活动不完善，要在后续工作中加以纠正。

管理工作的结果如何，不是主管自己说的，而是要充分地留给时间去评价的。对于不少年轻主管来说，能够把组织带动起来就已经不容易了，能够持续推动一件件事情向前发展，这个人身上毫无疑问就会带有未来管理者的潜质。所以每一位团队经纪人也要尽可能地互相理解、支持，共同把团队发展做好。

（2）事无巨细，责任担当

很多人兴致勃勃地组建团队，在经过了团队建设的初恋期之后，会迅速地进入一个瓶颈期：会感觉到组员的问题千头万绪。用一些新主管的话来说："自己如果花大量时间去解决组员的问题，那基本上什么事情都不要去干了"；或者也有一些想要发展团队的主管，当逐渐遇到管理需要处理的各项问题与工作后，会说："看到需要解决的问题这么多，我觉得我还是不要发展团队比较好。"

出现这种想法，表面上看，是新主管在一开始对管理有压力或存在畏难情绪，但内在的本质是，新主管还没有适应管理节奏，对管理还没有完全脱敏。

第一，只要存在团队这种组织形态，就一定会伴随着管理行为。西方学界很多年前做过一项测试，把三个幼儿放在一起，提供一些玩具供他们玩耍。过了一段时间后发现，幼儿之间自动出现了管理和阶层，有的人开始习惯发号施令，有的人开始习惯配合玩耍，说明了管理现象的普遍性和自发性：只要存在人类群体，就会自动产生组织管理。

在团队里，相关管理问题并不会因为管理者的回避而自动消失。如果管理者没有主动去解决管理问题，那么该问题就会向下传导，变成组员需要去解决的问题。管理问题往往来自团队和组员，组员的问题如果持续得不到解决，也会耽误大量的时间与精力。

作为团队的一分子，组员的时间成本也同样是成本，管理者必须对这个问题有充分的认知。

第二，主要的问题如果不去解决，会慢慢发酵，会像雪球一样越滚越大，对团队管理产生反噬，给团队结构带来不好的影响，或给管理者带来更多的麻烦。在这一行，无论是业务型主管还是行政型主管，在管理上的不作为，刻意地疏于辅导、忽略沟通、拒绝交流，会导致与下属绩优经纪人和主管，或和其他方方面面的关系矛盾重重，甚至最后导致产生团队离职、团队异动的情况，并不鲜见。

管理者的脱敏，需要持续高强度从事管理工作一段时间后自行完成，需要不断积累，从量变最终实现质变。"事无巨细"是团队管理的特征，也是团队带给管理者必须要解决的首要问题之一。如果把所有的管理细节问题全部解决了，那么这个主管自然就从管理职责当中脱颖而出了。如果无法解决，那么永远就是温水的状态，业务在维持，管理也在维持，但都维持得不好，慢慢就保持一个中小团队的规模，甚至会慢慢缩减。从这个意义上来说，管理的各种问题本身也是对管理者的一种筛选。

第三，对细节问题的分析和处理，也是主管自身思维能力和自我管理水平的体现。

很多中小团队管理者在刚晋升的过程中，感觉头绪众多，打破了以往的业务和工作习惯，对自己的精力产生了严重的影响，那么，或许就可以考虑一下如何"时间管理"；有的人感觉没有精力，个人顾不过来，那么个人"健康管理"或许就是一个可以重点关注的问题；有的主管感觉自己不知道如何辅导组员，那么可能就要学习一下"人际管理"或者"团队建设"方面的知识；有的主管担心自己不知道如何有效提高团队业绩，那么可能就要考虑一下"目标管理"的方法和技巧。

例如，团队在年初，需要完成150万元的公司业绩，团队成员15人，对应每个人要完成10万元业绩，那是不是每个人都能够顺利完成10万元业绩，这个团队的目标就实现了呢？可以说实现了，但也可以说没有实现。因为实现的是具体的数字，但是在过程中，并没有特别多地体现管理者的能力。换句话说，单纯从数字上来看，有没有你，对于大家做业务而言其实都差不多。

所以好的目标管理，应当协助成员进行分析，明确如何能够实现各自目标的方法，例如前面我们提到的"3W方法"，或者不仅提供方法，还进一步协助组员将目标拆分落实到每季度、每月、每周、每天的工作内容里，并督促其完成。

从另外一个角度来说，有时候，并不是反复解决问题就是好的管理，因为管理者可能会发现，琐碎的问题是解决不完的，所以要从根源或在问题出现前提前解决。而主管刻意制造问题然后再解决问题是一种管理的权术，或许有用，但不太适合风格比较纯粹、人际比较简单的业务型团队。好的团队管理，应当让问题消失于发生之前。无论是在组员身上遇到的问题，还是在团队主管身上遇到的问题，重要的是设法通过沟通酝酿，提前消弭于无形，让整个团队能够顺利向前发展。

管理学中的领导者角色划分

美国管理学者亨利·明茨伯格（Henry Mintzberg）曾经提出领导者的三大角色，分别是人际角色、信息角色和决策角色，其中又可以细分为十大职能，包括代表人、领导者、联络者、监督者、传播者、发言人、企业家、冲突者、资源分配者、谈判者。

这三大角色、十大职能涵盖了领导者行为的方方面面。这些职能一方面说明了领导者角色的社会性和专业性，另一方面也说明了领导者能力的艺术性和多元性。

（3）聚焦内在，洞悉问题

好的管理高手，似乎是团队里面的"扫地僧"，不抛头露面，但是对团队有实际控制权和巨大影响力。虽然长期从事管理，具有丰富的管理经验，但并没有失去对业务的敏感度，仍然保持一线业务的热情，对于团队中的常规问题，都授权按照常规方法去处理，偶尔遇到了决定性或战略性的问题，才果断出手。

在写到管理者重要性的时候，我想起了以前的一个故事。

关于团队管理层的作用

在 1997 年的南方，曾经有一家企业，经营状况良好，一度是 0 负债不借贷，正当企业筹措资金建设新项目时，受到了国内外宏观调控政策和市场因素的影响，项目过于庞大造成集团现金流断裂，企业负债 3 亿元。公司保不住了，遣散了几千名员工。但即便在这个过程中，这家公司 100 多位管理层干部，几乎没有人流失。这 100 多位干部追随着公司的老板，重新转战江苏等地，研发新产品，走"农村包围城市"的策略，从农村市场重新做起。该企业转换市场，更换赛道，还上了央视打广告，月销售额一度突破 1 亿元。1999 年成立新公司，2007 年就实现了纳斯达克上市，总市值突破 42 亿美元。成功翻身之后，这个老板依然还记得当年所欠下的那 3 亿元，直到很多年后，还在还之前的那一笔笔账。

这个老板就是巨人集团的史玉柱。安徽人，作为三大商帮的徽商天生会做生意。但他之所以能够翻身，并不全是来自他的个人才华、他的聪明才智，更重要的是来自追随他的那100多位管理干部。

因为对于一家公司而言，管理层太重要了。有好的管理层，无论是大批量裁员，还是公司索性破产，只要再过一段时间，一定会找到更好的赛道，重新崛起。

团队内要有意识地维系一个管理层内部的氛围。因为很多问题，不能单独依靠主管一个人，或者1~2个人就讨论做出决策，管理层内部的研讨和交流非常关键。无论是建设性问题，还是批评性问题，管理层之间都可以非常直接地、积极地研讨。因为大家都属于管理层，只要有利于团队管理发展的议题，就应当考虑作为内部完全坦诚的事务来探讨。

同时，如果需要对外，就需要有意识地维护管理层一致的整体形象。

要有管理者的立场。管理者和业务员有很大不同，进入管理层之后，对于组员的关系、自己业务的关系、自己客户的关系，可能都会发生一些变化。例如，在处理很多问题的时候，主管自身要始终持有保留意见：鼓励组员充分全面地提出意见，而不要担心会受到批评和打击，但主管要保留最终决策的空间。

好的主管在内部交流时，会优先让组员和其他伙伴发表意见，自己最后来完善或补充。这样做并不是为了故作姿态，而是出于管理效果的考虑。例如在一些成熟的营销团队里，会有一个特点，在外出洽谈或路演时，根据场合的需要，先让新人去做产品或方案的讲解，在整个过程处于劣势的时候，主管站出来，再次把产品表述一下，可以起到关键性的作用。

从发展的角度看，每一位团队管理者，最终都有可能会和团队永远地发展下去。在这个成长过程中，会有很多能力的成长，比如执行力、学习能力等。此外，还有一种关键的能力就是判断力。时间越久，身体素质必然会逐渐下降，但对问题做出准确判断的能力会显得越发重要。

作为管理者，洞察问题的目的是趋利避害，提前做出预判。拿破仑有一句经典名言，即所谓的"狮羊效应"——1头狮子带领99只绵羊，可以打败1只绵羊带领的99头狮子。所以管理者在团队中，具有牵一发而动全身的影响力。

具有良好判断力的管理者，几乎就是组织生存和发展的命门。

洞察问题，但并不意味着一定要马上解决。还是那句话，问题是解决不完的，而且也许稍做等待，问题有可能会消失，但也有可能不会消失，其背后的深层原因是什么更值得管理者思考。无论是组员的问题或其他的问题，不要被问题牵着走，但是要持续思考，不仅看到问题的表象，也要能看穿问题背后的逻辑。

我们举几个典型的思考情景。例如，有组员持续抱怨，感觉主管对自己缺乏支持和关怀，并明确提出要更换团队，主管该如何沟通和决策？团队内有组员出现飞单，但没有实际凭证，主管该如何思考和处理？有组员出现业务违规擦边现象，几乎众人皆知，如再不纠正，即将按照公司规定严格处理，此时主管该如何把握？再如，随着团队的发展，主管发现下属准主管或引荐人不作为，出现了阻碍和影响团队发展的现象，此时主管又该如何思考和干预？

（4）有容乃大，无欲则刚

在团队建设和发展的过程中，主管要善于团结一切可以团结的力量，能够容纳个性相异的伙伴，平衡和协调团队内可能会出现的各种矛盾。组织发展不仅要能持续招募各种各样的优秀人才，同时也要在每一天的工作中妥善处理好关系，与人为善，凡事不得罪人。

不得罪人，包括不得罪"小人"。小人的概念在传统文化当中，并不是卑鄙小人的意思，而是指地位相对比较低、姿态和能力比较弱的下级或下属。与之对应的是君子的概念。如《论语·为政》：君子周而不比，小人比而不周。意指小人善于勾连徇私而不一视同仁。《中庸》：君子中庸，小人反中庸，强调君子言行始终能够符合中庸之道，而小人则无所忌惮，多走极端。

保持包容与理解是奠定良好群众基础的有效途径。很多时候，管理者会遇到不如意的情况。比如管理上的不如意或者团队经纪人能力上的不如意，这种状况稍微持续久了，就容易引起主管轻度但持续的焦虑。例如，在工作中，团队助理能力不到位、出现办事不力，那团队主管是不是要马上发脾气呢？发脾气可以解决问题吗？假设持续处于边缘阶段的经纪人长期没有业绩，与团队若即若离，似乎马上就要脱落了，那团队主管或引荐人该如何思考与应对这种业务状态、做好沟通工作呢？

在传统保险组织管理中，会采用谈话、打电话或面谈等方式督促，甚至主管会直接上手，以一种类似约束或半强制性的风格，希望帮助经纪人找到或进入工作状况。但当下时代，每一个个体面临的环境都充满了不确定性，也充满了很多选择机遇，主管单纯从自己的角度出发，真能解决问题吗？如果单凭主管本人想当然地做一些辅导或管理动作，就可以解决问题，那或许眼下保险行业里的问题，早就消失大半了。

很多管理上的问题如此普遍，我们感到，解决不仅仅是一时的事，更需要长期持续地观察、思考和理解。

长期低业绩经纪人的持续性

在以往团队发展中，我们遇到过一位入职近 5 年的经纪人，2018 年即加入团队，后续持续维持一个相对较低的业绩水平，能明显感到这位伙伴在其他方面有自己的事情要处理，但在行业目前的管理模式下，我们确实也不便过多干预，只是默默观察。团队内的公开活动他都正常参加，正常交流各种业务问题。主管心中虽略有不确定性，但还是稳住，坚持没有打扰该经纪人。

从其业绩来看，并不稳定，长期表现也不佳，很多个考核季度都持续维持在最低水平，一直到 2020 年业绩才开始有所回升。2021 年呈现复苏迹象，开始有了主动的业务和产品沟通。其间，主管得知该经纪人有自己的学习计划，正在学习和考证，所以业务会有不确定性，那也只好先再继续观察，因为并不好判断该经纪人目前的业务状态是否还能够持续。

不过，2021 年全年，这位伙伴虽然只交了 13 件寿险和重疾险保单、61 件医疗险、150 件意外险、1 件财产险，但到了年底最后一个季度，出人意料的是，这位伙伴完成了 6 件较大保单，做了 9 万元业绩，成了小组团队第一，达成了合伙人以上职级。在疫情期间，能做到这个业务水平是不容易的，考证后续也很顺利通过，其他业务也正常开展。虽然平常忙碌，没有时间招募和发展团队，但 2022 年开始后不久，其个人业绩已达到了 2021 年全年的一半了。

这个例子说明了管理者需要有耐心，说明持续地等待、不放弃、始终密切关注和关心的重要性。

强调包容理解，也包括理解和正视自己的优点与缺点。可能有的经纪人年轻气盛，业务突出，但成为主管之后，其行为标准会面临很大变化；有的晋升主管后，后续提升乏力，不再持续发展，仅仅止步于维持一个中小团队；有的晋升主管后，缺乏有效的管理经验，其个人管理思维也很稚嫩，还无法清晰判断和处理组员遇到的各种问题，这些要多给他们一点时间让彼此成长。

建议主管在没有充足把握的情况下，不要轻易做决定或者做出某些决策。因为如果发生业绩不高的情况，即便一对一沟通，经纪人可能列举自己忙、产品众多、竞争压力大等原因，但是每个人的实际情况和深层原因，主管并不容易掌握。在这种情况下，贸然决策，很难把一件事情处理得很好，所以很多时候并不适合直接出手干预。我们认为，大多数时候，眼下的问题并不是最根本的问题，解决一切问题的关键还是在于持续不断地发展。

在这个过程中，主管要做好长期陪跑的准备，不放弃每一个人，有了问题随时解答，需要资料随时提供，不做区别对待。凡事给别人留余地，也是给自己留余地。

管理者的"上善若水"

《道德经》云："上善若水，水善利万物而不争。"对于管理者而言，要有能持续容人、容言、容事的雅量。无论在何种境遇下，都能随遇而安，"处众人之所恶，故几于道"。因不为己争抢，所以能持续做到"居善地，心善渊，与善仁，言善信，正善治，事善能，动善时"。凡事不为自己首先谋利，因此没有天降的灾祸，"夫唯不争，故天尤"。

人如果内心骄傲，处处自以为是，终究会在各个方面因放松警惕而碰壁。

秦代李斯《谏逐客书》中也有经典的一句话："泰山不让土壤，故能成其大；河海不择细流，故能就其深。"

团队领导力四要素

任何团队的建立，都是从无到有的过程，核心取决于团队创始人以及后续的继任管理者。创始人会带着自己的感觉、想法去推动团队业务的发展，整合资源，以实现团队绩效最大化。

但团队创始人的成长并不取决于团队的建立。团队只是管理工作开展的一个基础。

因此，我们在这一节来探讨团队管理和发展的核心：团队领导者和领导力因素。之所以强调领导力，是因为管理者和领导者只是一个客观身份，真正决定领导水平的，是内在的领导力。

领导力

领导力，按照西方管理学的界定，是领导者身上的某种人格魅力、综合性的个人能力。领导力在管理者成长过程中发挥着重要的作用。

领导力可以被视为一种良好的领导者品质，不仅反映了领导者日常的工作能力与行为规范，在关键时刻还可以引导并激发团队成员的创造力，在困境中找到突破口，实现团队更好的发展。

领导力是如何被发现的

美国总统杜鲁门在第一次世界大战期间，仅仅是一个炮兵联队的连长，有一次，当他的联队进入一个峡谷地带时，中了敌人的埋伏，周围子弹横飞，硝烟笼罩，所有人都抱头躲在草丛中大声呼喊，杜鲁门自己也被气浪掀翻的马匹压得动弹不得，所有人都感觉要死在这里了。

但是在当时，杜鲁门抬眼望向周围，看到大家的反应，他瞬间不知道从哪里来了勇气，奋力推开马匹，大声指挥和鼓励士兵回击。在他的带领下，所有人重新振奋了起来，并且成功击退了敌人。

事后，杜鲁门回忆说，他当时在现场并没有考虑太多，那一瞬间，不知道从哪里涌现了一股力量，推动着他大声指挥和领导士兵，走出了困境。

这种不知道从哪里涌现的一股力量，应该就是"领导力"。

领导力可以被看作一个人身上独一无二的天赋。领导虽然不是天然形成的，但是一个人能够走上领导者的位置，必然带有天赋的因素。这种独一无二的天赋，使领导者具有了远远超过其他人的某种能力，能够持续指挥和领导大家，解决一个又一个问题，不断地前行。

张艺谋的"艺术领导力"

2022 年北京冬奥会期间，总导演张艺谋团队负责的开、闭幕式以极高的艺术水准和中国元素大获好评。冬奥会结束后，张艺谋在网上发布了一份自己的个人感悟，其中有一段话：

"我不太爱交际，也不太善于交际，麻将也不会打，啥事不做的话人可能就懒了，就迟钝了。我团队里有各种年龄的人，但开创意会，恐怕没有人是我的对手，我常常是最先想到主意的人。"

这个"最先想到主意"，就是张艺谋作为团队领导者能力的典型体现，并使他在艺术创作过程中可以持续产生能引导大家前进的某种领导力。

领导力的产生，需要一个环境和土壤，也需要有接受的观众，这个过程很奇妙。领导力的体现，并不是简单的上级发布命令让下属机械地去执行，而是大家在一个活动或者事件中，领导者通过某些行为得到了大家心服口服的认可。在管理学中，对于领导权威的一种经典观点是，领导者的权威并不因法定的职位而自然享有，领导者的权威必须通过被管理者的接受才得以体现。所以，在一个典型的管理场景中，领导者创造性地提出了管理的决策，随后得到了大家一致的认可、追随和执行，领导力因而得以体现。

从这一点来说，好的领导力离不开具体的行业、具体的事件，但是其中也充满灵感和想象力的因素。这种融合了具象的、理性的思考力以及抽象的、感性的创造力的结合体，就是领导力最根本的核心之一。

团队文化

领导力和团队相辅相成，互为土壤。领导力持续产生，可以不断推动团队向前发展。反之，领导力的消亡也可能会让团队发展止步不前。但过度依赖领导者的团队管理是不稳定的，一旦遇到领导者个人的风险，可能会对团队发展产生极为不利的影响，所以团队发展需要有更为稳定和持久的结构作为支撑。

在领导力持续产生的过程中，团队通过一个又一个的阶段不断向前发展，会逐渐形成团队管理中最重要的一个产物——团队文化。

什么是团队文化？在管理学当中，团队文化是指在一定历史条件下，组织在生产经营和管理活动中创造的、具有本组织特色的精神财富及其物质形态，包括核心层的精神、执行层的作风、外围层的形象三个维度。简单概括来说，分别指顶层文化、规则制度、日常行为三个类型。

团队建立和发展的时间越久，团队文化的积淀越深厚。

团队文化可以是主动创建的，也可以是被动形成的。可以通过设计一系列行为、活动来加以推动，也可以通过确定团队内的行为规范加以巩固，并最终形成持续的、每位成员都高度认同的团队文化。团队文化逐渐生成后，不能停留在简单的文字或材料表面，而是需要在一代代成员的成长和发展过程中，通过口口相传而得以延续的。

团队会不断裂变，每一批的管理层也会最终老去，而能最终传承下来的，就是无数前人奋斗过的故事，以及每一位后来传承故事的人。所以团队文化需要载体，需要持续地发挥其自身的影响力。

如果缺少了传播性和感染力，团队文化可能会在发展一代、两代之后，逐渐消亡萎缩。如果团队管理层或灵魂人物产生了巨大变故，也可能会造成团队文化的动荡。但从另一方面来说，团队发展过程中所有遇到的挑战和难题，也都是团队文化的构成部分，并随着时间的延续，成为后来者可以参考和借鉴的发展经验。

最好的团队文化是一种默契。大家彼此之间不会刻意强调文化的强制性和约束性，而是会不知不觉地共同遵守这种精神的契约。随着时间延伸，团队文化会成为组织发展的重要价值观指引，并成为大家心中共同的观念。无论个人是否完全一致地按照团队文化行事，团队文化都会在长期的发展过程中，成为每个人心中的准绳。如果团队没有有意识地创造和保留文化，那么最终沉淀和留存下来的团队文化可能日益稀少，有的团队会在这个过程中失去文化的印记，逐渐忘记团队成长和奋斗的历程。

团队愿景

愿景，英文是 Vision。vis 这个前缀有看见、视觉之意，Vision 的意思就是某种前景和期望。因此所谓愿景，就是大家看得见但摸不着，通过持续地努力却一定有希望能够达成的那个特定目标。

这种感觉像团队创始人向大家描绘一幅图景：大家站在山顶，向远处更高的山峰眺望，因看到美好的景致而心潮澎湃。这种美好的景象在每位成员心中刻下烙印，成为激发大家并肩奋进的动力。

团队管理者在团队发展过程中，要提出团队自己的愿景和主张。但愿景的确立并不是某个创始人或主管一拍脑袋就能想出来的，愿景的创立是集体智慧的结果，需要大家通过头脑风暴反复讨论，形成愿景并加以贯彻和执行，并且在这个过程中允许逐步更新与迭代。所以我们会时不时地看到，很多一流的企业会不定期更新企业使命、愿景、价值观，做到与时俱进。

不过由于大多数的保险营销团队处于比较松散的管理模式，所以团队愿景的设立和提出存在一定的难度和挑战。在这种情况下，团队可以先以公司的宏观目标和价值观为指引，等到后期，随着团队业务不断提升与发展，再逐步完善属于自己团队的愿景目标。

各公司的使命、愿景、价值观 [①]

明亚

司训：为人做事，尽心尽力；客户至上，专业卓越；友爱开放，共生同成。

愿景：推动保险事业的健康发展，让每个家庭都拥有专属的保险经纪人。

理念：保险的真谛在于建立一个"大家帮助大家"的人类互助机制。保险不仅能体现人们对自己、对家人的爱与责任，还能表达人们对社会、对他人的爱和关怀。

使命：通过客观中立的专业化服务，帮助客户"清清楚楚了解风险，明明白白购买保险，踏踏实实享受生活"。

小米

使命：始终坚持做"感动人心、价格厚道"的好产品，让全球每个人都能享受科技带来的美好生活

愿景：和用户交朋友，做用户心中最酷的公司

核心价值观：真诚、热爱

中国平安

愿景：成为国际领先的个人金融生活服务提供商

---

① 资料来源：各企业官方网站。

价值观：以优秀的传统文化为基础，以追求卓越为过程，以价值最大化为导向，做一个品德高尚和有价值的人

Microsoft

使命：予力全球每一人，每一组织，成就不凡

价值观：尊重、诚信、责任

京东

使命：技术为本，致力于更高效和可持续的世界

愿景：成为全球最值得信赖的企业

核心价值观：客户为先、诚信、协作，感恩、拼搏、担当

英特尔

价值观：客户至上、无畏创新、结果导向、团结一致、包容、质量、诚信

百事公司

使命：每一口都更多欢笑

愿景：秉持"赢之有道"的理念，成为休闲食品和饮料行业的全球领袖

腾讯

愿景 & 使命：用户为本，科技向善

价值观：正直、进取、协作、创造

愿景是未来的美好前景，但需要奋斗才能实现。从以上不同公司的愿景表述来看，它们都是宏远、长期、可持续努力的方向，但又不是有形、具象或者快速可以实现的目标。这个目标的存在，会激发组织成员持续自我提升与发展，通过各种方法持续精进。

愿景可以指向长期规划的方向，也可以指向阶段性的方向，如 5 年、10 年等，以便在努力实现愿景的道路上，能有一个个阶段性的成就感。

愿景具有可持续性，能指向统一奋斗的方向，并且是组织和集体的目标。愿景不是简单个人化的目标或个人目标的集合，否则在实现的过程中，不同个体的个人目标之间会产生巨大的冲突和摩擦。愿景需要足以容纳每个个体的成长，所以要具有很强的想象力和足以支撑每个人前进的动力。

团队愿景是一个值得深入思考、在实践中不断提炼和优化的重要管理要素。很多团队不会具有持续固定的某一个愿景，而会在发展过程中随着战略转型或规划的需要而不断地更新和修正。

NASA 的愿景落实到了每个人的心里

美国总统肯尼迪去 NASA 访问，在洗手间碰到了一名清洁工。

总统微笑着说："谢谢您把地板拖得如此干净！"

没有想到清洁工的回答却是："总统先生，我不是在拖地板，我是在帮助我们登月！"

团队战略

战略可能是规划、发展方向或远期目标。如我们平常考虑事情发展的方向、业务下一步的规划等都属于战略范畴，但这些还不足以清晰完整地界定战略本身的内涵。

提到战略，至少需要考虑两点：（1）做什么样的长期决策；（2）如何把这些决策执行到位。从团队管理的角度来说，做决策和执行决策都很重要，但在某些情况下，把决策执行到位会更重要一些。因为很多事情在开始做的时候，几乎看不到特别明确的结果或者明朗的未来，只有一步步地做下去，才会看到希望。

战略有三个特质。

第一，战略规划客观上存在普遍性。顶层战略虽然是公司核心管理层的重要任务，但是每一个营销团队也应当有自己的战略方向和规划。战略无论在保险营销行业还是其他各个行业之中，都具有非常重要的作用。

第二，制定战略离不开对全局信息要素的掌握。团队领导者需要有极强的持续学习能力，并且要具有非常强的逻辑和思维能力，也要具有良好的全局观、大局观。如果缺少对历史过往、发展规律、约定俗成规则的了解和把握，在制定和执行战略的过程中，毫无疑问相当于"摸着石头过河"。"摸着石头过河"，看似是中国历史进程中的优良传统，但更多属于自谦。"摸着石头过河"，失败概率很高，只有依靠科学方法论和战略规划的指引，任何事情才会在操作前就具备成功的基础要素。

第三，要不断发展属于自己的独特性战略。战略不是共性，而是个性；不是绝对，而是相对。经纪人有自身的优势，但是经纪人的战略优势也不能仅仅止步于传统的优势，例如所谓的产品种类丰富、客观中立、专业尽职等。建立在经纪人业务模式基础之上的各个营销团队，必须要有自己独特的发展战略。

那什么是有效的战略呢？能设法成功的战略就是有效的战略。在战略前进过程中，必须要能持续朝着既定方向前进，即便遇到了挫折也能够坚持下去。

有效的战略同样会持续存在失败的阴影

案例 1

我在入职之初，属于"白板"，没有任何保险营销经验，所以入职的第一个月收入 38.66 元，半年内只成功签约 16 位客户，而这 16 位客户里 15 位都是陌生客户，只有 1 位是身边的同学。

根据数据复盘情况来看，进入方案设计阶段的客户家庭超过了 36 组，这也就意味着在网上获客、沟通、转化的准客户人数更多。虽然有极少数客户在三四年后才开始咨询业务，但第一年的成功率或成交率，是很低很低的，大量是未成交的失败案例。

案例 2

在我入职后半年内，误打误撞走了互联网营销的方式，半年即销售一年期意外险和医疗险 252 件，这个背后意味着会有 252 位陌生的客户。客户后续转化的长期寿险保单，慢慢地就支撑起了 1~2 年的个人发展。

但也不可避免地出现了转化率低的问题，很多客户在这个过程中因为没有及时跟进而造成了流失。包括在这个阶段，仍属于兼职展业，也失去了很多发展的契机。

记得 2017 年的一天，一个周四下午，有一位陌生客户打电话给我，要求见面聊聊保险，但我当天下午马上要回原单位上班，只能和客户商量能不能周五见面，我提前一点下班过去，客户同意了。

我马上联系了我的组员，我想着可以带组员一起见客户，做一个业务示范，组员也很高兴。但当我周五中午给客户发信息提醒，再次确认下午一起见面的时候，客户淡淡地回了个信息说：哦，我昨天下午已经联系你们公司另外一位同事，在隔壁大厦里签完了。

那个时候，虽然还是兼职，但同样会有很强的失落感。这种事情发生次数多了，也间接催生了必须要全职的想法。

有效的战略不仅可以激发个人发展，也能够激发团队的组织发展和业务发展。业内常见的发展模式有四种。

第一种是异业联盟。如对方是其他行业人员，在行业里是精英，但是对保险并不太了解，或许在这个过程中，对方也想尝试往保险方面转型，那么就有可能通过和经纪人的沟通后，自己先开始尝试向别人介绍保险理念、分享保险知识，然后推荐经纪人去最终完成签单。

这种模式里面，主要的影响因素是：专业度、双方的信任以及两者基于一定时间熟悉之后，对彼此工作风格、人品的互相认可。

第二种是转介绍中心。如对方本身是某个团体的核心人员，在这个过程中，对纯粹的保险知识、保险专业度并不热衷，但是非常愿意把经纪人推荐给自己身边的朋友。几乎每一个经纪人身边，都会有几位这样的朋友。

这种模式主要取决于：对方的影响力（KOL）、双方良好的合作与信任关系。对方也许同时也是经纪人的资深客户，或一直在关注和帮助经纪人的成长。

第三种是纯粹商业路线。这种模式里，经纪人和其他平台、第三方或场地空间等的合作类型就更加灵活。在已知的经验里，有门店形式驻场的，有小区社区摆摊的，也有在商场内设置展位的，这种模式因人而异，合作形式也比较多样。

但经纪人需要坚持、持续去做。这种模式因为需要线下持续开展，所以一直以来也是比较辛苦的方法。

第四种是经纪人联合展业。联合展业可能出现在新人当中，如新人可能有比较优质的客户，但是自己担心谈不好或者出纰漏，那么可以邀请其他经纪人或者公司内勤同事协助自己一起去谈。对于被邀请的伙伴而言，要有比较高的专业度。

无论是以"1+1"的形式一起出席，还是转介绍给资深经纪人后单独约面谈，都对实际负责的经纪人业务能力有比较高的要求。因而这种情况可能出现在师傅和徒弟、上级和下级之间。

不过，上面提到也只是四种简单的模式，业务战略还有很多灵活的思路。我们可以从各自实际业务出发，逐渐探索出适合自己的发展模式。

团队领导与建设：一些案例

对于每一个团队来说，在建设过程中遇到的每一个问题都是对管理者的考验。例如，不容易招到人，招到人不容易培养起来，培养起来了不容易坚持，长期坚持但没有好的业绩表现等，都需要主管费心费力地去思考如何协助解决。即便看似很小的问题，也有可能会持续消耗主管的个人时间和精力。

但这些都不是最大的问题，最大的问题是人员的流失。人员一旦流失，会让整个业务链条上的所有努力付诸东流。如果在入职前没有筛选，那么另当别论，但如果经过千挑万选、非常器重和看好的选手最终流失的话，对于主管的影响和打击会相当之大。

我们在这一节，穿透式地聊聊我曾遇到或知道的几个管理案例。隐去部分信息，并适当进行艺术化的处理，仅作为管理案例进行剖析，帮助年轻主管们更好地应对和处理此类情况。

案例 1　优质"白板"想离职怎么办

保险营销行业里，淘汰率居高不下。每个团队在组织发展过程中，都会遇到人员离职这个问题。离职率并不取决于是新团队还是老团队，老团队一样会有人员流失的现象，只不过新团队可能会在前 3 年比较多地集中遇到这种情况。

经常会出现原本看好的优秀选手后续发展平平的现实，尤其是一些年轻的苗子，在长期成长中，慢慢不知不觉地出现了下滑迹象。和学历、背景关系不大，各年龄段和阶层当中都会有这种情况，因而带有一定的普遍性。新人入职后，初期会带着一定的新鲜感和事业感打拼，但同时也会遇到业务发展中的各种问题，在这个过程中，新人就会开始衡量自己的取舍，提出离职的理由也各不相同。

案例情况

2018 年，我在南方某地招募过一位比较优秀的苗子，和我当年一样没有保险从业背景。本科毕业后具有几年工作经验，跨行业转型进来之后，学习和发展趋势都比较好。我能够感觉出来，她如果跟着公司和团队的节奏走，基本上后续会有一个不错的前途。比如：持续个人业务成长，在 2~3 年后成长为团队主管，4~5 年后实现进一步的发展和晋升等。而她也是用前期半年左右的时间，完成了初步的学习和成长，随后开始进入一个业务成长期。陌生客户以及陌生客户的转介绍陆续出现，且能够持续成交。虽然还没有达成 MDRT 这样的标准，但是对于所在区域的整体排名而言，她个人的成绩已经非常不错了。

问题出现

过了 1 年多的时间后，有一天，她突然跟我提起，当地有另外一家代理机构的销售团队，有人专门跟她谈了几次。想要让她过去一起发展。我一听就明白这种情况了，因为她所在的当地区域内，我们的保险经纪市场还在初创期，在市场细分上也存在一定的发展空间。当个人稍微做出了一些名气之后，遇到同行发出的橄榄枝很正常，这也侧面说明了我们经纪人的优秀。

类似的情况以前我或团队其他主管都会遇到，沟通多了，经纪人和我开口说上半句，我一听语气就知道下半句要说什么。这种同业挖角的问题，也是每位经纪人在个人成长乃至成为优秀主管过程中，必须要修炼的一课。因为每位经纪人将来成为主管，其所带的组员必然也有可能会遇到类似问题，所以这次是一个很好的成长和辅导机会。

当时，我先安抚了她一下。大致分析了一下两边的利弊，比如对方的业务基础、产品线情况、佣金高低、营销导向的问题、代理人模式和经纪人模式、保险与非保险销售的差异等。核心还是鼓励她在所处的工作区域持续再有一个发展、再上一个台阶。

问题升级

后面又过了一段时间，她自己也在反复考虑，始终还是有自己的想法，"想和朋友一起做一些事情，比如高端医疗，比如团队建设"。于是给我打电话，也是坦诚交流内心真实思考的意思。她考虑在当地，自己可以先去那个公司的团队入职，积累一些业务经验，也和朋友一起摸索一下团队建设。因为也确实很看好我们的平台，可以在我们本地机构发展得更好了之后，再把她和朋友的团队整体迁移回来。

我当时非常诧异，诧异的不是伙伴状态有些不稳定、可能产生离职，而是另外一个问题，我在电话里面脱口问了出来："这种行为，对他们（对方公司）来说，不也是不好吗？"

我当时心里想，这不也是一种挖角的行为？同样会损害对方公司的利益。我个人觉得这种事情压根没必要也不需要这么做。我们不去挖别人，别人也不要来打我们的主意，这个市场很大，大家都在各自的领域发展。

"大家各自好好做业务不行吗？"我电话里面脱口说出那句话后，她也一时语塞。

思考决策

当时的我，听明白这件事情之后，立刻就有点想收拾行李去她所在的地区做线下辅导，同时也支持一下我们线下其他几支团队建设。

我当天开始收拾行李，准备过去待一段时间。考虑到当时手上的事情比较多，我把一些事情跟助理做了交代，计划把手上的工作三五天内全部处理完，然后约了身边的其他主管一起吃饭，提前和大家也通通气。

但是在准备工作推行了几天之后，我瞬间冷静了下来。

稍微斟酌这个事情，我意识到，有些问题并不是我直接飞过去就可以解决的。一来是，我们采用这种保姆式的管理，并不见得一定能有好的效果。保姆管理，就真的能够解决问题吗？这次解决了问题，出现其他问题怎么办？继续保姆式管理吗？包括如果这位主管将来自己成长了之后，她又该如何效仿或辅导自己的组员，也是保姆式向下管理吗？

二来是，这个事情目前所披露的部分信息，终究都是外因，未来真正决定这个事情走向的，其实是内因，也就是这位伙伴自己内心的选择。

所以我马上想明白了一件事：这件事情对她来说，就是一次最好的考验，这次考验的机会非常难得。

就好像，我们看到了一个孩子不小心摔倒了，最好的做法也许不是马上上手扶起来，虽然也很想立刻扶一下，但是应该稍微抻一抻，观察孩子自己站起来的能力。如果站起来了，孩子能力就会提高一大截，家长内心也会很高兴，但表面上不动声色。

出现类似的情况，虽然听起来很紧急，但我们一定要相信经纪人自身的决断力。要让子弹再飞一会，静观其变，看她如何做出自己的选择。万一她选择要走，我们确实不强留，因为之前该努力沟通的都努力到了，强留没必要。并且关键是，我们自己看好和相信公司的经纪人模式，也对自身的业务实力有信心。

想留下来继续发展的，我们仍然非常欢迎，大家一起奋斗。确实想走的，我们不强留，虽然很可惜，但大家后会有期。

后续发展

后来的发展，验证了我的想法。综合各种因素后，这个事情无疾而终，自然而然没有了后续和太多的下文。这位伙伴做出了自己正确的选择，思考和决策的能力也更成熟了。

在这件事情中，我当时的考虑是，作为一位未来的准主管或者说行业专家，一路上会遇到很多考验，这个主管也必须通过一些重大的事情，尤其是利弊相关的事情，才能得到成长和历练。我们也才能够通过看她对事情的具体处理，洞察这个人内心深层的价值观。

这种事件顺利度过之后，大家的工作感情更深、关系更近了。资源的提供、落地的支持等，慢慢也越来越多。她后续在处理一些事情和关系上的表现也验证了我的想法，最终实现了团队和个人业绩上升式的发展。

案例 2　实力老人想离职怎么看

每个团队都会有这样一些人：具有保险从业经历，很认同经纪人模式，也很看好其未来发展，在精挑细选之后，决定加入一个优秀团队。但是持续一段时间后，个人业绩和产能都表现平平，看似自己有比较不错的从业背景，但就是没有发展起来，之后自己提出离职。

这类人员一般是：之前具有保险从业经历的人员、在团队中入职的时间也不长，集中在 1~2 年为主。

每个人的离职原因各不相同，我们仅选择其中某一类来分析和思考。

案例情况

2017 年，我在华南某省招募过一位业务人员。他由于具有同业转型的专业背景，加上表现出来的业务气质，都很不错。他本人也高度认可经纪人从业理念，具有一定的保险实战能力，个人也很有打拼的愿望，而且这位伙伴是男生。

我们整个团队在 2017~2018 年正处于整体蓬勃发展的第一阶段，我们看好趋势，也看好彼此的潜力。他的干劲也比较足，在群内的交流、互动、听课都比较积极。

问题出现

这位伙伴入职之后，正常地学习提升、开展业务。前期一切都比较正常，但是后来慢慢地碰到了一个典型问题，他在销售和出单的过程中，遇到了若干技术和操作层面的问题，无法很好地解决。这些问题涉及技术，但也更多集中在沟通层面。

例如，他刚开始出单的时候，无法妥善处理好软件系统的操作、与内勤的沟通，包括和客户的解释交流等都不是很顺畅，所以出单体验感不好。在一段时间内，总是感觉我们的业务流程不够优化，效率不够高，工作方面的人际沟通比较烦琐。

他也跟我抱怨过几次。

但当时的技术和系统问题，毕竟属于客观情况，我们确实需要时间一点一点地完善。加上跨了管理区域，确实存在一定的难度。那个时候整个行业都是纸质操作流程，投保、回执、保全、理赔等，全纸质无线上，每一单都比较麻烦且辛苦。

不过从我的角度来看只是稍微枯燥一些，但从他的角度来说，可能会感觉到非常烦琐。

回头看看自己多年的管理和业务工作，我想起了卡夫卡的名言："人只有经历自己的渺小，才能到达高尚。"枯燥、单调、繁复、协调……我很清楚，其实这就是工作的常态。虽然不能马上开始呼喊"一切伟大背后都是苦难"——因为有浓浓的鸡汤嫌疑，但至少有一个常识我很明白：面前的阳光看起来多么炽烈，其背后的阴影就有多么浓郁。

那个时候，我能做得更多的也就是安抚。我相信，我们只要坚持和公司、和行业一起成长，最终必然能解决这些问题，而且前期即便卡在一两个操作流程或技术问题上，那么其他业务还是可以正常去操作和推进的，比如还是可以正常接受客户的委托、咨询、方案设计、正常投保出单等。

每位新人都是这样成长起来的。无论之前有什么样的工作背景和履历，都要从新人开始，抱有一颗学习之心，熟悉和了解公司的业务规则，然后调整自己的工作习惯，最终解决客户投保的各种问题。在后续的过程里，才会有不错的业务持续提升和个人发展的可能性。

问题升级

后来，有一天夜里他打电话给我，先说了一些其他业务上的问题，拿一些具体问题向我请教，起初我还非常认真地回答。聊到了后面，他应该是忍不住了，吞吞吐吐地跟我说，他这边目前有几个学历不太高的伙伴，都是中专学历（学历不符合我们的招募要求），他本身也很看好我们这个业务领域，也非常希望能够在这个方向上有好的发展，但是由于我们在他所在地区的业务支持和培训、辅导等力度不足，他感觉发展难度很大。

我放下了手上的事情。当时的我，在电话里真的完全在设法帮他理思路、找办法。但聊了好一阵子之后，他按捺不住，终于跟我摊牌，表示有另外一家代理机构，也和他谈了几次，他感觉他们那边能提供一个比较好的平台，包括有成熟的线下培训，所以他觉得可能去了那边会做得更好一些，主要也是为了自己下面那些小伙伴有更好的发展。

我当时一听，愣住了，这次无话可说的是我。

因为我没有想到，一个人表示离职是因为其他人。"为了让自己那些小伙伴有更好的发展"，或者具体点说，只因为"中专学历"的人无法在我们这边入职，他就决定去另外的平台。这是借口吗？这也确实是一个男人说出来的理由。反正，至少是个理由吧！

听他电话里面反复这样说，我就试探性地问，是不是已经确定想好了，他说是的。我心里叹了一口气，看来，这段共事的缘分要结束了。

最后在电话里，他还用诚恳的语气和我说："玉哥，等我去了北京，我能去看看你吗，我还没有见过你呢。"

我心里面沉甸甸地："可以的呀，可以的，可以的。"

但心里很明白，从这一行的角度来说，有的人，一转身就是一辈子。

思考决策

如果一个人想好了要走，主管是无法挽回的，就好像你无法叫醒一个装睡的人。但那时的我，因为之前从来没有遇到过，也没有想到自己看好的伙伴会选择离开我们，所以当时在情感上一下子还不是特别能接受。

这种感觉很像雷军说的："你怎么可以离开我们呢？你离开我们，简直就是背叛了信仰、背叛了革命。"

因为雷军也遇到过早期创业伙伴选择离开，我非常感同身受。

打电话的那天是深夜 11 点左右，我正在家里处理纸质保单的事情时，突然接到的电话。具体细节虽然会慢慢模糊，但当时的那种情景，今天想起来也是历历在目。

当时我心里确实也明白，公司和行业发展还不够成熟，但那个时候只有遗憾，没有其他办法。

后续发展

他离职跳槽到另外一家代理机构后，我们就慢慢淡化了彼此的联系。后面听说他在当地和其他伙伴当面抢资源，包括持续多年潜水在我们各个业务群中关注和了解资讯。离职见格局，这些我们都不再理会了，从侧面也说明了离开是一种必然。

后来有一次，我在复盘管理案例的时候，想起了这件事，就找了他在网上的一些资料，想了解他后续发展到底怎么样。其中看到了一段自媒体的视频，是关于个人的风采展示，我点开来看了一下。这一段视频的内容大概是对保险经纪人业务模式的思考，他认为，经纪人具有更为明显的优势，比如，可以从客户角度出发，能够为客户提供有价值的服务，包括可以给客户进行保单托管等一些增值服务。

看完之后，就大致明白了。

他在视频中所说的这些观点，实际上还是我们三四年前的观点。"从客户角度出发"已不是什么新鲜词了。他虽然换了平台，自己的业务格局、视野，包括对于经纪人模式的认识，并没有明显的提升。经纪人模式确实具备"客观、公正、中立"的特点，但经纪人模式的深刻内涵绝不仅止步于此，我们现在的立场和核心看法早已升级。

所以看似理性和正确的选择，不一定会有更好的发展。就好比有的年轻人从大厂跳槽去其他公司，希望有更高的平台或更好的发展机遇，但是离职之后，并没有更大的进步。一个人换到了新的平台，看似会得到一些眼前的满足，但是同时也失去了另外一些成长的机会。也许可以得到一种自己想要的氛围感或安全感，但是也会失去业务的成长性和精神独立性。

如今我们在那个地区也已建立了稳定的业务架构，构建起一支包含多位北大高才生在内的经纪人团队，后续的发展同样值得期待。

案例3　准主管离职背后的思考

成长的路上，我们见过太多成功的案例，也见过不少流失的案例。尤其是准主管的流失更为可惜。可惜之处并不是我们损失了一位年轻主管，而是遗憾于一个人经过持续复杂的慎重思考，最终却做出了错误的选择，并要为此而负责下去。

如同英国心理学家维克多·弗兰克（Viktor Emil Frankl）所说：每个人都被生命询问，而他也只有用自己的生命才能回答此问题；只有以"负责"来答复生命，因此"能够负责"是人类存在最重要的本质。

案例情况

同样是2017年，我在华中某地招募过另外一位伙伴，"985"工科毕业，科技型企业工程师。入职时从兼职做起，慢慢地也达成了经纪人考核目标，然后晋升为高级经纪人、资深经纪人，获得了分公司的奖牌表彰、经纪人业绩表彰，2019年，来到北京参加总公司的年度表彰会。

能来北京参加全国表彰，这说明是具有一定的业务能力的，在此期间，她也开始断断续续地进行招募。我后来统计了一下，她招来的伙伴一度接近10人。是不是看着趋势还不错？因为在业内，一般招募6~7个人就有希望达到经理团队考核的最低门槛，有希望开始准备晋升经理。只要招募的伙伴业绩达成之后，就可以一起顺利晋升为独立团队。

问题出现

但业务坚持了不到 3 年的时间，这位伙伴也离职了。离职动机之一是 2019 年前后，行业开始了一小部分互联网产品的佣金调整，用她的话来说，感觉"活不下去了"。

但即便离职，也是一个极为缓慢且猝不及防的过程。一方面，大家一直进行着正常的业务沟通、带动、互动，各种反馈也都通畅；但另一方面，在最后的几个月里，持续出现业绩下滑，直至最后提出离职。这个过程里，确实也是去意已决、难以挽回了。

思考决策

一个人的离职必然不是一天的决定，而是一个长期思考的行为。从事后了解的信息来看，她在业务成长中遇到过以下一些问题：比如不辅导自己招的组员。自己对招来的经纪人不进行辅导、互动、交流；还比如，不帮助其他同事。其他经纪人、其他分公司经纪人有问题需要协助的时候，她也从不会主动伸出援手。这些是我后来听到其他人给我的反馈。

不主动积极地和组员交流、不主动积极地向同事伸出援手，这个问题其实并不是最严重的。最严重的是，如果是这种性格，那就意味着她和客户的关系处理也会很一般。这样的性格，业务怎么做得好？

一个人如何对待世界的，这个世界就会如何对待她。

我记得马未都先生在访谈中讲过一个人际关系的法则。在中国传统关系维护上，有一个原则：生人要熟，熟人要亲，亲人要生，是一个打圈的关系。同事关系、客户关系大都是生人或者半生不熟的关系，而这种关系恰恰是特别需要留意去维护的，作为经纪人更是需要如此。

所以，当她遇到这些外部、内部的问题，慢慢积累起来越来越多，她自己始终无法解决，后来找了个理由离职了。理由是其他平台佣金更高，但显然本质原因并不在于此，性格因素更多一些。

虽然能力一般，业务也一般，但离职仍然是一件很遗憾的事。因为只要大家在一起，就会有发展的机会，但离职了，这种机会就没有了。比如，当她走了之后，没想到，她下面的组员，慢慢地都开始陆续招募了。如果按照她还在的情况下，她一定会晋升，因为条件都符合了。晋升之后的收入、待遇、资源都会明显提升一大截，但是离开，就没有任何可能性了。

后续发展

过了一段时间，我看到她以另外那个平台的身份，做了一些营销动作，但很快没有了声音；后来，也看到她有考学动态，比如备考金融学在职研究生，这也是希望很渺茫的一种尝试，后续大概率也是没有结果的；据说还和老公做了一些创业，自己开设公司，做做支付和小程序创业，但也没有了更进一步的消息。

又隔一段时间后，她的朋友圈再也没有相关的动态了，彻底离开了整个行业和我们。

人生如海，一场叹息。

这种离开，往往都是个人的因素。但她当初招募的二代、三代经纪人，后来持续还在做业务、招新和发展团队。顺便一提的是，这也是保险行业的一个很特殊的现象：直接招募的新人确实免不了有人会出现脱落，但是这个人招募的二代甚至三代新人，却可能坚守下来，最终实现业务的逆袭。

随着团队的进一步发展，当人力规模在百人以上时，不同的团队就会在不同的组织职能上有进一步的延伸，具体来说会涉及四个重要专题：组织学习、组织营销、组织服务、组织创新。大多数营销团队会根据业务重心，不同程度地涉及各个方面；也有团队会聚焦其中某一个方向，逐渐形成具有独特性的自主发展之路。

这四个方面也是团队发展核心竞争力的主要来源。所谓核心竞争力，具有无法被快速复制和模仿的特征，形成了组织独一无二的优势，有助于组织进入不同的市场，或在不同的领域中占据绝对优势地位。

保险经纪团队虽然属于营销前端，更加注重扁平化的业务结构和管理模式，但其核心竞争力要素之一，首先离不开团队和组织的深度学习能力。

组织学习：双轨并行的人才新路径

我们前面提到的新人学习和团队培训，都是组织学习体系的组成部分。组织如果要想在激烈竞争的市场环境中不断占据先发优势，只有招新或培训是不够的，还需要有一套专门化的学习系统。当下组织在学习能力提升方面遇到的困难和挑战之处在于，不仅仅在入行时，新人需要学习的内容庞杂且繁复，后续常态的内容学习也是持续不断，同时也需要在时变时新的市场环境中，持续地进行管理的辅导与提升，包括对于主管个人的辅导，以及对于整个团队的管理氛围的铺垫。

为了避免疲于应对各类学习资源，体系化的学习思维至关重要。

兼顾业务与管理的提升，是从小型团队发展为大型团队的必经之路，但平衡这组关系不容易。虽然从企业发展角度，学习和培训并不是格外需要关注的重点——企业最关注的仍然是最终产能和绩效，但保险经纪人团队的发展动力之一仍是来自源源不断的产品、政策、销售、经验、趋势的分享和学习。离开了持续的学习，很容易和市场需求产生脱节。并且在这个过程中，团队主管必须能够率先从表面的业务性日常逐渐深入，进而形成团队的系统化学习能力。客观上也是对主管自身复合型能力的考验：在提升团队业务的体系化思维中，始终要带有管理的视角；在进行团队有针对性的管理辅导中始终聚焦业务方向，最终在动态平衡里真正实现可持续发展。

主要包括系统性的学习型思维体系、针对性的业务培训体系、专业性的管理辅导体系三部分。

系统性的学习思维体系

有什么样的团队主管，就可能会形成什么样学习气质的团队，团队主管在团队学习发展方向上会产生重大的影响。

推动这一切因素发生化学变化的核心就在于团队主管。团队内各级主管包括引荐人，必须率先垂范，推动学习的普及化和系统化。不仅是为了解决眼前的问题，也是为了应对未来的变局。团队业务发展到各个阶段，都会遇到业务上的挑战和难题。有的团队在建立之前，或有的经纪人在入职前就具备了很好的个人业务能力，但仍然有可能需要面对实际经纪人工作中的挑战。

世界 500 强管理培训师、3HFIT 董事长姚宁认为："如果一个人遇到了问题，但是发现无法解决，那么说明个人的能力出现了断层。"解决能力的断层需要不断地学习。虽然在实际工作中，解决一个个问题可以反复尝试不同的方法，也有可能成功，但系统学习必然是其中最重要并且事半功倍的途径。

强调系统学习能力的重要性同时也在于，足够数量甚至略有超前的知识储备是支撑管理能力的一个重要基石。在现代社会背景下，个人很难从实践中创造知识，更多需要在充分了解知识的基础上，不断消化理解，最终改进实践效果。单纯强调实践很容易陷入原地打转的困境，工作多年后发现个人能力并没有得到实质性提升。

可以说，如果不进行有效的学习，个人和组织发展的创造力就无从谈起。传统商业发展所依赖的成本领先、资源要素领先等方法，可以暂时发挥效果，但不能确保永远适应社会的快速发展。社会发展往往要超前于商业模式的改变，谁能够洞察这一切，谁或许就有可能在未来不断掌握先机。

管理学者彼得·圣吉（Peter M. Senge）认为，在学习型组织创建过程中，全面进行系统的变革至关重要。组织革新与变革的驱动力，并不在于单纯的改革，而在于从多个维度同时施加影响。因此他提出了学习型组织需要关注的五项要素：自我超越、改善心智模式、建立共同愿景、团体学习、系统思考。

比如，在考虑重要问题时，扩大思考的空间，在对事情前后因素都充分考虑的情况下，建立一个系统的处理模式；规划最适合自己的未来理想环境，不断地提升自己，从而最终达到这一理想；改善自我心智，跳出原有思维惯性，不断自我改善和自我突破；建立共同的愿景目标，并强调计划、沟通与思考，不自我防卫，也不预设立场，通过学习，让组织成员一同思考、超越和进步。

这五种变革要素，看起来很有挑战性也很有难度。在变革和推进的时候，彼得·圣吉认为，要同时推动，仿佛在公园里手中旋转健身球般的感觉。

面对随时变化的市场结构、变化的产品、变化的保险公司、变化的政策以及最关键的客户群体的变化，要求保险经纪人有高度的自我驱动力、学习能力和服务客户的意识，并且在高度扁平化的管理风格下，灵活开展工作。

如果过度依赖原有经纪人顾问式的销售商业模式，很容易遇到越来越多的竞争。商业模式非常容易被复制和模仿，而能够在被模仿面前不断引领创新的，只有扎根于组织灵魂深处的持续学习能力。

针对性的业务培训体系

在业务培训上，各个公司从不缺乏热情。近两年，由于互联网的便利，在线培训和居家办公的兴起，很多团队和公司都沉淀了一批课程资源。此外，各个合作渠道、保险公司、行政部门、培训机构也会积极组织线上或线下的业务培训。经纪人如果要想了解某一类课程，几乎可以检索到想要的一切。

各个团队内也会自发地进行一些更具体的课程建设。一方面，仅凭外部的某一类或某一门培训课程，不容易实现对经纪人团队的持续赋能；另一方面，团队内课程可以更好地解决一些最后一公里的业务问题，帮助经纪人培训体系更为系统化，最终目的在于源源不断地提升组织成员的业务能力。

这类培训课程，除了对热销产品体系的了解与掌握，还需要掌握大量销售与实战技巧类课程，以及也会涉及对保险行业动态情况与发展历程的关注。比如客户会经常涉及对公司品牌、行业安全性、行业政策趋势的关注。经纪人也必须要对这些方面的内容全面涉猎。常见的内容包括以下几个方面。

①事业说明会。

②新人培训班、衔接培训班。

③新人训练营、陪跑营、成长营。

④专题训练营。如年金训练营、重疾险训练营，或法商训练营等。

⑤产品培训。针对某一款产品展开。

⑥专业培训。例如产品核保、产品理赔专题。

⑦销售技巧。如新人签单分享、大咖销售分享、需求分析、异议问题处理等。

⑧管理培训。比如基本法体系、晋升培训。

⑨行业资讯类。包括保险资讯培训、其他行业资讯介绍，例如基因检测资讯。

⑩服务类培训。增值服务介绍、客户服务体系等。部分服务体系专业程度比较高，例如家族办公室、私董会培训，这种培训兼具了高端客户活动的特点。

专业化的管理辅导体系

在进入职场前，管理者个人能力的提升大概有以下三个基础阶段。

第一个阶段是在家庭内部。家庭生活占据了一个人从童年到青年的大部分成长阶段，所能接触的已知管理经验主要是来自家庭内部的教育，如父母潜移默化的言传身教、家庭或家族所在行业相关的管理经验和故事。这个阶段会在一个人的管理能力成长中形成深刻烙印。

第二个阶段是在学校期间。在学校期间，学生们会在一个相对半封闭半开放的环境里，积累一定的社会知识，承担具有一定社会性质的工作，在学习书本知识的同时，也积累了一定的管理工作经验。学校提供了初步的专业知识、群体纪律、社会规则、工作经验，为这个人在社会上的成长奠定一定的基础。

第三个阶段就是步入社会。在社会工作的过程中，不断学习和改变自我，从中摸索出属于自己的管理经验与管理智慧。从这个环节来说，如果一个人从学校一毕业就很快进入经纪人行业，自身管理经验较少，那么后续就需要大量在工作中的管理培训与辅导。

历史地看，过去没有哪一个发展阶段，像现在一样提出了大量复杂变化的管理难题。管理能力提升和业务能力提升一样，存在科学的知识，也存在经验的成分。管理能力培养，也需要有一定的体系和脉络，常见的组成内容有以下六方面。

（1）普通管理知识

这种管理知识大部分是碎片化和表层化的，不容易帮助经纪人形成管理的系统认知，但是有时候比较新鲜，比较"解渴"，能激发一些管理的感受和思维。

（2）基础管理能力培训

例如管理学当中的计划职能、组织职能、协调职能、控制职能，可以用比较传统和经典的思维方式，指导主管更好地完成管理任务，例如年度计划的分解、监督与落实。

（3）应用管理能力培训

可以更好地顺应社会的发展和需要，开始向专业化行业管理能力过渡，例如偏传统一些的战略管理、人事管理（如基本法、招募选材）、团队管理，或更侧重应用型的行政管理、营销管理（如互联网营销、短视频营销）、财务管理等。

（4）分级管理培训

面向中小团队的基层管理培训（如经理能力培训），或面向高级主管、职业经理人的高阶管理培训（如 MBA、EMBA 项目类课程）等。

（5）日常管理辅导

这类课程一般需要每周 2~3 次交流与沟通，或者至少一周一次。管理不容易通过一门门课程加以传授，管理需要大量的日常辅导，包括对某一件事、某一个案例的完整剖析，而且尤其需要对经典案例的讲解与辅导，帮助培训人员揣摩其中的管理感觉。

（6）其他类课程

因为管理不仅是自然而然出现的工具，而且主要用于解决内部矛盾和问题，所以具有随机性与强制性，也始终具有普遍性和特殊性。管理者需要不断克服自身的习惯性思维或传统性优势，努力提升，不断寻求创新与破局，进而带领团队伙伴不断前行。

最好的管理就是言传身教，上下一致，言行一致，所以领导者自身的能力训练非常重要。

有没有可能持续成长到了某个阶段后，忽然发现自己不适合做管理者呢？也是有可能的。美国学者劳伦·彼得（Laurence Peter）经过大量研究后，提出了一个彼得理论："一个人如果持续发展和晋升，最终将会被选拔到其无法胜任的岗位上。"所以，业绩高手不一定是管理高手，能够解决基础问题的高手不一定是有持续创新能力的高手，有持续创新能力的管理高手也不一定是能坚持带领大家长期发展下去的常青树……

管理的问题复杂而微妙，令人着迷。

回到组织学习体系这个问题来说，如果一个团队的发展目的是培养长远组织建设的人才，那么就必须要建立全面的保险事业观，而非强化版的销售系列课。人的因素至关重要，所以持续建设学习系统的核心在于人的成长，如《华为基本法》中所说，"我们强调，人力资本不断增值的目标，优先于财务资本增值的目标"，因此华为在多年发展过程中，不断地通过知识资本化来源源不断创造价值，使人才的智力资本真正成为华为未来发展的动力和源泉。

好的学习体系的目的不仅在于对当下问题的解决和处理，更在于对未来潜在问题的预判和铺垫。

组织营销：面向市场的管理新范式

营销是组织发展的基石，也是组织生存的生死线。

营销团队和每一位经纪人更多地需要直接面对客户终端，也就是"最后一公里"，能够用于规划全面营销、系统营销的空间并不大。因为全面规划营销战略是企业的职责，营销团队更多是在大方向的指导下高效地完成最终的营销目标。参考一个关于营销的定义，所谓营销就是组织在市场上积极展示价值，并通过交易的实现，来满足客户心理需求的过程。结合这个定义，现代营销学当中的环境分析、市场细分、市场定位、品牌战略、渠道管理、大众传播等环节，从保险团队的角度来说，其实并无太大的可操作空间。

但市场营销作为一门组织艺术，在经纪人团队的管理实践中，具有重要的研究价值。从对营销定义的内涵来看，终端的营销动作是每个团队、每位经纪人唯一能够为用户实现价值创造和价值传递的过程。这种传递并不是简单地一方对另一方的给予，那样是销售而不是营销。营销注重与客户关系的互动，基于客户和市场产生新的价值，并通过进一步地传递与传播去更好地实现。

再好的产品如果没有传播给客户，那么也就失去了价值实现的可能。产品价值的实现，也就意味着营销团队、经纪人价值的实现，也就意味着整个营销链条上的行为都具有了实质的意义。打个比方，营销人员就是最后的那一个画龙点睛之笔。

当代的保险营销市场是一个高度弹性化的市场。经纪人和客户的行为赋予了产品原有价值的新体验和新意义，客户的参与使产品内在的价值得到了进一步填充与完善。在保险产品当中，客户的参与并不是一次性、纯消费的，而是要能够持续地掌握和持续地体验：在不需要的时候，保险几乎没有存在感，但当需要的时候，立刻能够站在台前，解决客户的问题。

客户在当代的诉求，也正从单一的产品过渡为"我想长期、彻底地解决这个问题"。关于保险产品对客户需求的解决与满足，会激发很多潜在的营销需求点。保险市场的这种弹性需求特质，也会传递到整个营销链条，进而传导到每一位前端经纪人手中。

所以，组织管理必须要随时面对弹性化的市场，在营销前端始终保持一种张力。与传统营销管理方式曾经出现的交易驱动营销、关系驱动营销、价值驱动营销、价值网驱动营销不同的是，当下保险经纪团队的营销范式没有固定的焦点，这个和国内市场仍然处于发展初期阶段有关。但反过来说，营销体系中的每个要素又都充满了机遇，能够在持续地失败与成功冲突之中，不断做出灵活多变的应对策略，进而形成面向保险经纪团队的五种独有营销和管理方式。

尊重用户，敬畏市场

不要希望能够凭一己之力就迅速改变客户。有不少保险经纪人都在专业销售过程中进入过于强调专业的误区，试图用专业、知识、科学、理性来告诉客户"最好的选择"，但发现客户并不买账。每一位客户都是复杂的个体，有着独立且自我的思考和决策模式，轻易不会被外部因素改变。所以营销第一条要义就是要尊重用户意见，顺从而不是改变客户。经纪人需要在营销过程中，不断地展现自身价值，然后通过价值吸引客户。

> ### ⫻ 客户决策模型
>
> 影响客户决定投保的决策因素有哪些？
>
> • 产品因素：替代性更好的其他产品方案……
>
> • 同行因素：其他销售对客户的引导，如代理人、银行经理、经纪人、电话销售……
>
> • 平台因素：其他保险销售平台，如互联网平台……
>
> • 品牌因素：存在于客户身边的他人意见，如配偶、朋友、KOL……
>
> • 客户因素：客户的预算、专业度偏好、眼缘、信任感、个人决策习惯……

揣摩和洞察用户心智是营销行为的内在要求。很多自以为手中产品一流的"牛人"都希望能够教育客户，但优质的客户不是被教育的。2022年，我们看到锤子科技创始人罗永浩在公众号发文："我们这种产品经理型的创业者，最容易犯的错误就是不信机遇，不信风口，总觉得我的产品比你们牛，晚出来也一样会超过你们，我以前就是这样，但真实的商业世界不是这样运转的。"[1]

基础的客户也许会被教育，但优质的客户是需要我们顺从的，这是我们作为从业人员对于所处市场应该具备的最基本的尊敬和敬畏的态度。营销作为一个组织方主动发起的行为，要符合消费者的心智模式，其中需要我们有一种对客户天然的洞察力。价值吸引有很多体现，例如不断反复地宣传自身优势，强调目前已有类似的成功案例，然后通过营销技巧反复筛选客户。

优质的客户需要通过海量筛选技巧发现。优质客户在初期不是培养起来的，培养的周期太过漫长，关键点在于扩大基础、扩大范围、扩大接触面，并努力增强纵深感。当在其中发现了某些可成交准客户后，需要持续地跟进并关注一段时间。如果能够成交，那么该客户即有效客户；如果不能够成交，应考虑是否要马上更换，跟进下一位准客户，直至完成一个又一个的连续成交。

在市场上，面对客户需求，不要陷入产品营销和价格营销的误区。陷入产品营销的误区会导致所有业务人员都进入"红海"。因为客户会发现，所有人的产品都高度同质化，那该怎么选？当市场从卖方市场变成了买方市场，那就必然导致残酷的价格战。

如今每一年里，新出的保险产品变着花样设计优势，费率更是不断降低，逼近极致成本，正在持续地给保险公司未来的长期运营提出挑战。

如果暂时抛开保险，从市场角度来看，必要时候的产品竞争确实可以用于挤压对手的生存空间，不计成本的价格战还可以进一步拖垮竞争对

---

① 罗永浩：《再创业可能后悔，不再创业百分之百后悔》，罗永浩微信公众号，2022 年 6 月 13 日。

手，最终彻底实现垄断。但放在保险行业里显然不太可能，因为保险是一种特殊属性的金融产品，性质决定了市场表现，所以保险产品必定是高度标准化的产品类型。好的营销策略，就不是从上游入手，而是要从下游销售环节切入，通过多元化营销，提升品牌溢价，绕开产品销售的单一误区，并不断提升个人业务水平，在变动不居的市场中找到最适合自身的动态生存法则。

把握细节，反复筛选

我们在操作营销的同时，要知道营销究竟是什么。隔行如隔山，如今网络信息泛滥，容易给人造成一种可以轻松跨界的错觉，但每个行业都有各自的门道，感觉自己单凭一人之力可以轻松跨界，说明还没有被市场充分教育成熟。聚焦营销的起点在于产品，经纪人必须在产品上做好基本功，抓好细节，才能以一种比较轻松的姿态，借助产品的优势去理解客户。

但受到各种客观和主观因素的影响，例如产品数量庞杂，有些经纪人未必能长期保持对产品特性和优劣的熟悉，或持续了解同行竞品或平替产品之间的差异。有没有更为快速便捷的操作方式呢？或许有，但对于有志于带领庞大团队的经纪人主管来说，这个环节恐怕没有办法跳过。如果我们连自己的核心产品、竞争对手的产品都不熟悉的话，那么就很难理解客户的心智，甚至连经纪人组员的心智都无法引导。

所以，如果没有好的记忆力，建议要有好的工作习惯。单凭记忆力，实际上也确实做不到——因为很多时候记忆会骗人。鉴于保险经纪产品和知识浩如烟海，随着产品种类的持续更新、个人年龄的增长和体力的下降，经纪人跟踪新品的能力可能会有所退步，几乎不可能有人凭脑力全部记下所有产品的细节。所以前文中，我们也反复提到，必须要借助不同工具，快速帮助自己找到问题的细节和答案，建议要有非常娴熟的操作电脑、手机或其他各类业务工具的能力。

值得一提的是，尽可能掌握产品细节，不是为了要将其销售出去，而是为了明白产品的高下优劣，明白什么是我们不能销售的。掌握细节，是为了有所不为，市场上产品虽然众多，但不能什么都做。如果对所有产品进行无差别销售，意味着这位经纪人的销售行为没有针对性，没有办法有效成交。在持续跟踪的过程中，会耗费很多的时间和精力，产生大量的无序和浪费行为，所以要把握市场动态信息、积累丰富的一线经验，善于和乐于进行产品的筛选，同时也是帮客户提前排除了一批不合适的产品。

筛选产品的必要性在于，并不是要仅仅关注客户表面上的那些需要，因为客户的需要可能会被引导和改变。筛选产品的必要性在于，不是所有的产品都能帮助经纪人实现事业的成功。

规划定位，客群聚焦

定位对于营销团队来说，更多是战术而不是战略。聚焦战术层面，可以有很强的行动指导意义，帮助组织在激烈动荡的商战中取得一次又一次的胜利。如果说，把握产品细节解决了"是什么"的问题，那么市场定位则是关于"怎么做"的思考。从用户角度出发，我们要能够始终思考他们对于产品的真实需求点。在销售行为开始前，就要思考这个产品适合什么样的客户群体以及什么样的客户最符合这个产品的人群画像。

在业务平台上，经纪人长期对接各家公司产品，经纪人必须思考不同产品的准客户适用性问题。以最简单的一年期意外险为例，既有300元、100万元保额的意外险，也有300元、20万元保额的意外险，两者的差别是什么？如果还有第三个、第四个、第五个类似的意外险产品呢？不同的经纪人会做出什么样的选择？或者，该如何建立一套属于自己的业务评价标准，帮助在以后遇到此类问题时，做出有效的遴选？

对比来说，前者300元、100万元，人身保额高，而医疗保额只包括社保内用药。人身保额高，或许适合需要以最低的成本把人身杠杆做高一些的客户，而不太介意其中医药费相对较低的保障额度；另外一款产品，同样是300元左右的保费，配置20万元的人身保额，看起来人身保额低，但医药费的额度却可以做到1.5万元保额，并且可以涵盖社保外的用药，没有免赔额，并且在住院津贴等方面责任也比较全面，这一款产品，或许更适合生活当中比较少遭遇意外风险的人群，例如职业风险等级较低的中高级管理人群、办公室白领等。相比较而言，这类人群对于价格不是特别敏感，但是希望有一个比较好的产品保障和服务品质。

但产品的区别只是表面信息呈现的这些吗？是否还有其他因素影响对产品的判断？

为了更好地对产品进行定位，经纪人需要进一步了解一个产品完整的周期，包括持续运行2~3轮周期后更多的评价。每一个产品在销售后，都需要经纪人来提供对应的服务，经纪人必须考虑到可能潜在的服务成本，以及未来长期的各种因素。

比如，如果客户首先接触的是前面300元、100万元保额的产品，那么就要考虑到产品长期的稳定性问题。如果万一第2年续保的时候，300元这样的产品发生停售或下架，客户还愿意不愿意再去接受300元、20万元保额的产品。

由于在一开始的沟通当中，经纪人提供了超高性价比的产品，而随着理赔率的上升，保险公司已经没有办法再持续提供对应的产品和服务，那时客户就面临着重新选择的时间成本和决策成本，经纪人也面临着重新跟客户解释沟通进行异议处理的各种问题。在这种情况下，为了能够成功完成销售，经纪人或许要侧重强调后续产品的稳定性，在这个过程中，可能让客户觉得前后标准不一，对经纪人的立场和专业性产生潜在质疑。说服客户更换计划，可能需要经纪人投入更多的时间和精力，弥补之前产品的不足或缺陷带来的影响。

除此之外，不仅有多个竞品存在的情况下要去思考和比较不同产品的定位。遇到每一款产品，研究清楚产品细节后，都要思考这个产品适合什么样的客户，这类客户群体在什么样的情况下会选择这个产品以及市场上是否还有其他产品可以供这类客户选择。

定位策略是对客户需求的细分。为了提高销售行为的效率，产品营销必须有针对性。当业务人员感觉可以销售给所有人的时候，往往意味着，可能谁都不是业务员真正核心的客户群。

善用方法，专注营销

对于大多数经纪人来说，懂产品、懂客户仍然无法保证一定能够成交。如果没有成交，经纪人自然就需要判断，到底是在产品细节上出了问题，还是目标客户上出了问题。为了帮助经纪人不断优化结果，就要设法在整个交易过程中考虑不同的营销策略和方法。

如果缺少一定的交易技巧，就会在销售的过程中产生含糊感，经纪人会无法甄别到底是销售中哪个环节出了问题。比如销售不成功，到底是因为基础知识不扎实、自己销售水平不高、对客户需求分析不准确还是出于其他原因，不知道原因，可能就不知道如何在下一次业务流程中改进自己。

营销的前期都是摸索各种方法的过程，也会发现各种问题。比如，在经纪人营销当中，有一种方法是主动跟客户进行知识的传授和科普，这种方法通过展现专业度，起到一定的营销效果。经纪人对产品细节研究得很熟悉，对于条款的责任跟客户讲得也很清楚。经纪人和客户沟通完毕，相当于帮客户打开了一个全新的领域、拓展了完全不同的知识视野。但也可能因为展开的内容太多，反而投保结果不畅。

这类方法的局限性在于，单凭经纪人个人和客户自身，并不能够穷尽所有相关知识。即便在营销前，客户和经纪人都花了很多时间和精力，把所有的细节全部沟通清楚了，之后过了一段时间，客户仍然有可能会忘掉所有的产品细节。

专业的展现度，有时候和结果并没有必然的联系，虽然有相关性，但并不是影响成交的决定因素。在营销中，要优先把握客户的心理，随时关注是否能准确地满足客户的关键需求，而不是反复纠缠在产品的细节上。经纪人在沟通中，如果过于沉迷于产品比较、列举条款、对比利益，无形中会把客户带进一个纯知识化的范畴。用行业内的话来说，就是把客户培养成了经纪人。

更不要脱离客户而走入自我思维的误区。有的经纪人由于发现没有成交，自己总结原因，为此走上了另外一条专业强化之路，例如去考一个在职研究生学历。但脱离客户的各类营销策略，可能会提升业务和绩效，也有可能会彻底成为沉没成本——因为并不能够保证，考学之后就一定能实现业绩的提升。

在开展业务的过程中，要了解所有的要素都是辅助成交的方式，可以灵活使用更多方法，帮助自己更好地开展销售。在正式销售前，可以多做一些尝试性的动作。例如，邀请客户参加讲座，培养和了解客户的潜在意向需求；或者在发送一般性的宣传资料时，发送一些简单的或者一般性的产品资料，以了解客户是否对题材感兴趣。客户如果感兴趣，那么可以继续提供最新的产品方案。

从结果来说，营销行为必须能够推动团队和个人的业绩目标的达成，组织中的所有行为，最终必须能够推动目标的实现，并能进行有效的动态评估，例如对团队业绩报表中件均保费、人均件数、总保费、总业绩等数据的动态监控。

营销团队中，对于结果的目标要高度一致，否则就是人力资源的极大浪费。任何一个业务型团队都是企业的宝贵资产，团队每天所涉及的每一件事，都要有利于业务的发展，并能够有助于核心业务的实现，否则开展了一堆看似热闹的活动，但耗费的时间和收获的价值不成正比。

营销行为在团队发展中，需要长期排在所有业务的前列。华为任正非先生很多年前曾指出："华为的产品也许不是最好的，但那又怎样？什么是核心竞争力？选择我而没有选择你就是核心竞争力！"从消费者角度来说，也许会追求产品的极致性价比，但是从企业发展角度来说，如果要给消费者提供长期终身有品质的服务，那么就必须要在成本、利润之中取得平衡，以及通过营销使企业目标最终得以实现。如果缺少有效的营销行为，组织发展有再好的理念，都会变成梦幻泡影。

在前面的"销售漏斗"中，我们分享过一个"每周3W"秘诀，这里我们再分享一个"数字20"的方法，两者有所相似，但角度不同。

马克·西尔维曼的"数字20"

马克·西尔维曼（Marc A. Silverman）在2016年MDRT全球大会上分享过一个年复一年达成业绩目标的方法：数字20。

每年假设要做成100单（顶尖会员是300单），那么每个月大约需要成交9单，为了每个月成交9单，需要进行3倍的见面。因此为了成交100单，需要主动拜访300位准客户。

假如刚入行，按照 50% 的取消率来计算，为了拜访 300 个人能成交 100 单，那么每年要安排 600 次会面，平均每个月 50 次，其中一半可能会被取消，如果是行业老手，那么取消率会低一些。

因此可以计算出，为了安排这 600 次见面需要联系预约多少客户。西尔维曼自己计算的成功率大约是 13%，也就是说，每年需要进行 4615 次的电话预约。

假设每年休息两个礼拜，每周工作 5 天，一年工作 250 天，平均每天 18 通电话。马克·西尔维曼将数字定在了 20 通，这样可以保证最终目标的实现。

如果每一单的佣金平均接近 1000 美元，那么每年的收入就是 100 倍即 10 万美元（成交 100 单），并且他指出，如果业务员要想做到顶尖会员的规划，那么就请把这个数字乘以 6。

这就是马克·西尔维曼的成功秘诀。[1]

以人为本，激发潜能

由于市场变化过于迅速，一部分经纪人可能对竞争存在不适感，或者遇到过度竞争而产生畏难情绪，甚至是对主动接触陌生客户存在社交压力，所以组织营销也面临着不断进行安慰和疏导的职责，也需要通过各种不同的辅导给出有针对性的建议，挖掘经纪人自身潜能。

人才培养的核心是挖掘潜能，拔高优势，激发天赋的决定性作用。

好的产品销售人员必然不仅仅是对产品的销售，而且能够向客户传达

---

[1] 资料来源：2016 年 MDRT 全球大会。

独一无二的价值。销售人员需要能够将产品的内涵升华，设法适应从产品销售到需求销售的转变。这个过程必须要有一定的想象力，这样才可以脱离单调的产品层面，上升到有温度的价值层面，需要经纪人能够不断地传递产品的内在意义。

如果只要复制、粘贴话术就可以完成销售，那还需要经纪人干什么呢？经纪人独一无二的作用取决于经纪人身上那种独一无二的传递信息的能力。所以在业内，也一直有一种提法是，经纪人销售的是自己的"人设"，但我认为销售的更应该是一种个性化、独创性的"个人意志体现"。

因为假设经纪人可以强调自己的某种"人设"，其他人也可以同样模仿和复制，甚至有可能包装和呈现得更好。每个人虽然都是独一无二的个体，但是要相信永远会有人更为优秀。经纪人销售的另外一层内在品质应该是自己的"个人意志体现"。这个"个人意志"与思想觉悟紧密关联，大概率很难被模仿和复制，而且即便被参考和模仿后，也很难被持续动态地模仿。我们要寻找的就是自己的"天赋"和营销、管理之间的关联。

一个人的成就取决于思想觉悟。思想觉悟引导着天赋的发展方向，天赋能够持续地引发某种兴趣，兴趣推动着不断进行学习和研究，学习和研究创造了独一无二的价值体现。正是这种内在的独特性让经纪人能够持续地生存和发展下去。在营销上，自身潜能决定了这个人持续达成最终的目标。有些人很擅长学习，有些人很擅长沟通，但是在营销上到底能不能有独特性决定了其能不能在这个行业当中持续走下去。

所以我们一直说，保险经纪是一个需要一点"自我"的职业。在营销过程中，时刻要跟客户群体保持全方位沟通，经纪人要具有一种动态把握和沟通的能力。但由于很多产品千差万别，每位客户的情况更是大相径庭，整个营销的流程非常讲究精致和艺术，有一点像在针尖上的闪转腾挪。

这种"自我"，应当充分建立在善良、健康、阳光、乐观等美好品德的基础上，而不是消极、批判、否定、焦躁等情绪的放大，否则看起来在营销过程中有一种所谓的个性，但只是一时吸引了某些眼球，而不可能长期发展下去。被这些因素吸引来的人可能带有某些投机的心理，甚至是逆风险选择人群，而非优质长期的保险消费者。对于经纪人来说，这类客户的转介绍资源也不一定是很好的资源。

在营销方式和策略上，没有唯一或绝对有效的方法，适合每个人的就是最好的。所有的营销方式都是为了有效地触达客户，寻找潜在需求点，完成销售动作。考虑到市场需要与时俱进，不断地开发新鲜的获客手段，是团队发展中很重要的工作。

过往有哪些多元化的大众营销渠道

- 开放型论坛（最早的如天涯论坛、百度贴吧、新浪博客……）

- 垂直类论坛（同城论坛、地区论坛、水木 bbs、游戏论坛、体育论坛、领英、脉脉……）

- 自媒体（微博、公众号、头条号、百家号……）

- 视频类网站（腾讯视频、网易视频、哔哩哔哩、抖音号、视频号、快手号……）

- 流量类平台（爱败妈妈、宝宝树、育学园、小红书……）

- 专项活动（相亲活动、野餐活动、爬山活动、沙盘游戏、密室逃脱……）

- 社群营销（小区群、同学群、校友群、健身群……）

- 其他

组织服务：动态融合的业务新价值

我想，没有哪一个企业或部门能够忽略客户服务的重要性。当经纪人完成销售时，业务流程没有结束，保单的服务才刚刚开始。所以关注服务职能的基础性、夯实经纪人的服务流程、不断探索服务职能的新价值，就是一个组织需要长期面对的任务。

服务是一项综合性和发散性的业务能力，占据了经纪人工作中相当大的比重。具体体现在和客户沟通的各个环节，如投保前、投保中、投保后。投保前，和客户开展全面具体周到的沟通；投保中，对业务流程忙前忙后地招呼和联系；投保后，做好后续每年可能会延伸的持续保单服务。客观上说，也是保险公司和保险经纪公司通过产品和合同为客户提供的一项终身承诺的售后服务。同时，客户服务也有一些关键性和重点性的业务职能，例如对于过往保单的梳理、对客户续期的提醒并完成保单续保。

好的服务可以给客户带来好的体验和价值点，产生很重要的一个指标——口碑效应，以及提高转介绍的可能性；反之，不好的或不到位的服务，不仅会带来客户资源流失，还可能会导致客户投诉。如今互联网时代，网络信息传播极为便捷，一不留神，某些小的问题就会变成经纪人个人或公司层面的职业危机和公关危机。

面向未来的客户服务策略

不少组织和团队都会发现一个问题，当前的客户数量或正在逐渐下降。其固然受组织战略、行业政策、经济趋势、竞争饱和等因素影响，但未来一段时间，人口持续下行趋势所带来的消费力不足，会持续产生深远的影响。客户数量带来的业务量波动，会增加组织发展的焦虑，可能会驱使企业更加努力地增加前端销售环节的业务动作，投入更多的成本和人力，以增大竞争力度，获得更多的发展机会。

真正决定企业未来的是对客户需求随时变化的洞察力。直接面对客户，才能掌握组织发展的未来，才能链接客户的专业化服务，才是组织发展和升级的关键点所在。高水平、专业好的保险经纪人天然具备了更好的市场适应力，背后的深层逻辑是对自身业务的不断调整与升级。

主动改变意味着成本和支出。不改变或停留在舒适区是大多数人潜意识的选择，但时代和每个行业都会不断发展，如果不是自发主动地进行变革，那么当变革从外部进入的时候，可能就是危机到来的时候。

韩国水果的故事

以前在学校工作的时候，有一天吃饭，一位朝鲜族的同事韩教授坐到了我的面前。

学校食堂有教工专用餐厅，每次就餐，都会给老师们提供几片西瓜或者其他水果。这一次我们面对面坐着，一边用餐一边闲聊，快吃完的时候，他拿起西瓜啃了啃，一边品尝一边说："现在这个西瓜，其实都没有什么水果的味道。不像我们在韩国吃，水果的味道还是比较浓的。"

我不禁好奇："是吗，差别很大吗？"

他说："很明显。我们在韩国，比如说有些蔬菜水果，不是论斤称而是论个卖。像西瓜，我们都是一个多少钱、几个多少钱，不会去按斤来卖。而且由于是论个卖，所以往往是越小的越甜、越自然的越甜，甚至同样的青菜，上面带一些虫眼的最贵，越大的可能越没有人买，因为那种可能是化肥农药催肥的。由于大家都按个卖，所以农民不会考虑催肥的问题，踏踏实实种好水果、种好粮食就可以了。"

我听了后若有所思。

在后来的业务发展中，很多时候，我都会想起这个故事。虽然从表面上看，一种成功的商业模式离不开人们的消费习惯，但深层来看，如果一个行业和市场正在不断地面临竞争压力，那么向内进行自我业务的优化和流程的调整，就是必然的选择。因而人们会更加聚焦业务质量、业务品质，而不是外在产品的数量或业务规模。

经纪人能够为客户提供更好服务的背后，缘于更为灵活多变的服务策略。例如，关注差异性服务、避免同质化竞争、给客户制造差异化惊喜的背后是"差异化服务战略"；强调高品质、针对小众人群的服务背后则是"集中化服务战略"；在侧重持续给客户提供高性价比产品的情况下，就可能更会采取"成本领先服务战略"。但更多时候，不同的策略会交叉出现，经纪人面对不同的市场，也要根据自身业务定位来选择不同的服务方式和方法。

当经纪人开始从重视前端销售业务，到逐渐重视全流程服务，就意味着进入了业务的长跑赛道。其中蕴含了组织对于业务关注点的重要变化：组织不仅要鼓励成员持续成交客户，还必须通过使客户持续满意不断地产生新价值。

记得我从新人开始，到差不多积累了 1000 位客户之后，我的业务也进入了第 5 年，在这个阶段，我开始思考，什么样的营销管理体系对我而言是更重要的。因为按照目前的思路，后面连续的时间里，必然也是客户量和业务量的不断积累，但除了数字的增加，更重要的是什么？

随着业务量的积累，经纪人会意识到，最重要的不是签了一位又一位的客户，不是数量的积累，而是在这个过程中的业务深度拓展。如果低质业务过多，那么可能会整体拉低经纪人的业务水平和发展水平，所以有效定位并提供更为精准的服务内容，也是经纪人发展的生存之道。一旦发展了比较有品质的业务，背后往往不是一份保单，而是一套家族保单或者一个特定群体的保单服务，背后的核心就是转介绍。

在营销管理中，我们衡量核心客户的一个重要标准是忠诚度，而体现忠诚度的关键数据就是转介绍率——客户有多大的意愿把经纪人介绍给自己的亲朋好友。忠诚度离不开专业，更离不开服务。做好客户服务是一种长期主义精神的体现。不求数量，追求质量，聚焦核心，避免人海战术，做长期主义者，努力陪伴每一位客户和每一个家族的成长。

兼具灵活性与针对性的服务体系

客户服务主要包括两个方面，一个是常规性的服务工作，另一个是专门化的服务内容。前者是基础性因素，会伴随在每一份保单的流程里，而后者是提升性因素也是做好保单终身服务的关键。

做好常规服务工作，离不开一定的情商和共情能力。因为常规服务的关键并不仅在于签约多大的保单、创造多大的成绩，而且要能够帮助客户解决签约过程中关心的方方面面的问题。无论是业务问题，还是异议处理，都需要经纪人从服务的角度做好协助或解答，从而确保每一份保单有着更好的完成度。即便没有成功签约，也要给客户提供周到的服务，从而在将来铺垫更多的成交可能性。周到的服务可能会给客户带来深刻的印象，甚至成为客户回心转意的关键。

做好常规服务工作，也需要一定的应变能力与自身特色，能够和其他机构或渠道服务区别开来。现代商业社会，所有的公司都会将客户服务作为重中之重，而且日益专业化和体系化，建立完善的线上线下客户关系管理系统（CRM），以应对客户随时可能提出的业务问题。以银行服务为例，可以通过大数据筛选服务中心网点周围的客户信息，按照不同的标准定向营销，并且可以提供客户全生命周期的服务，涵盖从新生儿出生、小学、成人、婚嫁等各个重要阶段。

在这种情况下，经纪人不要一味提供"大而全"的服务，在客户开发环节，可以把客户分类，针对不同类型提供不同的服务内容。之所以在业务前期不建立某种固定的、标准化的服务流程，是因为个人和组织在初期很难投入成本建立一套标准体系，并且标准体系建立后，还需要结合客户实际情况进行变化与调整，这可能带来更多的管理和业务上的问题。

前期工作从服务入手，但不能止于服务，而是将服务作为触达客户的方法之一，目的是和客户建立深度的链接，通过链接建立更多的合作可能。

在保单签约之后，有五种常见的服务内容。

（1）日期提醒

一般来说，比较高频的回访，可以提升客户加保的概率。客户加保非常重要，毕竟持续地成交才决定了经纪人的生存和发展。客户生日类的日期提醒就属于客户服务中的一个重要机会。

如果经纪人从事 3~5 年，基本上客户数量可能会在 500~1000人，平均到每一天，几乎都有数位客户生日或者进入重要日期。那在这种情况下，客户生日提醒就可能会有不小的工作量。那么如何才能鼓励经纪人坚持给每位客户发送生日祝贺短信，就是一个需要考虑的问题。

从重要性角度来说，如果能够提前得知客户生日或重要日期、提前设置好提醒，那么在日期到来的时候，必然可以给客户一个小小惊喜。我不止一次地遇到有客户朋友给我直接的反馈："哇，今天原来是家里面那位的生日，我差点都忘了！"

确实如此。如果是单纯凭记忆力，无论是谁临时到了那一天，难免都有可能会遗忘或者不小心错过。但当把这个事情作为经纪人日常服务工作的内容之一，并形成业务习惯，就可以从侧面帮助客户规避这个问题。

此外，也有一个延伸出来的问题。我们会发现，身边或朋友圈里有一些业务员，连续每年过年都会给客户群发短信。群发贺年短信，和生日短信虽然不太一样，但我们也可以先考虑一个问题：为什么有的业务员连续发了很多年，却没有后续进一步的进展呢？

我的微信里，有业务员给我连续发了 4 年的拜年短信，很有毅力。但发了拜年短信后，后续没有任何跟进或进展，有时候，我都会替他着急。发送日期提醒，是手段不是目的，而是为了能够触动客户，并尽快地推进下一步业务流程。

（2）续保缴费

对客户而言，保单续费一年一次。如果手里面持有多份保单，则分别注意那几个缴费节点就可以。但对经纪人而言，数百至上千位客户的保单缴费时间是不同的，分散在一年的 365 天之中，每天都会有续期提醒。因此既可以每天都提醒当日或近期的续期保单，也可以考虑结合特定的保单情况，如临期的医疗险保单，并以月度为单位，集中提醒当月所有续期的客户。

续期提醒非常重要。因为客户并不一定能够100%及时准确地完成保单续保，万一漏缴了，结果就是保单失效。后续处理很麻烦。所以这里也再次体现出保单并不是卖完了就结束了，恰恰相反，保单签署后，最重要的事情才刚刚开始。

有一些是常规业务，常规处理即可。比如，意外险，需要客户注意手动点击操作续费；而医疗险，如果是一年期的短险，则也需要提前手动点击操作；如果是保证续保的医疗险，一般会在银行卡内扣费。由于各家医疗险产品不同，有的有犹豫期，有的没有犹豫期。在操作相关保单的时候，要一并留意这一点。

像重疾险、寿险、年金险、两全险保单，保险公司会在到期前通过短信提醒客户，如果客户已经关注过保险公司的官微，则还会通过微信提醒。保险经纪公司也会通过短信、微信进行提醒。由于重疾险、寿险、年金险、两全险在到期日后，会有60天的宽限期，宽限期内，注重服务的保险公司也会提醒客户。以及最后也一定会有专门一对一的人工电话，来完成最后一道关卡的提醒。

对异常保单业务的处理

无论是什么险种的续期，都有可能存在一些意想不到的情况。

比如，客户因为缺乏资金，无法缴费，那么长险保单会进入中止期，中止期两年内如果要恢复效力，需要和保险公司申请并重新进行相应的核保与补缴费，这可能会涉及补缴产生的利息。

还比如，续期扣款必须通过银行卡进行。假如客户属于港澳台籍，银行卡遗失，刚好无法通过保险公司官微变更新银行卡，而有的保险公司官微又刚好还没有做完系统技术升级因而不能自动识别港澳台证件，那只能通过纸质材料，进行保全变更。但假设客户在续期的时候，已经进入了60天宽限期，临近节假日工作人员又全部放假，加上临到最后那几天才想起这个问题，那这种情况下就很麻烦了。

这种叠加多个因素的情况并不少见。我们以往遇到过类似情况，最后采取了合作渠道层面的紧急沟通，客户出具关系证明，由配偶转账给保险公司完成缴费。

还有一种续保服务时出现的情况。例如高端医疗险的续保，需要续保时变更保障计划，但保险公司刚好只能通过纸质操作变更，假设客户因为平常忙碌，一直没有告知经纪人想更换计划，又刚好临近缴费宽限期最后几天，万一又临近"五一""十一"等小长假，也非常不好解决。

还有一种状况是，客户因为债务纠纷，银行卡被全部冻结。在这种情况下，客户无法再使用银行卡，如果把保费转入，就可能会被直接划走。为了避免保单无法缴费进入中止期、丧失保单权益，经纪人一定要提前跟进，设法协助客户和保险公司沟通，协商解决。

（3）保单整理与保单托管

每年定期整理保单情况也很重要。保单整理和保单托管虽然是两件事，但保单整理必然伴随着对保障内容的分析。在详细分析之后，保单结构已经清晰，所以已经具备了放入托管系统的可能，但是否托管，也需要投保人的同意与授权。其中有一个可行性和业务评估的问题。

不过即便不考虑保单托管，首先来看保单整理，就不是一件特别容易的事情，主要有三个原因：一是以往保单数量可能很多、周期跨度大。还可能涉及近年来多次不同的保险行业政策和条款变革，例如条款责任升级、行业标准修订、新冠责任拓展、择优赔等。二是以往保单条款的解读需要一定的功力。可能涉及万能险、投连险、两全险以及各种附加险，涉及对不同保险责任的辨析与解读，例如早期重疾险有的是提前给付，有的是额外给付。三是对保单利益的准确计算。大部分保单具有一定的现金价值，对在某一段年限中的现金价值高低多少、是否存在归类合并、责任微调、产品替换的可能性等至少需要比较精确的盘点，有的客户还涉及境外保单，我印象里还有一次见到过组员的客户持有东南亚国家的保单。

整理清晰之后，对于客户已有资产的梳理是具有重大意义和价值的，甚至不亚于当年投保新单时的重要性。很多客户即便在投保的当时充分研究了条款细节，但时过境迁，仍然有可能对产品的责任与细目内容渐渐淡忘与模糊，重新梳理主要就需要靠经纪人来协助解决。

在这个问题上，经纪人需要不断培养自己的保单分析和整理能力，长期保持对各家公司产品的熟悉和关注，从而在整理的时候，对不同保单的情况能够一眼看穿。

同学聚会时出现的潜在业务需求

2021 年夏天，我参加过一次平均认识超过十年的同学聚会。

与会者都是大学时的学生会干部。我在五年前加入保险业直到今天，都没有去主动开发过我的任何一位熟人。不过大家既然都聚会了，而且早都听说我去做了保险经纪，所以聚会的时候，就会问我各种保险问题。因为他们似乎觉得我看起来确实有点专业，然后在聊天的过程中，就会拿自己以往的保单给我看。

第一位朋友打开手机将 App 上面的保单展示给我的时候，屏幕都划了好几下，林林总总有二十多份，毫无疑问，一看就知道，她肯定是一个很典型的"保二代"。因为只有家里人很早就在做保险，才会给孩子买那么多。

然后聚会到后半场，又赶过来一位朋友，是我的师弟，聊了一会，他也拿起了手机给我看他自己的保单，我一看，好家伙，同样也是十几二十份，而且这两位朋友的保单都是同一家人寿公司的，我和他们说："你们家的保险意识很强啊，家里人肯定是做保险的吧？"

确实如此。而且其中后来的那位朋友的母亲，还是某人寿的团队长。

但这个过程中，就产生了一个客户痛点：**很多客户往往不知道自己到底买了多少、买了哪些产品。这个事情不算急事，但非常重要。**所以，动态评估与分析已有保单结构，就有着巨大的市场潜在需求。

关于保单整理，在传统保险行业里也有强调要半年整理一次的说法。但是如果在最初配置的时候就做得相对比较丰富和齐全，才半年就不一定有太大必要进行整理，但仍然可以以年度为单位进行整理。或者如果客户有家庭成员的增加，或工作、收入等方面的变动，也可以随时补充和进行调整。

在整理过程中会涉及一些需要留意的因素。如，离婚导致的保单情况变更，可能涉及原先交叉投保、投保人豁免责任，或者指定受益人关系需要变更；或者婚姻导致个人财务状况可能发生重大变化，客户需要通过新单投保做一个妥善的资产安排；或者离婚导致可能失去保费来源，保单现价被迫要进行清算；或者因为债务关系银行卡冻结，导致保单无法缴费等。这些都是在保单服务、保单整理过程中，可能会遇到的问题。

而保单托管，目前一般通过软件系统就可以完成，常见的 PDF 或者 EXCEL 文件版本的托管报告都可以实现。全套标准化整理需要一定的时间和人工成本，也是一个精细活，并且在必要的时候，需要外勤和内勤协同进行，保单整理周期也可能会因此而延长。

（4）年度答谢

年度答谢可以以聚餐的形式，也可以通过随手礼、台历、贺年福袋等物料，亲送或者寄送都可以。如果本地同城的话最好亲送，如果因为疫情期间或身处外地情况下，那么就只能依靠物流了。物流方要尽量选择优质或者长期服务好的品牌，并且要留意不可抗力情况，如春节提前放假、"双十一"快递拥堵或者某些区域暂停个别物流出入，如果是委托第三方或者第四方寄出的物品，可能会进一步延迟等。

各种状况我们都遇到过，总的来说，提前规划，早做比晚做好，尤其是经纪人日常业务头绪多，很多事情尽量不要拖。

在具体答谢物料准备环节，要考虑不同人群的不同偏好。年轻客户可能喜欢形式感、科技感、时尚感强的礼品或礼盒；而年长客户更多喜欢实用性的如台历、春联、窗花。不过我有客户也明确表示过，自己的女儿就很喜欢窗花礼包。客户开心很重要。

在准备的环节上，需要注意的是，物料由于可能涉及不同类型，前前后后反复准备过程中，出入库工作要做好。不要造成某一款重叠、其他款匮乏。比如，经纪人在一个礼包里假设要放 5 种东西，但陆续准备后发现有的品类过于充足，或者有的品类短缺，这就不好了。

我在这几年内，都在持续做客户服务工作，包括赠送小礼品、发小红包等，感受和收获是不一样的。比如从最初偶然给个别客户发送，到后来小范围地发送，到后来提升礼包的内容，都有自己不同的思考，也有不同的收获。

现在商业社会，信息通畅，彼此之间都是"明牌"。双方在合作过程中，成交不难，难的是得到信任与信赖。近年来由于互联网的兴起，初期看似新增了不少互联网免费流量，但后期发现保险新单获客成本也在不知不觉地增加，因此从业务角度来说，我们也要思考，究竟是要把这部分费用投放给渠道，还是通过客户答谢的方式投给客户，让每位客户都成为我们的口碑宣传者，甚至更进一步成为我们的战略合作伙伴。

随手礼打开客户话题

有一年，有某个小区要进行外墙改造，这也属于全国很多老旧小区会推行的一项重要工程。社区内会有工作人员（一般是年龄大的楼长）组织大家，挨家挨户填写问卷反馈意见。本来是件小事，但是一般这类工作时间都会比较紧，不会提前预留很长时间，往往是周一布置工作，周二或者周三填写，周四或周五就要求上交。很多小区家庭住户是上班族，早出晚归，不一定能按时收集到位。虽然现在有微信群等交流方式，但楼长一一收集，也是比较辛苦。

在微信群里刚发出消息的时候，经纪人看到消息，就马上表示说：都已经填好了，您在家的话，就给您送过去（马上表示一个积极的态度）。

但楼长还是坚持亲自上门来取，顺便也能和各家说说话，聊一聊。楼长一说要来，经纪人打印填好后，想了想，因为正好是过年前夕，手边有一些公司准备的台历和春联，正好可以准备两套（而不是一套）请楼长一起带走。台历和春联的颜色和封面都是大红的，很喜庆，作为伴手礼最合适不过。

开门双方简单寒暄了一下，邀请家里就座，楼长表示拿完材料就走。这个时候就顺带着就把台历双手递送过去，推脱一番后，也是收下了。收下了后很自然的，楼长就会关心一下经纪人的情况，比如：目前工作忙不忙？看你们现在做得挺好，有时还出差，是什么样的工作呢？现在是不是在做保险？具体做什么样的保险业务呢？

有了这些话题的延伸，就有可能通过对话触及其他的保险需求方面。例如，楼长想了一下，自己刚好有个小孙子，10岁左右，也在琢磨着看看弄个什么保险。以前可能买过一两个什么产品，但自己也不太懂，也想看看后面有机会的话，是不是再配置一些什么产品。

这随手的业务机会，不就来了吗？

很多时候要随机应变，要给自己和客户创造机会。当我们手边有了一些物料之后，没准就可以随时派上用场。我在家里和办公室，也都会随手放一些东西，出门办事的时候都能带上。而且每一次和朋友见面，都是一个传递感情、开启话题的好机会，最终是否签单并不重要，至少让我们每个人和别人通过交往，产生了很多新的可能性。

哪怕不能成交保险，听听别人的故事，也是一种收获。

（5）贴心赔付

赔付环节的服务也是很多客户会关注的重点。在原先保单业务中，协助客户进行理赔是每一位业务员的职责，但在这个方面，不少公司会额外设置专门的赔付协助部门，来更进一步地帮助客户做好理赔沟通工作。

在协助理赔沟通中，有两种常见情况，一种是有些保险公司在一定额度范围内，授权给经纪公司协助客户完成理赔，这种额度范围一般会在1500~3000元不等，常见的是意外门诊责任、小额住院责任等。另一种是有些保险公司处于风险控制的考虑，暂时不会把权限开放给合作的经纪渠道，无论是小额理赔还是大额住院理赔，都会让客户直接把材料递送给保险公司。直接递送有一个好处是，可以避免在中间多次传送过程中出现材料的遗失或者信息沟通不畅带来的客户误会。

从经纪人角度来说，非常愿意协助客户进行理赔，无论是否属于自己的客户。因为每一次理赔都是一次业务经验积累的机会，这种模式有些类似于医生、律师行业，在这类专业度比较高的行业里，人才成长需要大量的案例积累，案例数量决定了经验的丰富程度。所以针对理赔所需要的协助报案、协助审核、正式提交、多家理赔、进度反馈、拒赔复议等，经纪人非常愿意介入。而且在目前业内头部公司，已经积累了不少实践案例，这个方面的服务已经比较成熟。

此外，和理赔环节相关的常见的其他服务还有绿通、直付、垫付、全球紧急救援等，有些是同样的一个服务在不同情况下的说法，例如网络医院内为直付、网络医院外为垫付。这些功能往往和保险公司提供的保单责任有所交叉，因此客户也可以自行联系保险公司解决，但在紧急情况下，如果有经纪人随时提供服务，肯定能够更省心省力，而且也能避免因客户不了解具体细节操作而带来的延误。

服务内容的创新、延伸与探索

（1）避免面面俱到，实现有效聚焦

客户服务属于营销链条中的最后一个环节，但不是单纯的业务工作。要设法成为创造业务收益、产生专业价值、获取外部信息、助力团队提升的有效途径。要能够通过服务性工作，动态梳理和评估客户范围，不断地扩大优质客户群体和质量，进而使团队绩效明显提升。如果不能短期产生业务绩效，那么势必要重新评估和调整服务工作的方向和投入策略。

聚焦既包括对业务的聚焦，也包括对人的聚焦。对业务的聚焦是指有助于实际业绩提升的服务就是好服务，无助于业绩提升的服务就是没有用的服务，因为没有产出。

对人的聚焦同理。有助于客户消费增加的服务就是好的服务，未能使客户消费增加的服务，就不是好的服务。所以在客户关系管理中，一些企业按照每年消费额计算会员积分，如果没有消费，会员等级会下降，也是一个有效的办法。

结合客户管理来说，划定个人核心客户范围，做好重点客户的重点服

务，可以通过支持客户的发展来进一步加深双方的合作共赢关系。例如，在每年的工作中，小米董事长雷军对于重要渠道供应商的关系维护是非常重视的，每年都要定期亲自走访头部渠道供应商，以确保小米供应链的长期稳定运行。

（2）创新产生价值，带来二次营销

在长期服务客户过程中，经纪人要善于主动发现业务增长点。围绕重点客户的重要事件，主动介入和提供专业保险方案。例如，近期客户是否存在年龄变化？客户家庭成员是否存在变动与增加？客户的工作和事业是否出现了调整？在这些关键节点上，保险可以提供什么样的帮助？经纪人可以提供哪些帮助？

创造性的服务需要经纪人学会主动把握机会。平常工作一旦成为惯性，就很容易让人磨灭创意和创造性。创造性思维需要时间和精力去琢磨，经纪人如果把全部时间投入常规业务，就难免会忽略对创造性服务的考虑。在工作中要给自己预留一点空白的时间，用于把握随时可能出现的机会。服务中的创造性因素，一定是偶发、突然的，但是把握住了机会，就有可能带来很好的效果。

地震发生时商家做了什么？

2022 年初，国内西南某省发生了一次小型地震，很多当地居民都有震感。对于全国其他省份而言，没有太大的关注，因为震级并不是特别高。

但国内某化妆品品牌，在地震后第一时间，通过公司短信平台给收件地址是地震区域的用户发送了这样一条温馨短信：

尊敬的（品牌名）主人，得知您所在地区下午发生了地震，（品牌名）万分挂念，震后您也要注意安全，做好防震措施，愿您与家人一切平安。（回T退订）

虽然是短信平台统一发送，但是在统一发送背后，相信每位用户都能感受到品牌的温暖。这种"有温度"的服务，在第一时间进行安慰，一定能给客户带来很好的感受。加上这个品牌方是国产品牌，还带有了"国货"标签，更体现了对国人的关心。

（3）不断优化服务，有效触达客户

保险产品的客户服务仍然是相对比较低频、长周期的类型，但如果在其中刻意增加服务沟通的内容与频率，有可能会带来更好的客户转化。

如果要思考一种更加紧密联系客户的沟通方式，该如何操作呢？

例如，在为客户面送保单之后，后续如果发现客户接受了采访或者参加了某些活动，那么就可以考虑告诉客户你的感受。客户会很愿意听到别人对于他的正向反馈。

或者当自己看到一本书或者一段话，感觉很适用于客户的业务和情况，也可以和客户分享，这样的话更有针对性和聚焦性。

或者参考理财行业沟通客户的方式，可以交流得更高频一些，因为可以每季度、月度都和客户进行联系、提供资料、汇报业务，等等。

（4）控制服务成本，做好有限服务

从管理角度来说，虽然有些观点看似正确，但由于主体不同，观点的适用性也是不同的。做好服务的关键，在于对这个方法的拿捏和揣摩。例如，对于固定薪酬的内勤，服务必然要强调无缝衔接，因为服务是促使内勤不断提升生产价值的最重要的手段；而对于灵活薪酬的外勤，服务一定是灵活的，因为过度强调超值服务有可能会消耗外勤不必要的时间和精力。

好的服务不是唯一值，好的服务存在边界，好的服务需要以准确的核心竞争力为依托。

虽然强调"全面服务"非常正确，但从组织和经纪人成本来说，应当注重"有限服务"，而不能过于强调"全面服务"。我们也经常听到一些专家在某大会上，反复强调保险商业模式的服务性："我们一定是要以客户服务为中心，我们的业务就是以服务为核心的一种业务，只有服务才能够体现我们的真正价值。"这种说法对吗？

以服务为中心很重要，但不是绝对首要条件。如果企业都无法生存下去，服务再多又有什么意义呢？而且服务性的工作，需要大量的人力成本，我们需要被迫把业务人员的服务和产品一并打包提供给客户，本质上还是人力价值和专业水平低的体现。

有限性的服务也考验应变能力。要有眼力见儿、要能快速随机应变。

突然来了位领班

有一年，我销售了一份总计百万元保费的养老保单，对于这位客户来说，金额不多，但也不少，而且涉及未来的养老保障，所以还是比较慎重地考虑了方方面面的因素，包括产品、公司、品牌等。

最后一个环节，是前往保险公司的样板间实地调研，一方面想进一步了解这家公司提供的养老社区服务，另一方面也是为了实地考察这家保险公司的情况。

约好当天下午 14:00 开始。我提前一天预约好了样板间的服务，这样可以让保险公司提供专人讲解，效果会更好一些。下午13:30左右，我在楼下大堂等待客户到来，之后正常迎接上楼。

进入保险公司样板楼层后，客户并没有像我想象的那样，正常一边走一边看，而是上来就对保险公司一顿批评。不走保险公司常规的品宣活动路线，对样板间和保险公司各个方面都直截了当地挑出问题，而且随时打断讲解人员的介绍流程，现场气氛很强势。

专门负责讲解的小姑娘特别窘迫，满头大汗。

由于针对社区方面的问题，我确实也解答不了，所以只能在旁边看着，也感觉比较棘手。

这时，从沙盘另一侧，远远走过来一位男士，看着装应该是一位领班或者经理。走近我们的时候，注意到我们正在反反复复来回解释，就先和小姑娘打了个招呼，问清楚情况后，拐了个弯走过来接手了后续的讲解，和客户做了详细的解答。

这个解答就完全不同了，非常详细，把方方面面的问题都说到了，客户的脸色好了起来。

在专业的加持下，这位领班用了大约半个小时把项目的情况和客户做了交流。随后留下我和客户在旁边的休息间继续沟通。

我和客户在现场聊了聊，客户表示回去后，要继续考虑一下。没过多长时间，客户最终就敲定了这套方案。虽然客户表示不需要养老社区、没有和养老社区挂钩，但现场交流之后，更增强了客户对于产品和公司的信任感。

不过，我事后过了很久，还会想起一个问题：这位领班真的只是偶然路过吗？还是在里面听到了我们的动静后，专程赶过来，但是又故意做出无意间路过的感觉呢？

不得而知了。

通过以上几个方面的思考，我们会感到，无论是借助事件进行服务，还是针对个人进行服务，或是在某些场景下进行服务，都有可以思考和发挥的空间。

并且也会发现，贯穿所有服务工作中的主要关键词就是"效率"。经纪人需要在原本忙碌的工作中，时时刻刻考虑成本和收益之间的关系。如果用10分服务最终投入换来1分收获，这是好的服务吗？对于客户来说，肯定是好服务，但对于企业和业务人员来说，可能不是。

产出回报不成正比的话，这样的服务系统难以为继，对客户也是损失。

组织变革：多元探索的行业新视野

业务创新在组织发展的过程中具有重要作用。如果仅看典型画像的话，一位客户，很难持续投保基础保险业务，无论是人身保障，还是财产保障，而高端保险类产品需求相对又比较小众，持续扩大的空间并不大。例如，在一个城市里，高端医疗险的适用人群，在一段时期内的数量是比较固定的。所以在保险的基础和高端之间，以及在保险领域之外，随着家庭和社会财富的不断增加，多元资产配置的问题会成为值得关注的业务创新点。

如果我们参考美国保险业的发展，就会发现单纯的重疾险、医疗险并不是保险公司看好的主营业务来源，这类单一模式企业的估值也很低。时任大家保险总经理临时负责人罗胜在一次会议上指出：长期期缴寿险保单增长乏力，对寿险公司内含价值的高估值模式有所冲击，导致寿险公司估值下行。从全球范围看，低利率市场中寿险公司估值很少有 PB 超过 1。①

关于资产配置问题，早在经纪人入行开始做业务时，就会或多或少地遇到。例如，在为客户进行基础保障方案的规划初期，经纪人就可能需要思考保险和其他金融工具之间的差异和区别，如：到底是以覆盖基础保障为主，还是要结合其他资产做进一步规划设计；家庭财务的盘子中，该如何区分各个资产类型的比重；等等。这些问题不会高频的出现，目前的存在感也不强，因为很多客户还不会主动提出，但随着业务的延伸和发展，可能会成为经纪人核心竞争力中的草蛇灰线，将来慢慢发挥深远的影响。

在组织业务发展方向上，必须要持续关注业务的多元创新视野，保持对资产配置问题的敏感。从主管到经纪人，持续提升在这个领域中的问题处理能力，以便在市场和政策都发展到一定阶段后，满足客户日益增长的多元配置需求。

大类资产：中国家庭财富安全的基石

中国家庭无论处于哪一个层级，赚钱都不容易，但花钱很简单。在家庭和个人成长的过程中，风险更是无处不在，稍微遇到不可控因素，就可能为家庭带来很大的影响与变故，例如，疫情及后续就是大的极端因素对所有家庭抗风险能力的一次影响深远的考验。对于各个家庭而言，在成长与发展阶段纵然有过再多辉煌，最终也会回归生活的宁静，落于财产的合理安排问题上，并体现为某种相对的安全性与可控性。

财富管理是一种动态行为，既考验创富的过程，也考验守富的结

---

① 罗胜：《寿险业直面大资管时代跨界竞争，监管、互联网经济倒逼行业转型》，2021 年中国寿险业转型发展峰会主题发言，2021 年 9 月 15 日。

果。无论是中产家庭，还是新中产家庭或中间阶级、新财富人群……身份的不同，对资产安全的内在需求是一致的。胡润百富《2021意才财富报告》中说得很好："不同的阶段有不同的需求，而总财富代表这些人的信心。"

虽然随着家庭财富的不断积累，人们开始日益关注财富管理问题，并会通过线上自学、专业交流、线下活动、培训提升等方式进行财富管理，但长期以来，缺少系统有效的配置思路与方法，人们在财富的合理增值、财富的专业规划、财富的定向传承等方面仍然持续存在迫切的需求。近年来受到各行业政策调整、国内外经济形势叠加疫后影响，大多人增加了不少保守与观望的情绪。

不过，无论未来如何发展，中国家庭财富管理的问题不会消失，摆在每个家庭面前关于财富增值、子女教育、生活消费、健康管理、养老传承、风险隔离等各方面需求会始终存在。核心就在于对财富的创造、积累、保护、使用、传承，其中有效地识别不同的投资风险与投资策略至关重要。最典型的例子莫过于：同样的一笔钱、同样的两位大学毕业生，小张在15年前毕业时，有了工作，兴奋之余首先买了一辆小轿车；而同学小郭，稍微节省一点，咬咬牙加按揭买了套小户型住宅，一晃15年后拉长时间线看，两个人在资产管理上的结果绝对是天差地别。

因此无论是过去、现在还是未来，了解与合理使用大类资产中各金融工具，并思考做什么（要素）、如何做（思路）、怎么做（操作），是摆在中国每个家庭眼前的永恒问题。

（1）储蓄

储蓄是中国传统家庭理财工具之一，属于现金规划的范畴。是居民将手中的现金货币存入银行或者其他金融机构的行为。一段时间以来储蓄利率走低，但短期仍然具有较大吸引力——实体机构数量多、天然存在安全感，存取也相对方便，并且在经济不确定的时候，增速明显。但现金储蓄的最大问题是货币增值部分无法对冲通货膨胀的速度，并且储蓄类产品一般为单利，收益较低。

（2）债券

债券是政府或企业、金融机构向社会筹集资金而发行的债务凭证。和银行储蓄类产品相比，利率高、安全性强，灵活性较强，但期限短。有一部分金融机构为了强调自身理财产品的优势，会列举国际目前全球国债负利率提升的趋势来说明资产在当下保值增值的优势，但是就债券类产品而言，高票面利率并不意味着绝对收益一定高（因为可能存在违约风险），或者负票面利率并不意味着完全负收益（因为随经济波动，其中可能存在套利空间）。

（3）保险

保险是一种风险对冲的工具。在专业销售人员的协助下，保险公司通过和投保人缔结合同契约、收取保费提供对应保障，帮助投保人分担风险。从风险标的的角度可以分为人身保险和财产保险，人身保险一般包括人寿保险、健康保险等；财产保险一般包括财产损失保险、责任保险等。在实践当中，保障责任因通过合同约定而具有了确定性、因保险合同转变了资金的属性而具有法律隔离属性等特点，不仅在健康保障方面，更在养老储蓄、资产传承等方面，可以为客户提供独一无二的专属保障。

（4）股票

股票是股份有限公司为了筹集资金用于特定的用途，而向出资人公开或私下发行的用于证明出资人本身权利和身份，并且根据所持股份数享有权益和承担义务的凭证。中国股票市场分类较多，交易模式和监管机制也在不断成熟完善。最主要的有一级市场和二级市场区分，前者相当于是批发市场，投资者80%的精力在投后跟踪、资源倾注、管理介入等方面；后者相当于是零售市场，基本逻辑是低买高卖，投资者 80% 的精力都在买卖前的择股择时阶段。

（5）基金

基金是汇集大量资金，交给银行保管，并通过专业基金管理公司针对股票、债券等进行分类投资，以获得资金的保值增值。根据投资比例不同，可以包括股票基金、货币基金、债券基金、混合基金等。面向大众的是公募基金，基金公司通过收取管理费来提供专业服务；另外，也有私募基金，主要特点是门槛高、通过为客户实现超额收益来获得报酬提成。

（6）外汇

以外币形式结算的用于清偿国际间债权债务关系的支付手段和工具。通俗地说，人民币以外的法币即为外汇。外汇投资种类包括外币现钞、外币支付凭证、外币有价证券、其他外汇资产等。在外汇市场，24 小时交易机制、T+0 交易模式、双边买卖以及全球市场成交量大等都是其特点。但投资交易过程中，交易技术、心理、风险因素等更为重要。

（7）黄金

黄金在地球上的储量有限，常规定义是一种贵重金属，性质偏软，储存量少。具有金融资产和货币功能、国际储备、工业原料、生活饰品消费等作用，包括交易所内的场内交易和场外交易等。但是黄金的流动性较弱、抗击通胀效果有限，投资也有风险。例如，当年中国大妈抢购黄金，正是黄金在 2011 年的 1600 点高位，买了就被套牢，直到 10 年后即 2020 年国际金价才再次突破并创新高达 1900 点。

（8）信托

信托是指委托人基于对受托人的信任，将资产委托给受托人（如信托公司），由受托人按照委托人的意愿以自己的名义，为受益人的利益或者特定目的进行资产管理或处分的行为。目前国内的信托模式以资产管理和分配利益模式为主，关于信托更多的功能如家族慈善、家族企业、家族文化、家族财富代际传承等类型，还较少涉及。

（9）艺术品

中国目前有世界前三大的艺术品市场，艺术品投资亦是高净值家庭的可选项之一。由于艺术品投资周期长，变现渠道比较少（例如春拍、秋拍）而回款率不高，通过典当进行又面临着高利息的压力，因此艺术品流动性比较弱。虽然目前市场也有文交所等交易渠道，将产权交易、信托、艺术品基金等金融工具和金融业务进行了融合，但艺术品投资市场规范化还在不断完善，若投资则需要有较大的耐心。而对于中产家庭而言，无论是投资还是传承，都要对投资标的物的价值有清晰的判断和认定。

（10）不动产

不动产一般是指土地以及土地上的附着物，房产是其中主要形式。不动产在中产家庭投资中的占比较大，未来一阶段可能会随着国家政策的调整继续保持进一步锁紧或调整房产流动性的趋势，在一线和新一线城市针对特定人群开放，以解决刚需为主。目前国家也出台了房产证券化类产品REITS，将低流动性和非证券化的房地产转化为资本进入证券市场进行交易，充分利用社会存量资金，在不增发新钞情况下，实现多方共赢。

随着财富的增长，中国中产家庭更愿意通过合理的资产配置来实现家庭财富的稳定增长。在隔离风险、保障刚需的前提下，通过利用富余资金有选择性地投资其中一些品类是大多数家庭会考虑的方式。但在这个过程中，有投资机遇，也有收益风险，并且收益与风险可能并不对等。表面上5%的收益，也许背后的风险会大大超过这个数值，甚至可能导致收益为负，典型案例可见2020年中行原油宝巨亏事件。个人解决资产配置的途径包括：不断学习提高个人理财能力、在规避各种风险过程中选择合适品类，并通过专业投资顾问提供配置建议。

参考国外金融机构发展，早期个人投资者可能最终会被机构投资者所替代，个人将主要通过机构统一进行资产配置。机构投资顾问也会由向客户收取产品佣金转为向长期收取资产管理费用过渡。那样的市场也将更具备良性循环、可持续发展的可能性：销售机构增强投顾能力，并为客户资产配置和交易提供合理途径，最终和客户一同成长，成为客户几代人长期可信赖的投资顾问。

常见方法：资产配置的道与术

虽然很多家庭在过去的几十年内，陆续配置了房产、现金、股票、债券，并且也获得了一些收益，但更多的是时代因素造就的。大多数新生代家庭在资产配置上仍是不充分的，创富与守富的问题同在。面对未来的各种不确定性，如何构建资产安全防火墙是每一个家庭在成长中都必然要面临的问题。

家和万事兴。家庭安全和财务稳固，是每个人发展与成长的前提与基础，同时也是内心安全感的重要来源。当前经济形势下，社会虽然在不断地孕育新机遇、带来新财富，人们有可能获得比以往更多的价值积累。但同时国内外行业、政策的变化，又有可能给家庭带来许多不确定性，让家庭财富瞬间出现巨大损耗。

风险可能来自"42N"（4位老人、2位大人、N个孩子）的家庭结构、车贷房贷等债务压力、公司职场竞争风险，以及家庭成员健康风险等方面。因此传统的家庭财务需要有更强的财富管理结构，才能实现较强的动态抗风险能力、消除中产阶级焦虑，真正做到未雨绸缪。

诺贝尔基金会和耶鲁大学基金会的资产管理

诺贝尔基金会成立于1900年，初始资金3100万瑞士克朗，这笔钱来自诺贝尔本人创造发明所得的遗产。从1900年建立起，就规定这笔资金要分配和发放给文学、物理、化学、和平、医学或生理学五个大类，一直发放到今天，依然源源不绝。其中的秘密就是：不动本金、多元投资。

按照诺贝尔的遗嘱，这笔资金最初仅允许投资于银行存款和债券，不允许投资于风险类资产。所以一度出现了亏损。随后将其中300万美元重新分配，投资于股市、固收类和不动产，并在20世纪七八十年代增加了期货、期权、私募股权以及外汇，投资收益不断攀升。2014年已经达到了38.7亿瑞士克朗，是成立之初的124倍。

耶鲁大学基金会也是大类资产管理当中的佼佼者。耶鲁大学基金会成立于1890年，初始投资资金11000美元，早期集中在债券领域，后来参考马科维茨现代投资组合理论，重新调整了投资分配比例，确定了股债60/40的平衡原则，但发展缓慢；随后调整投资策略，注重资产配置多元化，目前涉及绝对收益、美国股票、固收、外国股票、并购、自然资源、不动产、风险投资和现金九个大类。

从这两个案例可以看出，合理的资产配置可以保证长期持续的收益和稳定的现金流。资产配置不会改变已有的现状，资产配置目的是让现状尽可能地不会被各种风险因素改变。所以合理的适合每个人的配置方式，就显得尤为关键。

这里我们分享几个在家庭资产配置过程中常见的工具。

（1）大众理财科普：普尔理财象限

标准普尔象限（Standard & Poors）是业内使用非常高频的一个理财工具。在资产的配置方面，很多人会列举普尔四象限原则来指导家庭理财规划，比较便捷、清晰、易懂。具体来说，是将家庭可分配资产按照现金账户、保障账户、风险账户、储蓄账户，参考 10%、20%、30%、40% 的比例分别进行分配。

将 10% 的比例配置于家庭 3~6 个月的日常现金账户，是短期就会使用到的钱，所以被称为"要花的钱"。这部分现金资产可以存在灵活的活期资金账户里，保持高流动性，可以根据熟悉程度放在银行账户或者券商提供的短期低风险产品中，搭配信用卡可以实现比较高的使用率和周转率。

将 20% 的比例配置于保障账户，例如重疾险、医疗险、意外险等，是"保命的钱"。核心在于用少部分的资金撬动较高保额保障，例如至少 50 万~100 万元或更高的重疾险、医疗险、意外险、寿险保额，并根据个人收支、债务、身价等情况的变化，每年动态调整。

将 30% 的比例用于风险账户，例如股票、债券等，是"生钱的钱"。这部分资金至少要保证 3~5 年不会使用，即便短期出现净值波动也在个人风险承受范围内，并设置好止损点。如果选择风险相对较低的基金类产品，中短期收益可能在 7%~10%。

然后将 40% 的比例用于储蓄账户，配置到养老、教育等刚需方面，被称为"保本的钱"。这部分资金配置的前提是短期不会使用、中长期可以坚持不动，用于解决将来一定会应对的问题，例如子女教育、婚嫁准备、养老储备等。

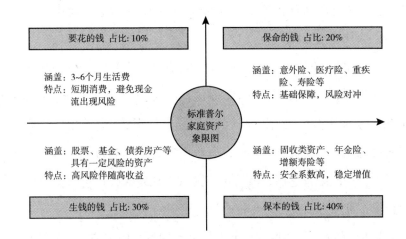

标准普尔家庭资产象限图

结合标准普尔家庭资产象限图，其中有一些使用时具体的注意事项。例如：

配置的前提是这部分资金属于家庭可支配资产。家庭可支配资产，即可支配支出，是生活工作中必要的消费支出和债务支出外的部分，所以进行家庭普尔资产配置时，就有了"从其他地方省一点，然后放到某一类产品"里的意味。

短期10%比例的要花的钱中，需要包含万一突然失业或者失去经济能力的情况下，自己和家人所需要资金储备；如果个人和家庭负债率较高，存在房贷、车贷等其他支出，那么也会进一步提升现金流储备的标准。

虽然20%的比例，可以做到专款专用，但其中个别产品的费率会随着时间和年龄的提升而有所提高，例如意外险、医疗险。考虑到未来退休后医疗险可能每年会有较高的支出，因此这部分的资金规划，也要考虑到对通货膨胀、保费上涨等问题的影响；此外，20%的专款专用，如果在保险里，有时候并不能完全对冲所有的人身风险，例如营养费、康复费、护工费等。因为保险责任永远是相对具体有限的，所以也要考虑对额外其他费用的弹性准备或安排。

而30%的风险比例配置，和40%的绝对安全配置，在各自操作上也可能存在模糊性。例如，有些客户可能会在股市大涨的时候，按捺不住，把40%的长期资金提取出来放到风险产品上，哪怕可能会出现少部分的手续费或收益损失；或者有些客户，虽然长期配置了40%的保本类产品，但过于保守，一次配置之后，就再也不去查看和复盘，缺乏同类产品之间置换的意识，可能会错过更好和相对收益更高的产品。

不同比例的配置策略也和个人与家庭的发展阶段有关。在大学毕业、新婚家庭、三口之家、中产家庭等不同阶段，所触发的资产配置需求是不同的。例如，子女教育一般是30岁前考虑，而40岁之后，才会重点关注退休储备的问题。虽然说资产配置宜早不宜晚，但每个家庭也有自身在每个自然发展阶段下不同的目标需求，这也从侧面说明了对客户群体科普的同时，持续提供专业顾问进行终身服务的重要性。

（2）家庭理财参考：家庭生命周期

美国人类学者格利克（Paul C. Glick）于1947年首先提出了"家庭生命周期"（Family Life Cycle）理论。该理论认为，家庭组织成员年龄增长，家庭会表现出明显的阶段性，会出现若干典型阶段形态的不同变化，并随着家庭组织者的寿命而消亡。相关理论还有F. 莫迪利安尼（Franco Modigliani）的生命周期消费理论，家庭消费能力取决于家庭在整个生命周期内取得的财富，而不同发展阶段能获得的收入和所需要应对的支出也有很大不同。

家庭生命周期涵盖了独立、婚姻、生育、教育、消亡、传承等一系列生命主题。在指导我们思考资产配置时，可以避免孤立分析人生各个阶段进程造成割裂感，更好地分析家庭在不同周期中的心理关系的变化及其原因，也更有助于以全面的视角梳理家庭发展过程中的需求和限制，识别风险逻辑，准确把脉矛盾点，进而确保理财规划目标的合理实现。

按照美国理财规划师委员会的《职业标准流程》，理财规划应该侧重全面完整地收集财务数据、分析目前的财务结构、整合个人财务规划策略、提出综合性的财务规划方案，并进行动态监控。而中国家庭财务规划更应该具有一种家庭生命周期感，结合科学周期划分来规划指导不同阶段的人生与家庭目标。

家庭周期	主要任务	年龄跨度	特点
青年单身阶段	参加工作至结婚	18~30 岁	收入较低，保障较少，个人"摸着石头过河"，完成早期积累阶段
家庭形成阶段	结婚至新生儿出生	25~35 岁	家庭财富初步积累，并且已经完成了置业购车目标，事业开始逐渐上升
家庭成长阶段	孩子出生至毕业工作	30~55 岁	具有一定的家庭资产，家庭财富不断增加，同时家庭各项支出达到峰值，能够实现工作和家庭的双平衡
家庭成熟阶段	子女工作至家长退休	50~65 岁	家庭收入稳定，保持较高水平，重点关注储蓄养老和家庭财富增值保值
退休养老阶段	退休后全部	60~90 岁	收入来源减少，家庭财产减少，以保障安全和传承家庭财产为主

青年单身阶段，风险承受度高，生活负担少，但关于开支不确定多，工资收入缓慢提高，可支配资金少。

家庭形成阶段，夫妻二人结婚并迎来第一个孩子，储蓄占比可能仍然不高，因为这个阶段属于家庭建设阶段，会初步开始系统地接触理财配置需求，并逐步寻求多元投资渠道。

家庭成长阶段，初期子女教育阶段的生活费用和教育支出占比高，但随着家庭成员的稳固，这个阶段也是家庭各方面抗风险能力明显增强的阶段。工作经验进一步积累，逐步弥补家庭生活中的短板，随着子女经济的独立，家庭压力进一步减轻。

家庭成熟阶段，随着子女完全独立，家庭负债逐渐减少，夫妻工作经验、家庭收入、财务状况都达到最成熟阶段。家庭资产配置会在兼具防御情况下做好风险投资，但随着夫妻年龄的不断增长，抗风险能力会开始出现阶段性下降，在这个阶段后期一旦遇到风险破坏，重新恢复起来就很难，所以资产配置需要趋于绝对稳健。

退休养老阶段，也是家庭衰退期的开始，主要需求就是安度晚年，理财思路以完全防御策略为主。风险需要降至最低，因为这个阶段理财收益已经不是资产配置的目的，而是在满足基本需求前提下，做好未来长达20~30年的养老储备与资产传承。这个阶段的收入，需要完全依靠转移性收入，即理财被动收入、退休工资等，但可能存在潜在的保健、医疗、消费支出需求。到这个阶段会发现，在之前阶段如在家庭成熟阶段时做好长期养老规划，会开始发挥最大的效力。

总的来说，根据不同的家庭生命周期，要结合家庭规划目标进行理财规划，并注重对家庭理财目标的修正和完善，明晰近期和未来的各项理财规划，提出合理的建议。

（3）专业资产配置：美林周期时钟

从投资角度来说，普尔象限、生命周期等配置方法相对单一，如果仅参考这样的框架进行资产分配，后续也会持续面临动态管理中的更多实际且复杂的问题。例如，目前已有资产配置的加减法是什么？投资收益产生盈余之后，如何选择取舍？基金定投之外，是否要选择更多的品类？股票调换的时机如何把握？如果遇到更好的保险产品，原有产品是否可以退保或减保以进行及时更替？当下房产投资是否必要？未来的经济趋势到底如何？以及甚至可能会遇到客户提出一些问题，如：有位朋友推荐的 ×× 项目不错，年化收益 ××，要不要考虑一下？

因此中产家庭大类资产的配置，离不开对宏观整体的感觉，这种整体感觉的重要性不亚于微观操作层面的技术技巧。

在投资领域，美林证券提出的时钟理论具有很强的参考作用。美林时钟是一个用于观测经济周期变化的投资工具，由美林证券基于1973~2004年美国历史数据的研究提出。该理论将资产轮动及行业策略与经济周期联系起来，对观察市场有一定的参考价值。

在这个理论里，美林证券将经济分为衰退期、复苏期、过热期、滞胀期四个阶段，并给出了四个阶段中债券、股票、商品、现金等的置换次序，其中推动变化的主要因素是政策和信贷。

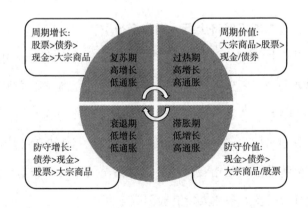

美林周期时钟

阶段一：衰退期（经济下行，通胀下行）

在衰退期，经济增长变慢或停滞。货币政策逐渐宽松，债券表现将容易受到货币政策影响上行。较好的选择为债券 > 现金 > 股票 > 大宗商品。

在经济衰退期间，经济走低、公司业绩低迷、老百姓购买力降低、购买信心降低，买东西人少了，物价就会降下来，进而进入经济低迷阶段，甚至可能会进入通缩阶段，最严重的就是大萧条。资产配置以防御型的债券、年金、增额寿险为主，股票可能长期低迷，但是可以关注建仓机会。

阶段二：复苏期（经济上行，通胀下行）

复苏期中，量化宽松的政策已经起到作用，金融流动性增强、GDP增长速度加快，通胀还在进一步减小。股票对经济的弹性更大，其相对债券和现金具备明显的超额收益。

政府出台降息降准政策、开展逆回购政策，因此会释放流动性，此时流动性排序股票＞债券＞现金＞大宗商品。国家提供宽松货币政策刺激经济，由于刚经历过衰退期，所以反映为成本和物价都还比较低，公司业绩逐渐上行，老百姓购买力也在增强，物价会慢慢随之上涨，通胀也会逐渐加大，进入过热期。

阶段三：过热期（经济上行，通胀上行）

通胀上升，持有现金的机会成本开始增加，而可能出台的加息政策降低了债券的吸引力，股票的配置价值相对较强，而商品则将明显走牛。该阶段流动性排序大宗商品＞股票＞现金／债券。

经济的快速增长，会催生市场的狂热情绪，国家有可能出台经济政策，降低现金流动性，给市场降温。这种情况下，市场非常容易到达顶点后，进入熊市阶段。大多数人持有股票基金即可。

阶段四：滞涨期（经济下行，通胀上行）

现金收益率逐渐提高，持有现金最明智，经济下行对企业盈利的冲击将对股票构成负面影响，债券相对股票的收益率提高。建议配置重心参考现金＞债券＞大宗商品／股票。

由于经济出现停滞，物价还没有从高点回落，经济流动性最低，股票和基金的收益会很不好，甚至会明显回撤，由于通货膨胀程度较高，国家可能会继续实行加息政策，债券也不看好，可以考虑国债逆回购；或者持有现金类资产、以现金流为王。

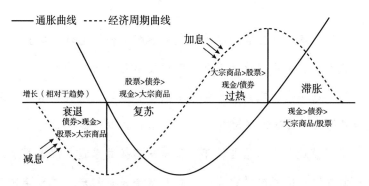

美林投资时钟将经济周期分为衰退、复苏、过热、滞胀四个阶段，并依次推荐债券、股票、大宗商品或现金不同的配置逻辑。

桥水基金创始人瑞·达利欧（Ray Dalio）分享过一个"投资的圣杯"，在他的组合里面，要配置10~15个或者更多的互不相干的回报流，也就是坚持分散化投资的原则。这样即便其中一种或多种出现了负收益，也不会影响到其他标的的表现。坚持这样的原则，在2008年金融危机的时候，在对冲基金亏损19%的情况下，瑞·达利欧的产品还保持了14%的正收益。

大类资产配置是一个相当长线的经济时期，大周期一般为20~30年，大周期里往往还有小周期，人生的机遇有限，只能在不断地等待中挖掘有限的几个投资机会和标的。考虑到绝大多数家庭不可能以投资为职业或主业，大类资产配置的作用就是提前做好防御性设计、配置合适的投资组合，然后耐心等待时间赋予资产复利增值的空间。因此资产配置要坚持以防御为主的策略，在保留好本金的基础上再进行配置规划。

配置案例：保险及理财规划

（1）养老金规划：20万元10年交延期年金险

我第一次和这位客户联系，是在打车去公司上班的路上。

我到现在都记得第一次发文字和发语音时候的场景。

那次在路上，我忽然收到了一条短信。客户给我发信息，询问我是哪家保险公司的，以及有没有什么养老险的产品。

我们彼此加了微信若干年，但从未直接联系过。按道理来说，保险"小白"一接到这样的信息，立刻就会兴奋起来。因为毕竟来业务了，而且还是年金险这类"小白"不太容易成交的产品。但客户当时语音给我发了一些内容，我听了之后，稍微高兴了一下又犹豫了起来。

为什么会犹豫呢？因为这位客户在语音里，提到了自己不仅需要养老金，还需要高端医疗，还问到了重大疾病险。客户说自己的年龄比较大了，也快退休了，所以想整体配置一下。

我们做业务时间稍微久了就会知道，一般中年以上人群配置基础保障类产品，无论是医疗险还是重疾险，对于健康核保的难度会比较大。虽然提到了年金险，但也有可能是为了有意优先配置基础保障，顺带提一提而已。

但这位客户是某行业内的一位资深前辈，也是我久闻大名的业界专家，旅居海外多年，回国从事高级管理工作，在几个大城市有园区产业，并且稳定运行。所以我在微信里面初步发了信息后，也是按照原先的习惯，做了计划书，做了方案，然后在微信里按照自己认为专业的内容，持续和对方进行沟通。

第一阶段接触了之后，感觉并没有什么效果。有一次，正好赶在9月初教师节，我主动给前辈发了一个信息，我问："您回北京了吗？正好最近是教师节，我准备了一些随手礼，想过去看看您。"

客户回信息说，自己在外地，等过段时间后回了北京，再约我。

其实我是一个不太善于主动交际的人。从切入经纪人行业以后，长期接触的都是陌生客户，所以对于熟人圈或者熟人圈内的陌生关系，反而有些略微紧张。因此这次教师节的信息，也是一次尝试，但客户的回复给了我一个很好的反馈感受。没想到，后面的沟通就和以前完全不一样了。

等客户回到北京后，约我在咖啡馆见面，然后聊聊具体的方案。因为需求很明确，我当时准备了我们手里最好的保险产品，这个产品可以从退休后的时间开始领取，每年领取的金额是当时所有产品里最高的。

客户20万元10年交的计划，缴费结束后就开始领取，每个月可以领取接近9000多元，保证领取20年，也就意味着能保证领取220万元，领取20年后，剩余还有接近160万元的现金价值，可以自己继续领取，也可以一次性提取出来（退保）。

2	本公司提供的保障
2.1	保险责任

在本合同有效期内，本公司对被保险人承担下列保险责任：

一、养老年金给付

本合同的年金开始领取日为本合同生效满5周年且被保险人达到年金起领年龄后的首个保单周年日。本合同起领年龄分别为55周岁、60周岁、65周岁、70周岁四档，由投保人在投保时与本公司约定并在保险单中载明。自年金开始领取日（含当日）起的 20个保单年度为年金保证领取期间。

养老年金有年领和月领两种方式，投保人可以选择其中一种领取方式：

条款约定自领取开始后，至少保证领取20年

产品是很不错的，而且针对客户对于医疗险的需求，我也结合他的健康记录，遴选了几个不同的产品，对当时渠道所签约的大约 5 个公司的医疗险产品做了详细的分析，并且让助理把条款和产品保障表打印出来装订成册，我都带到了咖啡馆。

当天需要从北京西边赶到东边，我中午没有吃饭，到了咖啡馆后点了几个面包小食，等客户来了之后一起品尝。当天见面后，客户坐下来了解了一下产品的情况，也翻了翻医疗险的内容，但不是很感兴趣，对产品也有一些疑惑，我也针对问题做了讲解。

主要关注点还是说了说养老金的产品，也看了看计划书和条款。

当天没有什么具体的进展，而且后续这样没有具体进展的约见，有至少 3 次，分别涉及咖啡馆、奶茶店、职场参观。最终第 4 次见面确定了签约的产品和方案。

首次见面的产品，和后续最终的产品发生了变化。因为见面的时间跨度持续半年左右，涉及了新老产品的调整。值得一提的是，即便是最终方案，也临近全线停售最后一天，才完成投保。

在这个过程中，要感谢客户对我这样的一个小辈的无私的信任，也要感谢我在外地的一位团队伙伴。因为当时客户出差在外地，手机签字出现技术问题。自拍＋签字模式总是无法校验通过，已经晚上七八点，紧急状况下，我电话呼叫了外地伙伴，让他打车去客户所在的地点，解决了这个问题。

外地伙伴打车过去至少需要半个小时，路程并不短，但好在最后有惊无险地投保成功。当天投保、当天求助、当天出动、当天即解决，经纪人全国伙伴间的业务支持网络也在最后"临门一脚"的关键时刻发挥了重要作用。

那个截止时间点前，我大概签了 4 张年交保费在 10 万元、20 万元左右的保单，有的客户希望尽快领取，有的客户则希望长期强制储蓄，需求和产品也有所不同，但好在我们手上的产品丰富，能够帮不同的委托人找到那个时候最为匹配的产品。

（2）教育金规划：20 万元 10 年交增额终身寿险

这是为另外一位朋友的孩子做的一个教育金方案。这位朋友和我相识多年，但从未交流过具体的保险，只是某一次年后，有了一些宽裕的资金，想要给孩子配置一下教育金的方案。

有一天，她发信息给我，问我最近什么时候有时间，想聊聊保险。

但是见面前，我并不知道是要聊教育金。因为朋友说的是找我问问保险的问题，我也不好刨根问底问细节，而且见面本身也是一个很好的集中交流的方式，现场聊也没有什么问题。我想了下，可能适合的无非是重疾险、医疗险、意外险、寿险、年金险、增额寿险等，也稍微琢磨了一下配置的思路。

我们见面约在了一个周末，选了一个彼此都方便的咖啡馆，中午一起吃了一点东西，我们点的都比较清淡，聊了一些人生的感悟和最近圈内圈外的消息，后面聊到了一半，等说到了保险了，聊了一圈，从孩子的意外险、医疗险、重疾险聊起后，才慢慢发现朋友想要配置的是教育金。

距离结束的时间还有 20 分钟左右，我稍微想了一下，询问说："正好我带了电脑和资料，要不我就给你做一个演算计划书看看吧。"

朋友也马上说好，一起看看。

看演算计划书，首选的是一款不错的年金险，搭配万能账户，朋友看了下总体利益，感觉没问题，基本上确定能投。接下来就是准备资料，后续操作了。

但中午结束后，我返回后又详细考虑了一下，我感觉，年金险虽然保证了每年给付年金带来的现金流，也有万能账户追加和领取的权益，但这种操作并不适合保守型的家庭。尤其是这位朋友，平常几乎没有金融投资和理财操作习惯，年金险及账户不见得能够发挥最大的效果。

所以我斟酌了一下，也对比了其他不同产品的综合利益，我下午发信息，告诉朋友我这边思考的结果，也把新产品和方案做了一个演算计划书。朋友因为比较忙，周末思考了两天，等周二找了一个闲暇的时间，我把产品链接发了过去，朋友就直接投保完毕了。

后续递送保单，进一步讲解方案和条款细节，在线签署回执和回访后，朋友的这份保单资产配置完毕。

这样一份保单，一次见面即基本确定，2~3天签字投保完毕，确实比较多属于朋友间的信任关系，从业务的角度来说，假设不是多年以来对我知根知底的朋友，而是我们常规业务途径甚至从网上过来的陌生客户，那么这类年金类的产品需求，可能也就会是1万元、2万元、5万元左右，但不太会是一下子做成20万元或者更高的预算。

所以，在经纪人平常的自我营销里，要设法多一些个人个性化的内容，要争取让朋友们了解到一个全面且真实的自己。其次就是在专业度上，不要怕调整产品，只要对客户真正有利，就值得和客户实话实说、全盘托出。

（3）一线城市家庭理财规划

刘先生，35岁，一线城市某文化（培训）创业公司业务负责人；刘太太，30岁，互联网公司行政工作人员，还没有小孩。双方共有四个老人，目前身体健康。刘先生和刘太太希望通过对家庭现有的财务状况规划，提出有针对性的调整的方案，为家庭在以后几年稳定发展打下坚实的基础。[①]

目标包括：

近期购入一辆 20 万元的私家车；

着手考虑规划夫妻家庭保障方案；

为二人将来的宝宝准备必要的开支（包括教育基金）；

未来 5~6 年内，为老人预留一笔养老和治病的费用，100 万元左右；

预计在 7 年后还清房贷；

……

家庭年收支情况

①刘先生税后年收入 60 万元，刘太太税后年收入 18 万元，保险红利收入 3.15 万元，年底奖金 1 万元，合计 82.15 万元。

②家庭消费性开支 18 万元，医疗营养费用支出 1.2 万元，刘先生重疾险支出 1.2 万元，房贷 6 万元，车贷 4.8 万元，合计 31.2 万元。

每月收入	金额（万元）	每月支出	金额（万元）
先生收入	5.00	家庭消费性开销	1.50
太太收入	1.50	医疗营养费用	0.10
保险红利	0.2625	车贷	0.40
		房贷	0.50
合计	6.7625	合计	2.50
每月结余（收入－支出）	4.26		
先生年度奖金	1.00	年度保费支出	1.20
年收入总计	82.15	年支出总计	31.20
年度结余	50.95	留存比例	62.02%

---

① 该案例已发表在《大众理财》2020 年刊。

家庭资产负债情况

①在市区有一套500万元的房产，目前有60万元的保险理财产品（随时可取），有5万元的股票。

②家庭负债包括房贷42万元，车贷20万元。

家庭资产	金额（万元）	占比	家庭负债	金额（万元）	占比
现金及活存	1	0.18%	房屋贷款（余额）	42	67.74%
定期性存款	0	0.00%	汽车贷款（余额）	20	32.26%
股票	0.5	0.09%			
保险理财产品	60	10.69%			
房产（自用）	500	89.05%			
资产总计	561.5		负债总计	62	
净值（资产－负债）	499.5	88.96%	负债比例	11.04%	

财务比率分析

根据刘先生的家庭财务情况，财务比率分析如下：

财务比率	比率数值	参考值	分析说明
自由储蓄度 （自由储蓄额／年收入）	62.03%	30%	家庭创造财富以及控制支出、储蓄资金的能力较强
资产负债率 （总负债／总资产）	11.04%	50%	家庭有一定的财务杠杆能力，但负债率较低
清偿比例 （净资产／总资产）	88.96%	60%~70%	家庭有一定的抗风险能力、偿还比例还需要进一步优化
投资与净资产比率 （投资资产／净资产）	10.78%	50%	家庭具有一定的投资意识，但风格过于保守，以至于风险性收益较低
紧急预备金倍数 （流动资产／月支出）	1	3~6	现金流储备较为不足
财务自由度 （年理财收入／年支出）	10.09%	20%	家庭财务自由度较低

诊断分析

①刘先生家庭资产状况良好。负债少、风险较低，财务状况非常稳健。家庭资产结构中房屋所占资产比例高达 89.05%，这也是由于家庭房屋是最大的家庭资产（刚需）。

②家庭储蓄能力较强，为 62.03%，说明家庭成员具有较强的创富和积累财富的能力。但由于家庭收入来源较为单一，在通货膨胀面前可能会导致资产受损。

③家庭紧急预备金都集中在保险类产品当中，虽然可以随时变现，但是仍说明家庭流动资产不足。而在实际意向沟通过程中，刘先生表示一般不会主动动用这笔资金。

④家庭支出相对比较稳定，甚至比较充裕。但是由于刘先生的家庭周期正处在家庭形成期，后期的教育支出和抚养责任都会逐渐加大，应当未雨绸缪，充分提前考虑配置养老和教育基金。

⑤全家身体健康状况也需要不断增加投入。目前刘先生只有一份重疾险和社保，刘太太只有社保，处在三十而立期间，夫妻双方都应当配置结构合理的基础保障。

⑥处于家庭成长阶段的家庭财务自由度不足，建议根据理财目标，调整家庭资产结构，并开始构建被动收入。

理财规划

参考标准普尔家庭资产象限理论，刘先生和刘太太家庭理财规划和资产分配方式建议调整如下：

①现金财产方面，按照家庭资产 10% 比例分配，以维持 3~6 个月的生活费为标准。

刘先生家庭月支出为 2.5 万元，包括了基本的消费性支出和贷款。因此需要预留 7.5 万 ~15 万元作为应急准备金，并且放置在可以灵活存取的资金账户，获得额外的收益。

日常开销账户最常见的问题是缺少合理的控制，例如有时候会出现占比过高，有时候会出现额外的开支。

②保障账户方面，刘先生目前只有1.2万元的重疾险，保额为30万元，保障不高。除此之外，刘先生和刘太太只有社保，难以抵御重大风险，还需要有更加稳固的防火墙作为保障。

建议按照家人年收入的5倍比例配置商业保险。需要按照寿险、重疾险、医疗险、意外险的组合方式，选择市场上高性价比保障型产品进行组合，建立保障框架。年保费支出应当以家庭年收入的10%为佳，即8.2万元/年保费预算。由于刘先生已经有了一份重疾险，因此每年可以5.2万元的预算，刘太太可以参考每年1.8万元的预算，制定进一步的保险保障规划。

③风险账户被称作"生钱的钱"，用来为家庭创造较高收益回报，一般占可投资资产的30%左右。但刘先生和刘太太股票占比很低，在投资理财方面的风格非常谨慎，加上工作较忙，也无暇投入时间和精力对资产收益进行整理。在这种情况下，建议可以考虑投资稳健型基金，降低风险，同时获得一定比例的收益。由于投资账户可以按照家庭资产的30%比例分配，因此刘先生一家可以有25万元的投资空间。并且严格控制投资结构，降低风险，保持账户收益的稳健和稳定。

比较便捷的方式是按照定投指数基金的方式，在控制额度的情况下每月固定投入1.2万元，如果平均投资收益率在7%计算，那么在第7年即可达到133万元，用于保障老人赡养责任；同时增加部分投入，可以作为单独的教育基金、宝宝成长基金。

④储蓄账户方面，应当注重本金安全的前提下，兼顾长期收益。优先考虑养老金、教育金方面的开支，可以专款专用，起到强制储蓄的作用。

并且与企业、创业风险相隔离。

考虑到刘先生和刘太太目前也有要小孩的计划，同时双方的四位老人的赡养责任也会逐渐加大，因此建议使用家庭收入的40%、32万元左右的预算，用于个人及家庭养老储蓄。

可以采取基金定投、购买商业养老保险、教育年金等方式实现。按照目前夫妻二人月开支1.5万元的额度来计算，考虑到3.5%的年平均通胀率，如果要保证生活品质，那么共需准备467.92万元的生活费。社保可以解决约为297.77万元，还需要准备170.15万元、平均每年8.51万元的补充。每月定投2500元，在7%的平均收益率情况下，25年后（夫妻二人退休时）即可实现目标（参考国家统计局80岁平均寿命）。

结语

成为一名成功的管理者

在前面的绪论和第一章里，我们首先阐述了职业规划与战略转型的一种方法，并讨论了保险经纪新人在成长阶段所需要的基本业务能力、新人内在建设的 9 个挑战和外部客户关系处理中可能遇到的 9 类挑战。

在第二章，新人不断成长，解决问题的能力进一步增强，逐渐成为具有一定经验的行业"老兵"，开始迎来团队成长阶段。其中关键要素就是个人内在管理能力的提升，包括对 12 项管理职能的认知，以及对团队领导力基础理念的掌握。

在第三章，我们进一步讨论了团队在发展中更为专门化和具体化的 4 个专题：组织学习、组织营销、组织服务、组织变革，每个模块都是相对独立的系统，可以同步推进，也可以根据各个团队发展的需要，次序推进。

总的来说，在长达数年的管理成长过程中，团队建设持续伴随着理论和实践的反复磨合。对经纪人团队主管来说，没有扎实的理论和系统的思考是不行的；只有理论和思考而没有实践能力也是虚幻的；只关注实践而缺乏对理论素养持续地提升，也很难从业务层迈入管理层，并不断带领团队长期发展。

大道至简，做好管理不难。最终聚焦以下三个问题：常规业务的动态解决，团队管理者的思考和立场、始终开放和包容的终身学习。

高度执行力的管理者

一般来说，只要勤勉务实、踏实肯干，在持续业务的发展过程中，每年和每季度都有可以不断自我改进和提升的机会。起步晚或起步慢都不怕，只要有极强的执行和营销能力，就一定可以把问题不断分割加以解决。

在保险经纪行业里，一个人的成功存在太多不确定性，但唯有自己的执行能力是解决一切问题、最终带领团队成功的关键。在这个行业里，我们也见过很多人有不错的理念和雄心壮志，但没有执行能力，这个就是业务基础不行；有的人可能有执行能力，但没有团队，这就属于管理意识的空缺；有的人有了团队但没有管理，或者管理比较混乱，这就是能力的不足；等等。这些背后蕴含着对具体问题分解和执行的重要性。

很多人从业务切入，但没有很好地理解自己的定位，没有打好业务基础；或者遇到一些简单问题，就开始从公司管理层或领导层找原因，但本质上大多数问题来自自身：在经纪人阶段需要解决个人业务，在团队管理阶段需要解决团队问题。很多工作可以通过周期性地洞察、比较来进行循环优化和提升，在过程中不断提升自己和团队的管理水平。

1月：开门红／上年度工作收尾／最后业务冲刺／财务报账／库存

清零。

2月：开门红 / 制订年度业务计划 / 规划推进一季度工作 / 参加年度总结工作 / 筹备团队团建。

3月：组织团建 / 启动招募 / 完成个人业绩 / 年度团队激励案公布 / 年度团队目标公布。

4月：参加总公司团建 / 铺垫下一阶段工作 / 线下辅导与业务交流。

5月：规划推进第二季度工作 / 完成个人业绩目标和重要管理项目。

6月：业务执行 / 创新项目推进。

7月：业务执行 / 创新项目推进。

8月：规划推进第三季度工作 / 完成个人业绩目标和重要管理项目。

9月：业务执行 / 创新项目推进。

10月：业务执行 / 创新项目推进。

11月：规划推进第四季度工作/完成个人业绩目标和重要管理项目。

12月：客户年末服务 / 客户保单整理 / 部分客户加保 / 伴手礼准备。

相关的一些基础问题还有以下几方面。

（1）团队冲刺。涉及上一年度业务最后的完成，所以12月~次年1月是最忙碌的阶段。虽然公司和团队会尽可能地把业务规划往前落实，但很多保单仍会滞留到1月完成。业内很多次的重要政策调整也发生在1月，所以1月是一个忙碌而紧张的节点，要提前准备。

（2）团队计划。新年结束后，就开始了下一年任务的规划和落实。公司会向各个团队下发业务数据，虽然这个数据通过自然增长，一般也可以完成，但从管理角度来说，应该对自身有更高的要求。开年后，团队内重要的事情也要开始规划，比如年初的团建，或结合上一年度的业务经验，展开对新的一年业务的调整和优化等。

（3）团队发展。需要每天持续投入地去做，不是向下开几次会就可以解决的，而是需要深入具体业务，不能停留在管理表面上。如果团队管理者考虑到所在季度有管理任务需要去完成，那么个人业务一定要提前完成。如果个人业务未完成，会顾此失彼，导致团队任务后移，进而导致下季度事项承压。

（4）团队活动。可以根据团队自身需求组织，按月度或季度都可以。如果每个季度都举办团建或者推动激励方案的话，有一个问题是牵涉的人员范围、管理者投入的时间和精力会比较多，而且团建频繁不见得效果好，因为大家都很忙，所以如果是集体团建，集中在年中组织一两次即可；或者团建分类管理，例如从营业部层面集中做好管理层团建、各个经理团队自行完成团队内团建；或联合团建，如几个平级团队有相似方案或大家彼此熟悉，也可以合并举办，这样的话也是一种跨部门合作。

（5）团队服务。年末客户服务，如果放在 12 月的话，要注意这个时候客户也很忙碌，客户需要完成的工作很多。此外，很多其他公司也会在这个时间为客户举办年终活动，可能会冲淡客户营销的惊喜感。要把客户服务做好，就需要提前规划。比如，今年需要触及多少客户？是否需要分层进行服务？本地和外地的有多少？他们下一年度是否有新的保险规划？是否新增家庭成员？这些都会影响到服务工作的有效开展。建议在全年内随手记下需要重点服务的客户名单和具体情况，以便在年末集中答谢。

所以，可能需要在 12 月之前比如 10 月、11 月就全面整理这一年度的客户新增和保单变化情况，如汇总保单、保费数量等。这个工作至少需要1~2周才能完成。涉及的一些伴手礼也需要提前准备到位，准备到位的时间会持续1~2周。伴手礼如果涉及采购和报销报账，可能需要提前写申请、事后做报销。财务事项可以放到1月去完成。

（6）团队财务。管理循环了几个周期之后，应当逐渐开始有自己的简单预算规划。比如，今年经纪人团建几次、主管团建几次、预算分布如何？如果招募助理的话，助理的工资和绩效如何确定目标？年初有预算，年末需要对预算的执行情况进行分析。

深度思考力的管理者

管理需要执行，但不能只有执行。管理必须要有思考，要有对问题现象深层原因的独立判断。领导力的来源之一是不能单纯地人云亦云，如果都可以人云亦云了，还要管理者干什么？管理者的水平又体现在哪里？如果没有真正意义上的管理水平和领导力，再大的团队也会慢慢消亡。团队兴起可能会有各种因素，比如政策红利、人口红利、公司红利等，但团队消亡大都是从内部信心的丧失开始的。

所以，管理者要有对任何现象都从管理角度去思考的习惯。在过程中，不断地学习他人的管理经验，更重要的是要结合自身，形成独特的管理内心视野。如果没有独立的思考能力，非常容易被问题带着走，因为看不清真相。团队主管一旦失去了定力，无法把握本质，可能会把团队带向下坡路，或者带领团队长期兜圈子，产生不必要的内耗。

主管的脾气

有一次在办公室，我注意到一位准经理在向她的主管抱怨，大意是有准增员被另外一支本地团队半路"截和"。这位准经理本身情绪比较起伏，毕竟年轻主管遇到这样的事情，不管是谁，可能都会愤慨。

这类情况可能不仅出现在业务员招新环节，在客户签单过程中同样可能出现。

能听到她的主管在努力安抚和缓解她的情绪，但这位准经理心绪难平，非常不好沟通，而且在双方的沟通交流中，气氛一直比较紧张。

我们的距离很远，但我能感到那种焦虑、不安的心情。因为双方都有情绪化的流露，但这个问题已然发生，大家都很难有挽回的办法。原本以为这次面谈结束后，这件事情就会告一段落，没想到，很快这位主管不仅在团队内表示了气愤，还在公开场合向另外一支团队隔空发起了质疑的声音，认为这种半路"截和"是不道义的，也是非常不合适的。

这种喊话的方式并不妥当，但已经发生了，那就看看各方是如何处理的。另外的团队没有像预料当中那样理亏或道歉，而是直接给出了针锋相对的意见，并且列举内部沟通的证据据理力争，强调在己方所辖范围内，从来不会也没有发生过类似情况。气氛比较紧张。

这种管理上的矛盾很不好处理和化解。关键点有几个：（1）全部细节永远无法知晓。因为一方的经理、主管和另一方的经理、主管以及夹在中间的准增员和引荐人，涉及6~7个不同人物身份，很难搞清楚细节；（2）各方所说的不代表一定就是真相。虽然最开始的准经理很有情绪，我们也相信她是实话实说，但那也只是她知道的部分信息；（3）各种信息可能都是片面的，因为中间向两方传话解释、找理由反馈的只有准增员，很难确保准增员对各方说的是真实情况。

事情最终的后续也是不了了之。

这里面隐藏的管理点很多。如，未被完全查证的事实就匆匆摆上台面，恐怕会给管理者带来很大的麻烦；又如，如果要使用诘难或质询，那么也应当采用不同的沟通方式和沟通技巧……我们暂不展开，但遇到这类情况，管理者首先该怎么处理呢？

最好的办法就是先全部倾听，然后记下细节。管理者可以写在工作笔记上，然后最好是现场就立刻提出反问和化解问题的办法：比如询问准经理，是否细节真的如其所说；并且现场和准经理马上分析，如果此类事情发生，后续还有没有其他可挽回的办法。

我们会发现，这次管理危机的背后，实际上至少是一次上下级之间进行管理辅导的最好机会。但主管如果忽略了这个问题，匆匆向外发起质疑，就可能会让自己陷入很大的被动。

在这种高扁平化、多业务环节、多管理链条的组织结构中，管理者的领导思维很关键。因为管理当中各个方面的人员都有自己的立场，都有自己的所谓正确理解，管理要考虑如何在妥善协调各方关系的情况下，把工作组织好。

专注学习力的管理者

做管理者时间久了，就会对成长性的问题格外关注。成长性不仅取决于自身的意志、禀赋资质、伙伴与团队的支持，最关键的在于能否找到持续支持个人成长的精神力量来源。

主要来自三个方面：客户、导师、书籍。

最好的老师，首先是能够给我们提出有针对性的专业问题的人。由于经纪人每天面对客户，所以客户自然就是最好的老师。

客户提出的问题可能千奇百怪、五花八门，文字背后反映的是一个个思想迥异、性格不同的个体。有的客户性格开朗，文字如沐春风；有的客户思维谨慎，探讨问题时把经纪人搞得也挺紧张；有的客户看似平静如水，但沟通中充满了阅历感；有的客户絮絮叨叨，却会在最后爽快签单，给经纪人一个大大的定心丸……每一天的每一位客户，都有可能给经纪人带来新的问题，所以会激发经纪人不断提升自己的知识储备和专业度，接受客户的各种挑战。

最好的老师，也可能是人生导师。在一个人的成长过程中，导师非常难得。虽然理论上说，通过学习可以解决一切问题，但学习需要有一个相对完整的知识体系，搭建知识体系的时间比较漫长，而且很难通过一门门课程来解决；短期内大量碎片化知识的学习，可能还会耗费经纪人宝贵的时间和精力；而长期从事一线业务，仅从业务当中提取学习知识，也容易让人陷入盲目、疲劳或瓶颈，看不清方向。

在个人的成长过程中，应当持续寻找具有高度成长性的导师。只有高成长性的导师，才能够带出高成长性的学生。

从这一点推算，导师应当比经纪人年长，年龄意味着一个人的阅历与经历，会在彼此充满灵性的互动中提升经纪人把握事情与时局的敏感度；导师自身必须具有专业水准，如果只有行政职务但是学术水平一般，也不一定能在经纪人成长过程中持续提供精神养分与理论养分；导师必须是经纪人长期持续欣赏的人物，社会上优秀的人很多，但是具备成为经纪人认可的导师的人可能不多，这类导师应当熟悉一线、熟悉市场、熟悉管理，这样才能够有效地启迪和引导经纪人的精神成长。

经纪人在个人成长的过程中，要有意识地给自己积累和留意这样的导师群体。可以是偶像级别的学术前辈，也可以是网红知名专家，更可以是一流企业家，只要符合自己长期持续追随的特点，那么就可以重点关注和深度学习下去。切记不要三天打鱼两天晒网、四处游走奔波式地学习。只有专注深耕，才可以在解决一个又一个的问题中不断成长。

最好的老师也来自经典文献。要立志成为优秀管理者，就要尽量早一点开始对经典著作的研读，这可能还会涉及对自身管理体系的梳理。经典理论专著在管理学发展史上具有重要意义，也对优秀管理者的成长具有不可替代的灯塔作用。

既是共享者也是共建者的一些管理视角

在天瑞，总能感受到一种泰然自若的团队文化，正所谓：知足者不以利自累也，审自得者失之而不惧，行修于内者无位而不怍。在这样的文化氛围里，经纪人更能以平和的心态，扎实地在保险行业深耕远犁。

——李若曦（星芒体系创始人 / 中国政法大学本科、美国雪城大学研究生 / 四川分公司）

天瑞的风格永远不急不躁，不强求每个人做到什么，当你需要的时候，发现团队的支持一直都在。在天瑞，可以随时随地加入业务讨论，展开一场头脑风暴。所有天体都在轨道上有序运行。

——姜磊（保莱坞体系创始人 / 北京航空航天大学本科、研究生 / 北京分公司）

天瑞管理于细微处见真章，在主动与被动之间有很好的平衡，抓大放小，统领全局，其中一直践行地对情绪价值的把握和尊重也让人非常喜欢。

——谭晓伟（保莱坞体系创始人 / 中国海洋大学本科、研究生 / 北京分公司）

天瑞体系最大的特点是：深度包容、和而不同。每位经纪人都是独一无二的个体，每个团队也都是独一无二的"我们"，体系内各个营业部"晋升而不离家"，真正做到共生同成、共谋发展。这是行业内很多团队做不到，甚至不敢想的。

——何雯（擎奕体系创始人／对外经贸大学本科、中国政法大学硕士／北京分公司）

天瑞的管理，颇有些君子的风骨，"质胜文则野，文胜质则史，文质彬彬，然后君子"。有本真，又有章法；不疾不徐，又稳步前行。在这样的氛围下，业务与管理的交流也有一种微妙的空间感，被支持着，被包容着。

——冯晶（行方体系创始人／南开大学本科、北京大学研究生／北京分公司）

天瑞最大的特点：正气、正能量。团结民主融洽，和谐共赢包容，虽然大家身处不同城市，但始终可以做到互相分享。主管间每一次的沟通交流，都能由浅入深，层层递进，由现象到本质，让人有很多的思考和收获。

——彭娟（探险家体系创始人／济南大学本科／山东分公司）

一直认为良好的团队精神以及不骄不躁的态度是团队取得好成绩的两大法宝，而在天瑞，很幸运的是这两大法宝我们都具备。在天瑞体系感受到的是不疾不徐的成长，以及尊重每个人成长的脚步，也让大家资源共享，感受团队的核心力量，让那一份份"我相信"变成"我们相信"。

——张金玲（信之体系创始人／哈尔滨工业大学本科、大连理工大学

研究生 / 北京分公司)

天瑞有三个关键内涵。第一，包容每个人的工作节奏和成长速度；第二，对全国资源和资讯的交流与及时互通；第三，具有丰富的互联网展业和营销经验。

——韩荣慧 (至臻体系创始人 / 武汉生物工程学院本科 / 深圳分公司)

天瑞体系的管理风格自由、温暖、有爱。给予每位伙伴宽松自主空间，不强行干预业务模式及进度，这同时也对伙伴提出了更高要求：要有非常强的自主性及自我管理能力。

——任海洋 (众行体系创始人 / 贵州大学本科、中南大学研究生 / 云南分公司)

天瑞的管理很有自己独特的风格：从容、包容、开放。天瑞的每位主管、经纪人都能自由成长，焕发无限潜能，团队也在这过程中不断壮大。这种管理风格在明亚公司，甚至整个行业都是很稀有、珍贵的。

——张宇玲 (南开大学本科、北师大研究生 / 北京分公司)

(以上排序不分先后)

参考文献

1.〔英〕约翰逊、斯科尔斯:《战略管理（第6版）》，王军等译，人民邮电出版社，2004。

2.〔美〕丹尼尔·A. 雷恩:《管理思想史（第五版）》，孙健敏等译，中国人民大学出版社，2009。

3.〔美〕弗雷德里克·泰勒:《科学管理原理》，马风才译，机械工业出版社，2019。

4. 刘永刚主编《投资理财概论》，清华大学出版社、北京交通大学出版社，2012。

5. 郭咸刚:《西方管理思想史》，经济管理出版社，2004。

6. 项俊波主编《保险经纪相关知识》，中国财政经济出版社，2012。

7. 项俊波主编《保险原理与实务》，中国财政经济出版社，2012。

8.〔美〕乔治·埃尔顿·梅奥:《工业文明的社会问题》，时勘译，机械工业出版社，2016。

9.〔美〕百万圆桌俱乐部:《成功与失败的一步之遥》，何涌译，海南出版社，2000。

10. 万峰:《后重疾时代》，中信出版集团，2022。

11. 任泽平:《新周期》，中信出版集团，2018。

12. 齐莱平:《人本·仁本——专业寿险管理卓越之道》,长春出版社,2013。

13.〔美〕伊查克·爱迪思:《企业生命周期》,赵睿等译,中国社会科学出版社,1997。

14.〔美〕马克斯·韦伯:《经济与社会》,阎克文译,上海人民出版社,2019。

15.〔美〕彼得·圣吉等:《第五项修炼·实践篇》,张兴等译,东方出版社,2002。

16.〔加〕亨利·明茨伯格:《管理工作的本质》,方海萍等译,中国人民大学出版社,2007。

17.〔美〕奥斯本:《创造性想象》,王明利等译,广东人民出版社,1987。

后 记

之所以想写这本关于保险管理的小书，是因为自己从事管理 5 年多以来，发现整个行业内在团队建设和团队成长方面，一直存在一些问题，但始终没有得到很好解决或达成共识。很多新人在成长中遇到了问题，无法有效辨别问题究竟是来自业务视角，还是管理视角。很多年轻主管也因为缺乏同时进行业务指导和团队管理的经验，长期"摸着石头过河"，成本很高。

这个行业内，每个人都有学习和提升的迫切动力。但很多时候，以各种成长或发展为视角的培训会片面地强调营销或强调管理概念，不够系统也不够有参考性。这就导致了无论在业务层面还是管理层面，会发现听着都挺好，但做起来头绪太多，日常中依旧会存在大量重复性劳动：重复的招募、重复的培训、重复的矛盾、重复的淘汰。这些会慢慢形成团队发展中的沉没成本，很容易成为管理者的泥潭。

面对团队管理越发心有余而力不足。年轻管理者们想快速发展，但总是被过程中出现的各种问题拖了后腿。

如何化解这个局面、实现更好的发展？富有创造力的团队领导者是转变一切的关键。

所以我从这几年的管理实践出发，结合以往在高等院校教授管理学课程的一些经验，撰写了这本《卓越领导力的长成：保险营销与团队管理之道》。在佛教中，一件事情的发愿需要加入明确的条件，我内心希望大家能够以三年为参考，这是行业为每个人创造的红利窗口期。三年的时间不算太长，也不算太短。如果一位新人入行后，能用3~5年参考探索出一个适合自己的发展方向，那么未来的路肯定会越走越宽。在道家的哲学体系中，道生一，一生二，二生三，三能生万物。我们这几年一起携手成长起来的20多支团队及其主管，也多少验证了这一点：这个行业仍然有很大的发展空间。

这本书的管理实践由于是从保险经纪人业务出发，因而带有不少经纪业务的味道，不一定会适用于保险行业的所有团队，但其中一些管理的思路和感觉，应该会给有志于在保险行业开创管理视野的朋友们带来一些启发。最终共同理解：管理是一种重要的辅助角色，而不是核心角色；是一种关键的工作方法，而不是工作内容本身；不是为管理而管理，而在于能够持续地推动大家前进。

我相信，未来保险行业的管理实践不会止步于本书，后来者肯定会在我们的基础上不断超越，接力而行。

衷心希望这个行业能培养出越来越多的管理大师，带领大家开创一个更有想象力和创造力的未来。

2022年10月

图书在版编目 (CIP) 数据

卓越领导力的长成：保险营销与团队管理之道 / 李
玉著. -- 北京：社会科学文献出版社, 2022.11
（天瑞文库）
ISBN 978-7-5228-0621-1

Ⅰ.①卓… Ⅱ.①李… Ⅲ.①保险企业－销售管理
Ⅳ.①F840.322

中国版本图书馆CIP数据核字（2022）第157734号

·天瑞文库·

卓越领导力的长成：保险营销与团队管理之道

著　　者 / 李　玉

出 版 人 / 王利民
组稿编辑 / 任文武
责任编辑 / 郭　峰　方　丽
责任印制 / 王京美

出　　版 / 社会科学文献出版社·城市和绿色发展分社（010）59367143
　　　　　　地址：北京市北三环中路甲29号院华龙大厦　邮编：100029
　　　　　　网址：www.ssap.com.cn
发　　行 / 社会科学文献出版社（010）59367028
印　　装 / 三河市龙林印务有限公司

规　　格 / 开　本：787mm×1092mm　1/16
　　　　　　印　张：22.25　字　数：292千字
版　　次 / 2022年11月第1版　2022年11月第1次印刷
书　　号 / ISBN 978-7-5228-0621-1
定　　价 / 98.00元

读者服务电话：4008918866